슈리 라마나 릴라

SRI RAMANA LEELA
(A biography of Bhagavan Sri Ramana Maharshi)

Telugu original
Sri Krishna Bhikshu

Edited and Translated by
Pingali Surya Sundaram

Published by:
V.S. Ramanan,
President,
Sri Ramanasramam
Tiruvannamalai 606 603
INDIA

First Edition 2004

슈리 라마나 마하리쉬의 전기

슈리 라마나 릴라

슈리 크리슈나 빅슈 지음

P.S. 순다람 영역 | 김병채 옮김

 슈리 크리슈나 다스 아쉬림

슈리 라마나 릴라

초판 1쇄 발행 2010년 11월 5일

지은이 슈리 크리슈나 빅슈
영역 P.S. 순다람
옮긴이 김병채
펴낸이 황정선
펴낸곳 슈리 크리슈나 다스 아쉬람
출판등록 2003년 7월 7일 제62호
주소 경상남도 창원시 북면 신촌리 771번지
대표전화 (055) 299-1399
팩시밀리 (055) 299-1373
전자우편 krishnadass@hanmail.net
홈페이지 www.krishnadass.com

ISBN 978-89-91596-32-0 03270

Printed in Korea

발행인의 말

떨루구어로 쓰인 《슈리 라마나 릴라》는 슈리 라마나스라맘에서 슈리 바가반의 생전에 출판된 슈리 라마나 마하리쉬의 세 가지 전기 중 하나이다. 다른 두 가지 전기는 《참나 깨달음》(영문)과 《슈리 라마나 비자얌》(따밀어)이다.

떨루구어 책은 슈리 크리슈나 빅슈(1901-1981)에 의해 저술되었는데, 그의 본명은 오루간띠 벤까따 크리슈나야였다. 변호사 자격증을 가지고 정부 관리로 일했던 그는 1930년대 초부터 슈리 라마나스라맘을 자주 방문했다.

《슈리 라마나 릴라》는 1936년에 처음 발간되었으며, 이후 판을 거듭하면서 개정되었다.

이 책은 슈리 바가반에 대해 대단히 가치 있는 내용들을 담고 있으며, 특히 그분의 저작을 포함하고 있으므로 우리는 이 책을 더 많은 독자들에게 전하는 것이 좋겠다고 생각했다. 그래서 이 번역본이 나오게 되었다.

라마나 문학의 방대한 영문 서적 목록에 이 책이 추가되어 기쁘다.

띠루반나말라이

2004년 1월 8일에,

슈리 라마나스라맘 대표

옴 나모 바가바떼 슈리 라마나야

영역자의 말

슈리 바가반의 방식은 불가해한 수수께끼 같다. 나의 짧은 문학 세계 경력이 10년 정도로 끝이 났다고 생각할 즈음, 슈리 라마나스라맘의 대표인 슈리 V.S. 라마난의 장거리 전화를 받았다. 그는 나에게 슈리 크리슈나 빅슈가 쓴 슈리 라마나 마하리쉬의 뗄루구어 전기인 《슈리 라마나 릴라》를 영어로 번역해 달라고 요청했다. 나는 이 제안을 슈리 바가반의 명령으로 받아들였고, 비록 그것이 만만찮은 작업임을 알고 있었지만 곧 작업을 시작하기로 동의했다. 슈리 바가반이 이 일을 완성시켜 줄 것이라는 믿음이 있었기 때문이다.

그 제안을 받기 얼마 전, 나는 우연히 이 책을 접하고서 읽어 보려 했지만 나에게는 너무 어려운 내용이어서 포기한 적이 있었다. 1936년에 처음 출간되었고 이후에 개정된 슈리 크리슈나 빅슈의 책은 그당시 학자들과 빤디뜨들이 즐겨 쓰던 매우 고전적이고 산스끄리뜨적인 문체로 쓰여 있었기 때문이다. 그 책은 내가 보기에 너무 난해하고 복잡한 구절들로 가득 차 있었다. 또한 몇몇 부분에서는 이야기가 부드럽거나 논리적이지 않았다. 이런 작문 양식은 대부분 지금은 사용되지 않고 있다.

책을 번역하는 중에 나는 힘든 선택의 난관들에 수없이 봉착했으며, 결국 글자 그대로의 번역이 아니라 원문의 의미를 가장 충실히 살리는 번역을 하기로 결정했다. 이 목적을 위해 나는 많은 부분을 쉽게 바꾸어 쓰고 어떤 단락들은 새롭게 재배열하여 전체적으로 읽기 쉬운 책이 되도록 고쳐야 했다. 이 목적이 얼마나 달성되었는지 여부를 판단하는 것은 독자들의 몫이다.

번역을 하는 동안, 나는 하이데라바드 대학의 영문과 교수인 모한 라마난 교수와 같은 과에 다니던 내 딸 P. 사일라자 박사의 도움을 많이 받았다. 두 사람이 원고를 읽고서 내게 해 준 수많은 제언들은 헤아릴 수 없이 귀중한 도움이 되었다. 또한 하이데라바드에 있는 뗄루구 아카데미의 전 부원장인 뽀란끼 닥쉬나무르띠 박사는 원문에 가득한 산스끄리뜨 인용문들을 상세히 설명해 주었다. 그분들 모두에게 감사의 말씀을 드린다. 무엇보다도 나에게 이 기회를 준 슈리 V.S. 라마난에게 감사를 드린다. 그들 모두에게 슈리 바가반께서 은총을 부어 주시길……

이 책은 슈리 바가반의 은총의 결과이다. 바가반께서 그분 특유의 자애로움, 인자함, 너그러움으로 받아 주실 것을 확신하면서, 나는 그 모든 결함들과 함께 이 책을 바가반께 겸허하게 바친다.

하이데라바드

2003년 7월 17일,

P.S. 순다람

차례

01.

도래
The Advent

그 날은 아르드라 달샨의 날이었는데, 이날은 쉬바가 다
루까 숲에서 아디세샤와 맺은 언약을 이루기 위해 치
담바람에서 빠딴잘리와 다른 이들에게 그의 아난다 딴다바(환희의 춤)
를 보여 준 것을 기념하는 날이었다. 띠루출리 마을에서는 부미나떼
스와라 신(신상)이 배우자인 사하얌바와 함께 헌신자들을 축복하면서
마을을 돌아다닌 뒤 막 그의 거처로 들어가려 하고 있었다.

사원의 북동쪽에는 순다람 아이어의 집이 있었는데, 그의 아내인 알
라감마는 셋째 아이를 출산하느라 진통을 겪고 있었다. 순다람 아이어
의 어머니인 락슈미 암말과 눈이 침침한 이웃집 노파가 그 방에 있었
다. (이 집은 후에 순다라 만디람으로 불리게 되었으며, 슈리 라마나스라맘이 맡아
관리하고 있다. 날마다 슈리 라마나의 사진 앞에서 경배가 행해진다—주)

1879년 12월 29일에 시작된 진통은 자정을 넘겨 12월 30일로 이

어지고 있었다. 달은 뿌나르바수 자리에 있었다. 부미나따 신은 사원의 입구에서 잠시 멈추었고, 그 사이에 순다람의 집에서 아들이 태어났다. 순다람 아이어의 어머니는 실망한 낯빛을 보였다. 눈이 침침한 노파가 실망하는 이유를 묻자 그녀는 대답했다. "잘 알다시피, 내 딸 락슈미는 더 이상 이 세상에 없고, 딸아이의 아들인 라마스와미는 여기서 자라고 있다오. 이 집의 첫째로 태어난 여자 아이는 세상을 떠났고, 둘째는 아들인 나가스와미인데, 또다시 남자 아이가 태어났어요. 이 아이가 딸이면 그 애를 내 딸의 아들에게 시집보낼 수 있을 텐데, 이제 그럴 수가 없잖아요? 그러니 어떻게 가족의 유대를 이어갈 수 있겠어요? 어떡하겠어요, 이게 다 내 팔자인 걸!" 눈이 침침한 노파가 그녀를 위로하며 충고를 했다. "충분하니 그만해요. 이 아이는 정말 사랑스러워요. 그는 커다란 빛에 감싸여 있어요. 그가 신의 화신이라는 걸 모르겠어요? 그런데도 어떻게 울 수가 있어요?"

눈이 침침한 그 노파가 어떻게 알았을까?

그날은 양력으로 뿌라마디 해, 마르가리 달의 16번째 날이었다. 음력으로는 뿌라마디 해, 마르가시르샤, 크리슈나 빡샤(어두운 2주일)의 두 번째 날이었고, 시간은 뚤라 라그나, 밤 19 1/2 가디였다.

02.

가족
The Family

순다람 아이어의 가족이 대대로 섬기는 신은 슈리 벤까떼스와라였다. 순다람 아이어의 형은 그 신의 이름을 따서 벤까떼스와라 아이어라고 이름 지어졌다. 그는 소득의 반을 여신 사하얌바에게 바치는 좋은 사람이었다. 그런데 이른 나이인 열여덟 살 때 세상사에 흥미를 잃어버렸다. 그는 마두라이 근처에 있는 띠루빠란꾼드람을 방문하겠다는 말을 남기고 집을 떠난 뒤 다시는 돌아오지 않았다. 그는 출가하여 치담바람에서 살았으며, 헌신자들의 편의를 위해 사원 주변의 길을 청소하며 지냈다. 새로 태어난 아이는 큰아버지와 가족 신의 이름을 따라서 벤까떼스와라라고 이름 지어졌다.

순다람 아이어의 삼촌 가운데 한 명도 쉬바난다 요기라는 이름의 출가자였다. 그래서 형제들이 성년이 되기 전에 아버지인 나가스와미 아이어가 세상을 떠났을 때, 가족 부양의 책임은 순다람 아이어에게 지워졌다. 열여섯 살이던 순다람 아이어는 한 달에 2루삐씩 받고 사무원으로 일하기 시작했다. 총명하고 근면하며 평판이 좋았던 그는 법률 서류를 작성하는 방법을 빨리 배웠으며, 일반인들뿐만 아니라 관리들도 능숙하게 대하게 되었다. 결국 시험에 응시하지 않고도 법무사 자격을 획득하게 되었고 사무실도 얻었다. 그는 금방 자리를 잡았고 그의 일은 점점 더 번창했다. 그는 커다란 집을 지었는데, 일부는 가족이 쓰는 공간이었고, 나머지는 손님들을 위한 공간이었다. 띠루출리에 새로 배치를 받은 관리들은 머물 거처를 구하기까지 그의 집에서 머물곤 했다.

순다람 아이어는 가난이 무엇인지 알았기에 궁핍한 사람들을 위해 그의 집을 개방하였다. 그의 아내 알라감마는 음식이 필요한 사람을 그냥 돌려보내는 법이 없었다. 마치 안나뿌르나 여신의 화신과 같았다. 부부는 선하고 너그러우며 행실이 바르다고 평판이 자자했다. 사실, 순다람과 알라구라는 단어는 아름다움이라는 같은 뜻을 지니고 있다.

그의 집에서는 쉬바, 비슈누, 가네샤, 수리야, 샥띠를 경배하는 의식이 정기적으로 행해졌다. 마을의 유지로서 순다람 아이어는 사원에서 뿌라나 깔락쉐빠(음악, 무용 등을 섞어서 뿌라나 이야기를 들려주는 공연—역주)들을 조직하는 데 일조했으며, 사원의 행사에도 전반적으로 도움을 주었다. 그는 신에 대한 헌신을 공개적으로 나타내지 않았는데, 아마 개인적으로는 냐나 마르가(jnana marga; 지혜의 길)를 선호했던 것 같다. 그는 진지한 성격이었으며, 아내와 형제, 아들들을 격의 없이 대하거나 그들과 아주 친밀하게 지내는 편은 아니었다. 반면에 알라감마는 헌신자의 모습을 보였다. 닥쉬나무르띠 스또뜨라 및 다른 유사한 베다 찬가들을 암송했으며, 수많은 헌신의 노래들을 배웠고, 새로운 노래를 배우기 위해 다른 사람의 집에 찾아가기도 했다. 그녀는 샥띠빤차끄샤리 자빠를 시작했다. 또한 꽤 정통파여서 수리야 나마스까라를 규칙적으로 행했다.

순다람 아이어의 가족은 드라비다, 스마르따, 브라하차라나 혈통에 속하며, 야주스 샥카, 아빠스탐바 수뜨라를 따랐다. 그들은 바시슈타 샥띠 빠라사라 리쉬들과 빠라사라 고뜨라 가문에 속해 있다. 그들의 가족 이름은 띠루출리이다.

03.

유년 시절
Childhood

아이 벤까떼스와라는 독특했다. 그는 말도 많이 하지 않았고 다투지도 않았다. 가까운 친척 중에 미낙쉬라는 또래의 아이가 있었는데, 그는 미낙쉬가 젖을 먹지 않으면 자기도 어머니의 젖을 먹지 않으려 했다. 그는 먹는 것에 무관심했다. 그의 미소는 상냥하고 온화했지만, 그 뒤에는 결연한 성품이 있었다.

나중에 초등학교에 입학할 때 그의 이름은 벤까따라만으로 등록되었고, 이후 계속 이 이름으로 불리게 되었다. 가까운 친척인 락슈마나 아이어는 뗄루구어(語)에 능통했는데, 그는 이 아이를 라마나라고 불렀으며, 때로는 '나야나 라마니'라고 부르곤 했다. 뗄루구어로 '나야나'는 원래 아버지를 의미하지만, 친애의 표현으로도 사용된다. 아이는 뗄루구어 방식을 받아들였고, 다른 아이들과 달리 아버지를 부를 때 "나야나"라고 불렀다. 시간이 지나면서 다른 가족들도 순다람 아

슈리 라마나 릴라

이어를 이렇게 부르게 되었고, 나중에는 바깥으로까지 퍼져서 모두 들 순다람 아이어를 "나야나"라고 부르기 시작했다.

벤까따라만은 항상 자기 방식이 있었다. 하루는 순다람 아이어가 일 때문에 출장 갈 준비를 하면서 수레에 두 개의 쿠션을 놓았는데, 아이가 말했다. "나야나, 첫 번째 쿠션은 떨어질 거예요." 아버지는 이 말을 무시하고 출발했다. 얼마 지나지 않아, 아이의 예언대로 되었다. 순다람 아이어는 깜짝 놀랐다. 어떻게 아이가 이 일을 미리 알았을까?

벤까따라만은 여덟 살 때 우빠나야나(성스러운 실을 몸에 걸치는 종교 의식—역주) 의식을 행했으며, 고대의 전통적인 방식에 따라 "나, 벤까 떼스와라 사르마가 경배를 드립니다."라고 말하는 법을 배웠다.

벤까따라만이 입학한 초등학교는 만따빠(mantapa) 안에서 수업을 진행했으며, 교장은 마두라 나야감 삘라이였다. 그 학교에서는 오학년까지는 따밀어로만 수업을 했다. 순다람 아이어는 아들들이 영어로 교육을 받아서 공무원이 될 수 있기를 원했지만, 띠루출리에는 영어를 가르치는 사람이 아무도 없었다.

순다람 아이어에게는 두 명의 동생이 있었는데, 큰동생 숩부 아이어는 딘디굴에 있는 등기소에서 서기로 일하고 있었고, 딘디굴에는 영어를 가르치는 학교가 있었다. 그래서 나가스와미가 먼저 그 학교에 입학했고, 1891년에는 벤까따라만도 6학년으로 전학했다.

두 형제는 마치 (원숭이들의 지원을 받은) 라마와 락슈마나처럼 어린 소년들의 지지를 받았다. 그들은 친구들과 잘 어울려 놀았으며 건강하였다. 형은 나뭇가지에서 뛰어내리기를 잘해서 별명이 '원숭이'였

o19

03_ 유년 시절

다. 동생은 게임을 할 때마다 늘 이겨서 '황금 팔을 가진 자(탕가 까이)' 라고 불리게 되었다. 이 이름은 쉬바의 여러 이름 가운데 하나인 '히란야바후(황금 팔을 가진)'를 떠올리게 한다. 형제들은 체조와 레슬링, 축구에 흥미가 있었다. 동생은 특별히 선호하는 것 없이 그냥 형을 따랐다. 그런데 벤까따라만은 한번 싸움이 붙으면 결코 몸을 사리지 않았고 맞는 것도 두려워하지 않았다. 그래서 나이 많은 아이들도 그를 건드리지 못했다.

벤까따라만은 잠을 깊게 잤다. 딘디굴에서 그들이 살았던 집은 아비라미 암만 꼬빌 거리에 있었다. 숩부 아이어의 아들인 슈리니바스의 생일날, 저녁 식사를 준비한 뒤 식구들은 모두 사원으로 갔고 벤까따라만 혼자 남아서 집을 보게 했다. 조금 후에 그는 현관문을 잠그고 잠이 들었다. 밤늦게 돌아온 가족이 문을 두드렸지만 아무런 응답이 없었다. 그들은 계속해서 현관문을 쾅쾅 두드렸고, 이웃들까지 놀라서 나오게 만들 정도로 굉장한 소란을 피웠지만 아무런 소용이 없었다. 모두들 벤까따라만에게 무슨 일이 생긴 것이 아닌지 근심하고 있었다. 수차례 시도한 끝에 그들은 현관문을 여는 데 성공했고, 자고 있는 벤까따라만의 주위에 모여 여러 가지 방법을 동원하여 그를 깨우려고 애썼다. 그들은 벤까따라만이 그토록 깊은 잠을 자는 데 놀랐으며, 그가 전설적인 꿈바까르나와 비슷하다고 생각했다. 그의 이런 특징이 소문이 나자, 전에 벤까따라만에게 맞았지만 감히 보복하지 못하고 있던 몇몇 학교 친구들은 자고 있던 그를 외딴 곳으로 들고 가서 때린 뒤에 다시 침대에 데려다 놓았다. 다음 날, 벤까따라만은 그들의 말과 암시를 통해 전날 밤에 무슨 일이 일어났는지를 짐작할 수 있었다. 벤까따라만이 잠자는 동안 다른 곳으로 이동했던 것은 몇몇 사람들의 오해와 달리 몽유병 때문이 아니었다.

샥띠(힘)에는 두 가지 형태가 있는데, 하나는 정신적인 것이고 다른 하나는 실제적인 것이다. 이것들은 깊은 잠을 자는 동안에는 몸 안에 잠재되어 있으며 깨어 있을 때처럼 발산되지 않는다. 몸이 깨어나자마자 활력을 갖게 되는 것은 그 때문이다. 사다까(수행자)의 의지 덕분에 샥띠는 감각 기관을 통해 외적으로 낭비되지 않는다. 그것은 참나를 향해 내면으로 향하게 된다. 깊은 잠은 의도에 의한 것이 아니며, 따라서 무지의 상태이다. 반면에 사마디는 의도적이며 앎의 상태이다. 라마나의 몸은 이 깊은 수면 상태를 통해 훗날 따빠스(고행)의 상태를 유지할 수 있었다.

형제는 둘 다 공부에 특별한 흥미를 느끼지는 않았다. 아마 형이 좀더 나았을 것이다. 후에 동생은 학교에 가서 선생님의 얼굴만 쳐다본 것 같다고 회상했다. 하지만 그는 무엇이든지 한 번 듣기만 하면 기억해 버리는 재능이 있었다. 특히 따밀어로 된 시(詩)를 기억하는 데 관심을 기울였다. 그는 학자가 되려는 마음이 전혀 없었고, 다른 사람들도 그가 학자가 되기를 기대하지 않았다.

숩부 아이어는 1891년에 마두라이로 직장을 옮기면서 북 치뜨라이 거리로 이사했고, 형제도 북 아바니 거리에 있는 스코트 중학교에 입학했다.

04.

여명
The Dawn

띠루출리의 북동쪽과 남동쪽을 감싸며 흐르는 까운딘야 강은 죄를 씻어 주는 강으로 널리 알려져 있다. 심한 기근이 들었을 때 까운딘야 리쉬는 쉬바의 따빠스들을 했으며, 그 결과로 이 강이 생겨나게 되었다고 한다. 말바의 왕이었던 소마실라는 나병 환자였다. 그는 이 강이 죄를 씻어 준다는 소문을 듣고 강에서 목욕을 했다. 그러자 과연 강이 그 이름에 걸맞게 나병을 치료해 주었다는 전설이 내려온다. 띠루출리 저수지는 특이한 점이 있는데, 그것은 저수지의 수위가 마을의 지표면보다 높은데도 물이 넘쳐흐르지 않는다는 점이다. 술라 띠르탐이라는 저수지는 사원의 맞은편에 있다. 전설에 따르면, 대홍수가 났을 때 땅이 물에 잠기는 것을 막기 위해 쉬바가 삼지창으로 그곳을 들어 올리자 모든 물이 그곳을 통해 빠져 나갔다고 한다. 이 저수지 때문에 그 지역은 띠루(신성한) 출리(소용돌이)

라는 이름을 얻게 되었다. 술라 띠르탐은 사원 저수지에 있는 만따빠의 동쪽에 있다. 마가 달 동안 저수지의 수위는 점점 올라서 10일째 되는 날 저수지는 가득 찬다. 이렇게 해서 만따빠에 있는 쉬바는 아비쉐까를 받는다. 그 이후 수위는 다음 10일 동안 내려간다. 이것은 강우량과 상관없이 반드시 일어나는 현상이며, 저수지의 수위는 도시의 우물 수위와 아무런 관계가 없다. 술라 띠르탐에서 목욕을 하면 여러 가지 피부병이 치료된다.

순다람 아이어는 도시의 북동쪽 끝에 있는 땅을 사서 마을 사람들에게 기부해 화장터로 사용하게 했다.

1892년, 순다람 아이어가 병이 들었다. 숩부 아이어가 조카들을 데리고 방문했지만, 그는 나흘 만에 세상을 떠나고 말았다. 그때 그의 나이 마흔 일곱이었다. 순다람 아이어는 그가 기부한 화장터에서 화장되었다.

순다람 아이어는 생전에 유명했고 널리 존경을 받았다. 심지어 노상강도마저 그를 존경할 정도였다. 그는 네 명의 자식을 남겼는데, 맏이인 나가스와미는 14살이었고, 벤까따라만은 12살, 나가순다람은 6살이었으며, 알라멜루는 아기였다. 장례식이 끝나고 숩부 아이어는 나가스와미와 벤까따라만을 데리고 마두라이로 돌아갔지만, 알라감마는 두 어린 아이와 함께 집에 남았다. 알라감마와 두 아이는 숩부 아이어의 동생인 넬리압빠 아이어가 맡아서 돌보기로 했다.

이런 불행을 당한 뒤에 나가스와미는 더욱 열심히 공부하기 시작했다. 하지만 벤까따라만은 전혀 변화가 없었으며, 이제까지의 놀이에 더해 수영까지 배워서 바이가이 강이나 뻴라야르 저수지에서 수영을 하곤 했다. 또한 물을 가득 채운 작은 용기를 물 한 방울도 흘리지 않고 공처럼 던지고 받는 놀이도 배웠다. 게다가 바이가이 강에서 밤 늦게까지 놀기 위해서 소년들은 베개를 이불로 덮어서 자고 있는 것처럼 속이고는 담을 넘어 어둠 속으로 사라지곤 했다. 근처에는 정원이 있었는데, 또래 소년들은 저마다 자신이 바이가이 강으로 가고 있다는 것을 표시하기 위해 정원의 담장 옆에 돌멩이를 놓아두었다. 소년들은 새벽 두세 시까지 놀다가 집으로 돌아갔다. 이 밖에도 물이 범람하는 시기에 바이가이 강의 소용돌이치는 강물에서 수영하는 것도 소년들의 즐기는 놀이였다.

유년 시절부터 벤까따라만의 말에는 권위가 있었다. 회교도인 압둘 와합은 소년들의 축구팀 주장이었는데, 한번은 벤까따라만이 와합의 집에 갔다가 그의 가족이 육식을 하는 것을 보고는 강한 불만을 표시했다. 그 말을 듣고서 와합은 평생 육식을 포기했다. 와합은 후에 경찰관이 되어 경찰서장으로 은퇴했다.

숩부 아이어는 촉까빠 나익껜 거리로 이사했다(이 집은 현재 슈리 라마나스라맘이 인수하여 관리하고 있으며 '라마나 만디람'으로 불린다. 날마다 뿌자가 행해진다.—주).

8학년을 마친 벤까따라만은 미국의 기독교 단체에서 운영하는 고등학교에 입학했다. 근처에는 같은 선교 단체에 의해 운영되는 전문대학이 있었다. 삶은 평범했고, 의욕이 없었으며, 목표도 없었다. 그는 방학이 되면 띠루출리를 방문하곤 했다.

그날은 1985년 11월이었고, 벤까따라만은 9학년이었다. 아침 10시쯤 등교하고 있던 그는 우연히 라마스와미 아이어를 만났는데, 그는 띠루출리에 살고 있는 락슈마나 아이어의 조카뻘 되는 사람이었다. 중년을 넘긴 그는 그들의 친척이었다. 벤까따라만이 친근한 마음으로 그에게 물었다. "어디 다녀오시는 길인가요?" 그가 대답했다. "아루나찰라에서 오는 길이란다." '아루나찰라'는 벤까따라만에게 어린 시절부터 익숙했던 단어였지만, 그는 그것이 어디에 있는지, 어떻게 생긴 것인지, 무슨 뜻인지도 전혀 모르고 있었다. 하지만 그날 그 단어는 그에게 위대한 어떤 것, 다가갈 수 없고 권위가 있으며 절대적으로 행복한 존재를 의미했다. 우리가 그런 곳에 갈 수 있다는 말인가? 그의 가슴은 기쁨으로 가득 찼다. 아루나찰라는 어떤 신성한 땅이자, 목샤(해방)를 주는 모든 부분을 의미했다. 그것은 전능하고 평화로웠다. 그것을 볼 수 있다는 말인가?

"뭐라구요? 아루나찰라요? 그게 어디에 있나요?" 소년이 물었다. 친척은 깜짝 놀랐다. "아루나찰라를 모른다고? 띠루반나말라이를 들어 보지 못했어? 거기에 아루나찰라가 있단다." 마치 풍선이 터진 것 같았다. 소년의 가슴이 깊이 가라앉았다.

그동안 벤까따라만은 그 이름을 여러 번 들었지만 마음이 움직인 적은 없었다. 그런데 왜 그때 그런 일이 일어났을까?

그때까지 벤까따라만의 삶은 영적으로 휘저어진 적이 없었다. 그는 뿌자(종교 예배 의식) 물품들을 가지고 몇 번이나 장난친 적도 있었다. 그는 전혀 경건하지 않았다. 정기적으로 쉬바에게 경배했고, 거룩한 날에는 관습적으로 사원들을 방문했지만, 어떤 내적인 열망 때문에 그렇게 한 것은 아니었다.

축제 기간 중이었던 어느 날 밤, 소년들은 띠루빠란꾼드람에 갔다.

○25

04_여명

그들은 배가 고팠지만 아직 음식이 나오지 않았다. 그래서 부엌 주위에서 서성거리다가, 사원 관리가 용무가 있어 밖으로 나가자 곧 문을 열고 안으로 들어가서 원하는 만큼 음식을 챙긴 뒤 강변으로 달아났다. 그곳에서 배불리 먹고는 나머지는 내버려두었고, 몸을 씻고 다시 사원으로 가서 제공되는 음식을 받아먹었다. 그것은 소년의 쁘라사담이었다. 일반적으로 음식이 신에게 바쳐질 때까지는 아무도 손대지 않는다. 그것은 잘못된 행동으로 여겨지기 때문이다. 이 사건 후 오랜 세월이 흐른 뒤에 바가반은 말했다. "그 음식은 진정으로 바쳐졌습니다." 그 말은 얼마나 진실한가! 그 음식은 의도된 이에게 바쳐진 것이다.

학교에서 성경을 가르쳤지만, 벤까따라만은 학교에서 가르친 세속적인 교육에는 흥미가 없었다. 하물며 성경은 말해 무엇하겠는가?

그런데 어떻게 해서 정서적인 고양이 일어났을까? 아루나찰라와 벤까따라만 사이에 어떤 관계가 있었던 것일까?

05.

어린 시절의 애착
Earlier Attachment

한 두 달이 지났을 무렵, 벤까따라만은 숩부 아이어가 빌려 온 《뻬리아뿌라남》을 보게 되었다. 이 서사시는 다음과 같은 배경 하에서 저술되었다.

촐라 왕국의 통치자인 아나빠야 촐라는 자이나교도였는데, 쉬바 신을 숭배하는 사람들을 박해하였다. 섹끼자르도 이처럼 종교적인 이유로 박해받던 사람들 가운데 한 명이었다. 섹끼자르는 생각했다. "띠루나북까라사르(압빠르)는 전 재산을 사람들에게 나누어 주고 자이나교를 받아들이지 않았던가? 그러나 쉬바 신에 대한 누이의 헌신으로 인하여 그는 다시 쉬바파로 개종하지 않았던가? 그러한 일들이 왜 왕에게는 일어나지 않는가? 이곳은 쉬바의 땅이며, 여기에는 열두 곳의 끄쉐뜨라, 여섯 곳의 꾸마라스타나, 원소마다 하나씩 다섯 개의 링가, 그리고 1,008곳의 쉬바스따나가 있다. 위대한 나얀마들은 쉬바

신을 찬미하는 데 평생을 헌신했고, 쉬바의 장엄한 모습을 생각하며 기뻐하였으며, 자신을 쉬바의 발에 묻은 먼지 하나에 지나지 않는다고 여기면서 쉬바를 찬미하였고, 대중들에게 큰 기쁨을 주는 노래들을 불렀다. 이 왕이 이런 헌신자들의 이야기를 들으면 개종하지 않겠는가? 나는 그 노래들을 책에 담을 것이다." 그래서 섹끼자르는 저술을 시작하였다. 하지만 아아! 슬프게도 그의 입에서는 어떤 말도 나오지 않았다. 그는 비통하게 울었고 온통 무력감에 사로잡혀 쉬바에게 기도했다. 쉬바가 스스로 첫 단어를 적었고, 그 후 섹끼자르의 헌신의 언어가 쉬바의 은총으로 넘쳐흐르기 시작했다. 《뻬리아뿌라남》은 그렇게 해서 완성되었다. 시인은 나따라자(춤추는 쉬바)의 현존 하에 촐라 왕에게 이 작품을 암송했으며 그는 축복을 받았다.

벤까따라만이 읽은 첫 번째 종교 서적은 이 《뻬리아뿌라남》이었다. 마치 완전히 새로운 세계로 들어가는 것만 같았다. 읽으면 읽을수록 그의 갈증은 더욱 커졌다. 그 책의 주제들은 모두 쉬바의 위대한 헌신자들에 관한 내용이었다. 헌신, 사랑, 평화, 희열이 쉬바 자신을 아는 지식으로서 어디에나 가득했다.

벤까따라만이 영적으로 진보할수록 헌신자들에 대한 사랑과 존경심은 더욱 커졌다. 그는 그들의 역경에 가슴 아파했고, 그들의 승리에 기뻐했다. 벤까따라만은 쉬바가 헌신자들을 지켜보았듯이 자신도 지켜보고 있다고 느꼈다. 책을 다 읽자 그의 고양된 감정들은 사라졌고 그는 평소의 삶으로 돌아갔다. 그는 이 모든 헌신자들을 잊은 것 같고 그들을 따라야겠다는 모든 생각을 포기한 것처럼 보였다.

벤까따라만의 삶은 평온한 강물처럼 흐르고 있었다. 물론 가끔 소용돌이도 있었다. 그는 매우 민감했으며 어떤 비난도 참을 수 없었다. 그가 어렸을 때 아버지인 순다람 아이어가 띠루출리에서 그를 심하게 책망한 적이 있었다. 소년은 깊은 상처를 받았다. 그는 식사 시간에도 나타나지 않았다. 한참 동안이나 그를 찾아다닌 뒤에야 가족들은 사하얌바 성소에서 그를 발견할 수 있었다. 아마 그곳에서 어머니 사하얌바의 위로를 구하고 있었을 것이다. 간혹 그런 일들이 있었다.

벤까따라만은 천성적으로 돕는 것을 좋아하는 성격이었다. 그는 어머니와 숙모의 가사를 도왔다. 몇몇 사람들은 이런 성격을 오해하여 여자처럼 나약한 사람이라고 조롱하기도 했다. 그런데 어떤 심리학자들은 여성성과 남성성을 동등하게 지니고 있는 사람만이 인간을 구원할 수 있다고 주장한다. 평화, 은혜, 사랑, 연민은 여성성이며, 반면에 결단, 용기, 강함은 남성성이다. 남성성과 여성성이 알맞게 조화를 이룰 때 완전하며 영광스러운 삶을 살 수 있다. 슈리 크리슈나보다 더 자비로우면서도 동시에 더 용기가 있는 사람을 생각할 수 있을까? 이슈와라는 '아르다 나레스와라'가 아니던가? 완전히 부드러운 성격은 덩굴 식물처럼 스스로는 살아갈 수가 없다. 마찬가지로 유연하지 않은 용기는 수액이 없는 나무 막대기와 같다. 벤까따라만의 천성은 여성성과 남성성이 조화로웠으며, 그가 인간의 구원자가 될 수 있었던 것은 그 때문이었다.

06.

영적 탄생
Rebirth

그 후로 일 년이 지났고, 벤까따라만의 생활은 평소와 다름없이 흘러갔다. 1985년, 넬리압빠 아이어는 띠루출리를 떠나 마나마두라이로 이사했으며, 그곳에서 2급 법무사로 정착하였다. 1896년 여름에 벤까따라만과 그의 형은 그곳을 방문했다.

1896년에 형 나가스와미는 자나끼 암말과 결혼했으며, 그의 처가 식구들도 마두라이에 살고 있었다. 그때 벤까따라만은 17살이었고 10학년이었으며, 수료 인정 시험을 준비하고 있었다. 열심히 공부하지는 않았지만 시험에 대한 두려움은 없었다. 그는 신체를 튼튼하고 건강하게 만들어 주는 운동을 좋아했다.

7월 중순이었다. 어느 날 오후 벤까따라만은 일층 방에 누워 있었는데, 뚜렷한 이유 없이 갑작스레 죽음에 대한 공포가 밀려왔다. 그는 "나는 죽는다."라고 생각했다. 훗날 바가반은 그날의 경험을 다음과 같이 들려주었다.

"내가 그런 생각을 할 이유는 어디에도 없었습니다. 나는 그 상태가 어떤 것인지도 몰랐고 내가 두려워하는 이유도 알지 못했습니다. 의사나 어른들에게 물어봐야 한다는 생각도 들지 않았습니다. 내게 유일한 문제는 죽음의 의미가 무엇이며 어떻게 하면 그것을 피할 수 있는가, 였습니다. 나는 이 문제를 즉시 풀기로 결심했습니다. 죽음은 사지가 경직되고, 입술이 굳어지고, 눈이 닫히고, 호흡이 멈추는 것을 의미했습니다. 죽음에 집중하자 이 모든 일이 경험되었습니다. 하지만 기억이나 자각은 사라지지 않았습니다. 다시 말해, 감각 기관은 외부적으로 작용하기를 멈추었으나 내면을 향한 바라봄은 스스로 자리를 잡았습니다. 몸은 죽었지만 '나'라는 감각은 사라지지 않았습니다. 개체성의 의식은 여전히 남아 있었습니다. 몸은 묘지에 묻히고 재가 되어 사라져도 '나'는 사라지지 않았습니다. '나'는 몸이 아니기 때문이었습니다.

몸은 생기를 잃었고 앎이 없었지만, 나에게는 앎이 있었습니다. 그러므로 생기 없는 몸에게는 죽음이 있었지만, '나'는 불멸이었으며 의식이었습니다.

몸과 감각이 기능을 멈추었을 때에도 남아 있던 앎은 감각의 산물이 아니었습니다. '나'에 대한 자각은 직접적이었고 스스로 빛나고 있었지만 그것은 어떤 생각의 산물이 아니었습니다. 죽음에도 불구하고 살아남은 실체는 의식이었습니다."

그리하여 그 순간에 벤까따라만은 새로운 앎을 얻었다.

벤까따라만이 경험한 일은 한 단계씩 진행된 것으로 묘사되고 있지만, 실제로는 한순간에 일어난 일이었다. 구루의 지도나 아비야사 (정식 수련) 없이 그런 앎을 얻은 요기가 또 있었던가?

《바가바드 기따》는 말한다.

마누시야남 사하스레수 까스찌드 야따띠 싯다예!
야따땀 아삐 싯다남 까스찟 맘 베띠 따뜨바따(7장 3절)

(수천 명 가운데 겨우 한 사람만이 완성을 위해 노력하며,
노력하는 사람들 가운데 겨우 한 사람만이 나를 진실로 알게 된다.)

— 스와미 치드바바난다 번역

그런 앎은 전례가 없는 것이다. 그러한 사람은 특별한 목적을 지니고 태어나며, 또한 신의 화신이자 스승이다.

아뜨만(참나)에 대한 앎에 대하여, 《까타 우빠니샤드》는 말한다.

나야마뜨마 쁘라바짜네나 라뵤
나 메다야 나 바후나 스루떼나
야메바이사 브르누떼 떼나 라비야
따시야이사 아뜨마 비브르누떼 따누 스왐(2장 23절)

(이 아뜨만은 경전 공부나 예리한 두뇌, 많은 경청에 의해 이를 수 있는 것이 아니다. 아뜨만이 스스로 선택하는 자만이 아뜨만에 이르게 된다. 아뜨만이 선택하며, 그런 자에게만 아뜨만은 자신의 진정한 형상을 드러낸다.)

이 기적적인 사건은 쉬바의 배우자이자 모든 것의 근원인 샥띠 미낙쉬의 자리에서 일어났다고 보는 것이 적절하다. 《바가바드 기따》는 빠라쁘라끄르띠 샥띠가 모든 무지를 몰아낸다고 말한다. 라마나는 신성한 힘의 은총에 의해 참나를 자각하게 되었다. 마두라이는 드바다산따 마하스탈리(차끄라, 즉 힘의 열두 근원을 주재하는 신의 자리)로 여겨진다.

벤까따라만은 그의 직접적인 지각에 의해 다시 태어났으며, 동시에 그의 앎에 의해 목샤를 얻었다. 그는 자신이 불멸의 '아함(Aham)'이라는 것을 깨달았다. 죽음에 대한 모든 두려움이 사라졌다.

세월이 많이 흐른 뒤에 바가반은 《울라두 나르빠두(실재 40송)》에서 말했다. "죽음을 두려워하는 자가 죽지도 않고 태어나지도 않는 지고의 신의 발밑에서 피난처를 구할 때, 그들의 자아와 집착들은 죽고, 이제 죽음이 없는 그들은 더 이상 죽음을 생각하지 않는다."

- K. 스와미나탄 번역

07.

고통
Agony

참 나의 희열을 맛본 벤까따라만은 언제나 참나 안에 머물렀으며, 다른 것은 아무것도 지닐 수도 할 수도 없었다. 몸은 활동을 하고 있을지라도 생각들은 참나에 몰입되었으며 몸 의식도 잃어버렸다. 이 모든 일이 자연스럽게 노력 없이 일어났다.

참나 안에 머무름과 헌신은 벤까따라만의 삶을 이끄는 두 가지 요소였다. 참나 안에 머무르는 사람이 신에게 헌신할 필요가 어디에 있겠는가? 바가반은 훗날 이 주제에 관해 얘기하였다. "나는 참나의 경험이 다양하게 분류되고 묘사되었다는 것을 알지 못했습니다. 나는 브람만과 같은 철학 용어들도 잘 알지 못했고, 속성 없는 진리가 무엇을 의미하는지도 몰랐습니다. 개인적인 참나와 이슈와라가 하나라는 것도 알지 못했습니다. 나는 이슈와라에 대해 들어 알고 있었지만, 그것이 아뜨마 자체라는 식으로 알았던 것은 아닙니다. 생각의 과정(마음)이 소멸된 것인지 정지된 것인지는 모릅니다. 참나는 아무런 노력 없이도 경험되고 있었습니다. 어떤 면에서 그것은 참나 안에 머무는 것이었습니다. 그것은 샹까라의 표현에 따르면, 중단되지 않는 아뜨마 경험이었습니다. 《냐나 바시슈타》(요가 바시슈타)에서는 그것을 사뜨바 빠티라고 묘사하고 있습니다."

"샹까라와 다른 깨달음을 얻은 사람들이 속성을 지닌 신을 경배하지 않았습니까?" 한 순간 그것은 아뜨마 안에 잠겼고, 다음 순간에는 신 안에 있었다. 슈리 라마크리슈나 빠라마함사도 성자와 현인의 마지막 단계가 비슷하다고 말했다.

"나는 《뻬리아뿌라남》 외에는 다른 영적 서적을 공부한 적이 없었습니다. 그 책에서 묘사하고 있듯이 속성들을 지닌 무한한 존재에 대해서만 들었을 뿐입니다. 속성이 없는 진리에 대해서는 들은 적이 없었습니다. 외부 세계를 계속 의식하고 있었지만, 나는 고통이나 감정이 없이 이슈와라의 현존 안에 있었습니다." 바가반이 말했다.

요가의 길에는 두 가지 형태가 있는데, 하나는 내적인 길이고 다른 하나는 외적인 길이다. 냐나 마르가(jnana marga; 지혜의 길)는 몸의 다섯 가지 덮개를 초월한다. 라자 요가는 마음을 조절하고, 하타 요가는 호흡을 조절한다. 외적 요가들 중에는 까르마 마르가와 박띠 마르가가 가장 중요하다. 심지어 세속적 마음을 가진 평범한 사람들도 이 두 가지 길은 쉽게 따를 수 있다. 그 가운데 샹끼야들은 육체를 차별하여 속성 없는 빠라브람만에 이른다. 어떤 사람들은 헌신자가 되어 속성들을 지닌 이슈와라에 가슴을 고정시키고, 이슈와라에게 봉사하며, 이슈와라 말고는 아무것도 없다고 여긴다. 이슈와라를 목표로 선택하는 헌신자들이나, 아뜨마를 목표로 선택하는 수까 같은 사람들에게 결과는 동일하다. 그것은 개별적인 참나와 브람만의 하나 됨이다.

예전에는 축제일에만 형식적으로 미낙쉬 사원을 방문했던 벤까따라만은 이제 자주 방문하게 되었다. 천 개의 기둥이 있는 홀에 그려진 순다라레스와라의 유희 그림을 보고서, 벤까따라만은 일 년 전에 아루나찰라의 이름을 듣고서 감정이 고양되었던 경험을 떠올렸다. 또한 당시에는 그의 삶에 영향을 미치지 못했던, 헌신자들의 삶에 관한 이야기들을 회상했다. "나는 '나도 나얀마르들처럼 헌신으로 가득 차야만 한다. 아루나찰라에 있는 나의 아버지 이슈와라가 내게 그의 발밑에 있는 피난처를 줄 것이다.'라고 생각했습니다. 나는 사원을 자주 방문하여 신과 나얀마르들의 형상 앞에 서 있곤 했으며, 감정들로 가득 차서 눈물을 줄줄 흘리곤 했습니다. 그 고통과 감정들이 무엇 때문인지는 알지 못했습니다. 내가 기도했던 것은 오로지 신이 나를 헌신자나 하인 또는 확고하게 헌신하는 자로 만들어 달라는 것뿐이었습니다. 나는 그것이 기쁨인지 슬픔인지 몰랐습니다. 명상의 상태에 있거나 고통의 상태에 있었습니다. 내 온몸은 이런 감정으로 넘쳐흘렀으며 타는 듯한 감각을 느꼈습니다. 신의 형상들을 바라볼 때면 마음속에서 폭풍이 일어나곤 했습니다. 아마 생각들이 몸에 머물 수 있는 닻을 잃어버렸기에 다른 발판을 필요로 했기 때문일 것입니다. 사원을 그렇게 자주 방문했던 것은 그 때문이었습니다. 때때로 나는 자비를 위해 기도했고, 다른 때에는 그것조차 없었습니다. 눈물이 하염없이 흘러내렸고, 때때로 나는 멍한 상태로 있었습니다."

벤까따라만에게 바깥으로 드러난 유일한 것은 끊임없이 흘러내리는 눈물이었다. 황홀경에 잠겨 춤을 추거나 기절하거나 목멘 목소리 같은 몰입된 박띠의 다른 특징들은 보이지 않았다.

　이러한 동요의 원인은 무엇이었을까? 전생의 어떤 기억들 때문이었을까? 만일 그렇다면, 전생에 어떤 경험을 했던 것일까?

08.

명령
The Command

벤 까따라만은 원래 말수가 적은 편이었다. 몇몇 두드러
진 변화가 그에게 일어났지만, 가족이나 친구들은 그
의 마음속에서 어떤 일이 진행되고 있는지 알지 못했다. 그는 더 이상
놀이에 참여하지 않았으며 친구들과 어울리지도 않았다. 미낙쉬 사
원을 방문하는 일은 점점 더 빈번해졌고, 눈을 감고 명상에 잠긴 채
대부분의 시간을 보냈다. 예전의 민감하고 성급한 반응들은 무디어
졌다. 전에는 공격적인 말을 참고 듣지 못했지만, 이제는 어떤 조롱을
받아도 관심을 보이지 않았다. 부당함을 볼 때마다 항의하던 그가 이
제는 부당한 일들을 당해도 더 이상 신경을 쓰지 않았다. 민감한 반응
은 사라지고 초연함이 자리를 잡았다. 더 이상 음식도 가리지 않았다.
겸손해졌다. 집 안의 허드렛일을 돕기는 했지만 일과의 하나일 뿐이
었다. 책을 집어 들어도 마음은 다른 곳에 있었다. 원래부터 공부에

대한 관심이 크지 않았지만 이제는 더욱 약해졌다.

그런 행동을 본 가족들은 처음에는 가볍게 나무라곤 했지만, 나중에는 심하게 책망을 했다. 숙부와 형은 한탄하며 말했다. "이 아이가 열심히 공부하면 얼마나 좋을까. 얘는 공부에는 관심을 보이지 않더니, 설상가상으로 이제는 아무 쓸모없는 영적인 생각들만 하는구나." 벤까따라만의 형은 그에게 비꼬는 말을 하곤 했다. "성자여! 뭐 하러 학교를 다니는가. 숲으로 가면 될 텐데." 벤까따라만에 대한 가족의 선의와 사랑이 어떠했으며 그들이 그의 세속적인 안락을 얼마나 바랐는지는 모르겠으나, 어떻게 그들이 그의 출가를 허용할 수 있겠는가?

가정의 바깥에서도 그는 저항에 직면했다. 친구들은 그를 피했고 가끔 조롱하기도 하였다. 벤까따라만은 결코 보복하지 않았으며 반응을 보이지도 않았다. 하지만 어떤 친구들은 그를 대단히 존경했고, 어떤 친구들은 두려워했다. 선생님들은 그를 꾸짖고 벌을 주었다.

이에 더하여 그의 몸의 여러 부위들에서 타는 듯한 느낌이 있었다. 그로 인해 그는 마음이 들뜨고 불안정했으며, 명상에 잠겨 앉아 있을 때만 차분히 가라앉을 수 있었다. 집과 바깥에서 동시에 반감에 직면하는 동안 세상에 대한 염증이 커져 갔다. 그의 사랑은 오로지 신의 발아래만을 향했다. 급기야 죽어 버리면 좋겠다고 생각했지만, 그런 '행운'을 얻지는 못했다. "신께서는 언제쯤이나 내게 자비를 보여 주실까." 하고 그는 한탄하였다.

그때는 1896년 8월 29일, 토요일 오전 11시경이었다. 그는 문법 공부를 하지 않은 데 대한 벌로 선생님에게서 베인의 영문법 책 가운데 일부를 세 번 베껴 쓰라는 지시를 받았다. 벤까따라만은 2층에 있는 방에 앉아 숙제를 하기 시작했다. 고생해서 두 번을 베껴 쓰고 난 뒤 그는 속으로 생각했다. "내가 아무 흥미도 느끼지 못하면서 숙제를 하는 기계인가?" 곧바로 그는 쓰기를 멈추었으며, 문법책을 옆으로 치우고 명상 자세를 취한 뒤 명상을 하기 시작했다.

가까이에서 이 모든 광경을 지켜보고 있던 형 나가스와미는 그런 행동을 묵인할 수 없었다. 그래서 즉시 가혹하지만 진실이 담긴 말을 내뱉었다. "이렇게 행동하는 사람에게 이 모든 것이 무슨 필요가 있겠어?"

형의 이런 조롱은 전혀 새로운 것이 아니었으나 이번에는 쏜살처럼 그의 가슴을 꿰뚫었다. 그는 생각했다. "맞다. 나는 공부에 흥미가 없고 다른 것에 있다. 가정을 책임질 수 없는데 왜 집에 있어야 하지? 여기에서 내가 무엇을 할 수 있을까?" 즉시 그는 영원히 집을 떠나기로 결심했다.

하지만 이제 어떻게 해야 하나, 어디로 가야 하며 어떻게 살아야 하는가?

순간, '아루나찰라'가 그의 마음의 눈 앞에서 춤을 추었다. 일 년 전쯤에 아루나찰라의 이름이 그의 가슴속에서 고동치다가 사라졌는데, 그날 다시 나타났다. 다시 한 번 똑같은 전율과 신심, 똑같은 감정의 물결이 그에게 밀려왔다. 그는 우주의 아버지가 그의 아버지이며, 그의 도움이며 안식처라는 것을 깨달았다.

이 말을 듣게 한 것은 가슴속에서 번쩍인 또 하나의 섬광이었는가? 아니면, 그에게 오라고 손짓하는 그의 아버지였는가? 만일 아버지가 손을 내밀었다면, 아들은 그 품 안으로 뛰어들 수 있는가? 그는 아루나찰레스와라의 현존에게로 달려가야만 했다.

세월이 흐른 뒤에 바가반은 말하기를, 아루나찰레스와라 안에서 안식처를 찾기 위해 집을 떠났으며, 어떤 강력하며 저항할 수 없는 힘이 그를 데려왔다고 했다.

"저는 새로운 것을 발견했습니다! 생명들의 자석인 이 산은 자신을 생각하는 사람의 움직임을 사로잡고, 그를 끌어당겨 자신과 얼굴을 마주하게 하며, 그를 그 자신처럼 움직임 없이 고정시키고, 영혼을 먹여 이렇게 무르익게 합니다. 얼마나 놀라운지요! 오, 영혼들이여! 그것을 깨닫고 사십시오! 가슴속에서 빛나는 이 장엄한 아루나찰라는 대단한 파괴자입니다!"

— 아루나찰라 빠디깜, 10절.

(슈리 아루나찰라에 바치는 11송)

09.

작별 인사

Farewell

"허비할 시간이 없어. 나는 꼭 아루나기레스와라의 무릎에 가야 해. 어떻게 하지? 아버지께서 길을 보여 주시지 않을까?"라고 생각하며 벤까따라만은 곧바로 일어섰다. 형은 그에게 어디 가느냐고 물었다. 벤까따라만은 "열두 시에 전기 공학에 관한 특별 수업이 있어서 가야 해요."라고 대답했다. "좋아, 아래층 상자에 5루삐가 있어. 숙모님께 열쇠를 받아서 내 대학교 수업료를 내 주렴. 어차피 대학교가 네 학교와 가까우니까." 형은 자신이 벤까따라만의 여행을 도와 주고 있다는 것을 전혀 알지 못했다. 아마 벤까따라만은 아버지가 돕는다고 생각했을 것이다. 이 일은 또한 아버지의 명령에 따라 떠난다는 그의 느낌을 더욱 확실히 뒷받침해 주었다.

벤까따라만은 아래층으로 내려가서, 숙모가 차려 준 점심을 얼른 먹고서 형이 말한 돈을 꺼냈다. 어떻게 가는 길을 알 수 있었을까? 그는 누구에게 묻고 싶지도 않았으며, 누구도 그의 계획을 짐작할 수 없었다. 세월이 흐른 뒤, 학교 친구였던 랑가 아이어가 찾아와서 바가반 앞에 엎드려 물었다. "어째서 나에게도 알리지 않고 집을 떠났습니까?" 바가반이 대답했다. "실제로 집을 떠날 때까지는 나 자신도 그럴 줄 몰랐습니다." 그는 오래된 지도책을 보고서 빌루뿌람에서 마드라스까지 연결되는 철도 노선의 띤디바남 역이 아루나찰라와 가장 가까운 철도역이라는 것을 알게 되었다. 사실은 4년 전에 빌루뿌람에서 까뜨빠디까지 연결되는 노선에 띠루반나말라이 역이 생겼지만, 그 지도에는 나타나 있지 않았다. 띤디바남 역까지의 운임은 3루삐였다. 그는 3루삐를 호주머니에 넣고, 2루삐는 다시 상자에 넣었다. 그리고 형 앞으로 짧은 글을 적어서 상자 안에 잘 보이게 넣고는 여행을 떠났다. 그 글의 내용은 다음과 같았다.

"나는 아버지를 찾고 그분의 명령을 따르기 위해 이곳을 떠납니다. 이는 고귀한 일의 시작일 뿐입니다. 그러니 이 일로 인해 누구도 슬퍼할 필요가 없습니다. 이것을 찾기 위해 한 푼도 돈을 쓸 필요가 없습니다.

추신: 형의 수업료는 지불하지 못합니다. 2루삐를 동봉합니다."

어떤 사람들은 이 편지가 참나 지식이 꾸준히 늘어가는 것을 보여주는 증거라고 말한다. 그러나 정말 그런가? 편지의 첫머리에 있는

'나'는 벤까따라만이 자신을 몸과 동일시했다는 것을 나타내는 것이 아니다. 그렇게 말하는 것은 이미 몸과 참나를 구별하고 있던 벤까따라만의 깨달음을 경시하는 것이다. 편지의 끝에 자신의 이름을 서명하지 않은 것은 개별적인 행위자의 부재 때문이 아니다. 어쨌든, 결국 그는 편지를 쓰고 있었다. 그는 형태 없는 궁극적 실재에 몰입되어 있었다. 따라서 그가 개인으로서의 벤까따라만이라는 의식을 가지고 있지 않았다고 추측하는 것은 옳지 않아 보인다. '형의 수업료'라는 구절에서 '나'와 '형'의 구분은 충분히 명백하다. 편지를 통해 분명히 알 수 있는 것은 오로지 벤까따라만이 참나를 몸과 구별되는 것으로 알고 있었다는 점이고, 특정한 의도 없이도 행위가 일어나고 있었다는 점이며, 가족과 친척들이 자신의 말을 듣고 마음 편히 있지 않을 것을 염려했다는 점이다. 가족들에 대한 염려는 그의 고귀한 성품을 보여 준다.

그날 기차가 예정대로 12시 정각에 역에 도착했더라면 벤까따라만은 기차를 놓쳤을 것이다. 기차는 한 시간 늦게 도착했다. 그래서 그는 집에서 기차역까지 걸어오느라 시간이 지체되기는 했지만 무사히 기차를 탈 수 있었다.

벤까따라만은 이것이 신이 자석처럼 자신을 끌어당기고 있으며 도중에 일어날 수 있는 모든 장애를 해결해 줄 것임을 보여 주는 추가 증거라고 생각했다. 그는 3루삐를 주고 띤디바남행 기차표를 구입했으며 약간의 거스름돈을 받았다. 만일 그가 약간 아래쪽에 있는 요금표를 보았더라면, 그 표에서 빌루뿌람–까뜨빠디 노선과 띠루반나말라이 역을 발견했을 것이다. 하지만 그의 마음은 아루나찰라에 완전히 몰입되어 있어서 목적지 외에는 아무것도 알아차릴 수 없었다. 그는 누구에게도 물어보기를 원하지 않았다. 그것은 어떤 면에서 남에게 맡겨 버리는 행위일 것이기 때문이었다. 그는 흥분된 상태였으며 다른 사람과의 접촉에 관심이 없었다. 기차가 들어오자 올라탔고 조용히 자리에 앉았으며 누구와도 말하지 않았다. 기차는 속도를 내기 시작했다. 그는 아름다운 도시 마두라이도, 어린 시절부터 뛰어놀았던 추억의 장소들도 돌아보지 않았다.

그는 앉아서 눈을 감았으며 육체를 잊었다. 혹은 그의 몸이 '내면의 하늘'을 날고 있었는지도 모른다.

남쪽으로 흐르는 바이가이 강변을 따라서 푸른 들판과 코코넛, 망고 숲이 펼쳐지고 있었다. 모두 자연의 한없는 사랑을 나타내고 있는 풍경이었다. 이 아름다운 땅이 바로 이슈와라의 현현이 아니던가? 잠시 뒤 벤까따라만이 어린 시절 뛰놀던 딘디굴 성채가 보였다. 그 뒤로 벤까따라만에게 남은 놀이는 오직 하나뿐이었다. 그것은 희열로 가득한 넥타의 바다 안에 거주하는 것이었다! 벤까따라만의 상태는 그러했는데, 어떻게 그가 자연의 아름다움이나 지난날 좋아했던 장소를 바라볼 수 있었겠는가?

10.

위대한 여행
The Great Journey

해가 지고 있었다. 같은 칸에 앉아 있던 마울비(이슬람 율법학자)가 여러 성자들의 이야기를 승객들에게 들려주고 있었다. 승객들은 모두 그의 이야기에 열중해 있었다. 하지만 이 소년은 무관심했고 눈조차 뜨지 않았다. 호기심을 느낀 마울비가 그에게 다가가 물었다. "얘야, 어디로 가는 중이냐?"

"띠루반나말라이로 갑니다."

"나도 거기로 가는 중이란다."

"그래요?"

"사실 그곳은 아니고 근처에 있는 띠루꼬일루르 역으로 간단다."

"(놀라워하며) 띠루반나말라이로 가는 기차가 있나요?"

"물론이지. 그럼, 어느 역으로 가는 기차표를 산 거냐?"

"띤디바남 역요."

"맙소사! 왜 띤디바남으로 가지? 너는 빌루뿌람에서 내려서 띠루 꼬일루르와 띠루반나말라이로 가는 다른 기차를 타야 해."

아버지는 아들을 인도하기 위해서 손을 내밀고 있었다. 그렇지 않다면 왜 그 마울비가 같은 칸에 타고 있었겠는가? 왜 마울비가 다가와서 말을 걸고 자세한 내용을 알려주었겠는가? 아마도 덥수룩한 머리를 한 쉬바 신이 그를 인도했을 것이다. 이 말을 듣고 기뻐하며 벤까따라만은 다시 명상에 잠겼다.

눈을 다시 뜨자 바깥은 어둑어둑해져 있었고, 기차는 띠루치치라빨리 역에 도착했다. 기이하게도 띠루꼬일루르로 간다는 마울비는 보이지 않았다. 역시 이상하게도 그때까지 벤까따라만은 배고픔을 느끼지 않았다. 이제 저녁때가 되었고, 그는 배고픔을 느꼈다. 마치 그렇게 느껴야 할 의무가 있는 것처럼. 그는 사과 두 개를 사서 먹기 시작했는데, 두 번 베어 먹고는 만족감을 느꼈다. 이 점도 아주 이상했다. 보통 그는 꽤 많은 양의 음식을 먹었는데, 이때에는 약간의 음식만으로 족했다.

그는 다시 명상에 잠겼다. 다음 날 새벽에 기차는 빌루뿌람 역에 도착했다. 벤까따라만은 기차에서 내려 띠루반나말라이로 가는 길을 찾기 시작했다. 그는 다른 사람에게 길을 묻기를 주저했지만, 아버지가 그의 일을 대신해 주었다. 길을 걸으면서 벤까따라만은 여러 개의 이정표를 보았는데, 그 가운데 하나가 '맘발라빠뚜'를 가리키고 있었다. 그러나 그는 맘발라빠뚜가 띠루반나말라이로 가는 길 위에 있다는 것을 알지 못했다.

그는 허기지고 지친 채로 걸어 다니다가 어느 호텔에 도착했는데,

○47

호텔에서는 정오가 되어야만 음식이 준비된다고 하였다. 그는 기다리기로 결정하고 자리에 앉아서 명상에 잠겼다. 호텔 주인은 이 소년을 지켜보고 있었다. 숱이 많은 검은 머리에 귀고리를 하고 있고 밝은 피부색에 총명해 보이는 그는 세상을 잊은 것 같았다. 이 아이는 대체 어떤 사람일까? 정오가 되어 음식이 준비되자, 호텔 주인은 그를 깨우고 음식을 내왔다. 벤까따라만은 음식 값을 지불하려 했으나 호텔 주인은 그가 돈이 별로 없다는 것을 알고는 받지 않았다. 아마 그것은 신이 자신의 은총을 보여 주는 방식이었을 것이다.

벤까따라만은 남은 돈으로 맘발라빠뚜까지 가는 기차표를 샀다. 그곳까지는 기차를 타고 갔고, 그 뒤에는 걸어가기 시작했다. 꽤 어두워질 때까지 계속 걷다가 아라야니날루르에 도착했다.

쉬바란까뿌리라고도 불리는 아라야니날루르는 중요한 순례 중심지이다. 마을 근처의 작은 산에는 아뚤리야나테스와라 사원이 있다. 위대한 시인이자 성자인 냐나 삼반다르는 아뚤리야나테스와라를 찬미하며 노래한 적이 있다. 그는 그곳에서 아루나찰레스와라의 형상에 봉헌을 드리기도 했다. 삼반다르가 앉아서 명상을 할 때, 아루나찰레스와라가 처음에는 빛의 기둥으로, 나중에는 늙은 브람민으로 나타났지만, 삼반다르는 그를 알아보지 못하고 몇 가지 질문을 했다. 그 방문객은 자신이 아루나기리에 속해 있으며, 아루나찰레스와라에게 바칠 꽃을 꺾기 위해 매일 아라야니날루르에 온다고 대답하였다. 삼반다르가 브람민에게 자신도 아루나기리에게 데려가 달라고 부탁하자 브람민이 동의했다. 그런데 길을 가던 도중에 브람민이 사라졌고, 한 무리의 강도가 삼반다르와 그의 하인을 포위하고 그들의 소유물을 강탈했다. 이에 놀란 삼반다르가 신에게 기도를 드리자, 신이 모습을 드러낸 뒤 강도들은 자신의 하인(구나)의 일부라고 말했다. 신은 삼반다르가 그의 저녁 식사에 손님으로 참석한다면 그를 데려가고 빼앗긴 물건을 모두 돌려주겠다고 약속했다. 평소에 삼반다르는 먼저 손님들을 대접하지 않고는 밥을 먹지 않았다. 하지만 이번에는 자신이 이슈와라의 손님이 되었다. 삼반다르가 어떻게 아루나찰라에 도착했고 어떻게 아루나찰레스와라를 찬양하며 노래했는지는 다른 이야기다.

지치고 녹초가 되어 벤까따라만이 사원에 도착했을 때 사원의 문은 닫혀 있었다. 아직 사제가 도착하지 않았기 때문이다. 그는 사제가 올 때까지 기다렸다. 이윽고 사제가 도착해서 뿌자(예배 의식)를 드리기 시작했다. 벤까따라만은 사원으로 들어가서 회랑에 자리를 잡고 앉아서 눈을 감고 가슴을 열었으며, 마음으로 이슈와라에게 뿌자를 드리기 시작했다. 그곳은 냐나 삼반다르가 빛의 기둥을 본 바로 그 자리였다. 삼반다르도 그 경험을 했을 때는 겨우 열여섯 살이었다.

갑자기 어디선가 밝은 빛이 나타나서 벤까따라만을 감쌌다. 그가 눈을 뜨자 사방이 온통 밝은 빛으로 가득 차 있었다. 그는 그것이 신에게서 나오는 빛일지도 모른다고 생각하여 지성소를 향하여 걸어갔다. 하지만 그가 지성소에 도착하자 빛이 사라졌다. 지성소는 어두웠다. 빛은 그곳에서 나온 것이 아니었다.

그렇다면 그것은 어디에서 나온 것일까? 그의 아뜨마 죠띠(참나의 빛)가 그의 가슴으로부터 빛을 발했던 것일까? 아니면, 아루나찰레스와라가 냐나 삼반다르를 초대했던 것처럼 그를 초대하기 위해 왔던 것일까? 벤까따라만이 항상 묵상했던 이슈와라가 참나 지식을 주었던 것일까?

벤까따라만은 어두운 지성소에서 나와 아까 앉아 있던 회랑의 자리로 돌아와 다시 명상에 잠겼다. 사원 사제가 뿌자를 마치고서 소리쳤다. "거기 누구요? 사원의 문을 닫을 시간이오. 어서 나가시오." 벤까따라만은 명상을 끝내고 쁘라사드를 조금 달라고 부탁했다. 사제는 퉁명스럽게 대꾸했다. "여기에는 너에게 줄 음식이 없다." 그러자 벤까따라만은 "좋아요. 그럼 제가 오늘 밤 여기서 묵게 해 주세요."라고 부탁했다. 그때 사원에서 일하는 사람이 끼어들어 말했다. "낄루르는 여기에서 1마일쯤 떨어져 있단다. 거기에 비라떼스와라 사원이 있는데, 아마 그곳에서는 쁘라사드를 얻을 수 있을 게다. 우리와 함께 가자꾸나." 벤까따라만은 그들과 함께 동행했다. 그 사원에서 그는 뿌자가 진행되는 동안 명상에 잠겨 있었다. 뿌자가 끝나고 쁘라사드를 나누어 주던 사제는 그에게는 줄 수 없다며 완강히 거부했다. 지친 소년을 가엾게 여긴 사원의 음악가가 자기 몫의 쁘라사드를 나누어 주면 되겠느냐고 사제에게 제안했다.

어떤 사람이 벤까따라만에게 물을 주기 위해 근처의 집으로 데려 갔다. 그 집에 이르렀을 때 벤까따라만은 기절했다. 그가 기절한 이유가 쇠약해서인지 졸려서인지 명상에 빠져서인지는 아무도 알지 못했다. 잠시 후에 정신을 차린 그는 자신이 다른 장소에 와 있다는 것을 알아차렸다. 그의 음식은 땅바닥에 흩어져 있었고, 사람들이 그의 주변에 모여 그를 지켜보고 있었다. 벤까따라만은 바닥에 떨어진 음식을 주워 먹고 물을 마시고는 그대로 거리에서 잠이 들었다.

다음 날은 1896년 8월 31일, 고꿀라 아슈따미(크리슈나의 탄생일) 날이었다. 그는 배가 고팠지만 아직도 20마일을 더 가야 했다.

벤까따라만은 거리를 걷다가 어느 집 문이 조금 열려 있는 것을 보았는데, 집 안에는 아무도 보이지 않았다. 그는 안으로 들어가서, 뒤뜰에서 목욕을 하고 있던 집 주인 무뚜크리슈나 바가바따르에게 음식을 달라고 요청했다. 바가바따르에게는 집안일을 돌보는 미망인 여동생이 있었는데, 그때 그녀는 물을 떠오기 위해 근처의 강에 가고 없었다. 그 집에 다른 여자는 없었다. 바가바따르는 그녀가 올 때까지 기다리라고 했다.

때가 되어 돌아온 그녀가 음식을 청하는 소년을 보았을 때, 그녀의 눈에는 크리슈나 자신이 브람민 소년의 모습을 하고 음식을 청하는 것으로 보였다. 그녀는 소년의 얼굴에서 허기진 표정을 보고 요리를 시작했으나 소년이 그 사이에 배고픔을 견디기 어려울 것이라고 느꼈다. 그래서 소년에게 "날 따라오렴. 남아 있는 빵을 줄게."라고 말했다. 벤까따라만이 두 조각을 먹자 허기가 사라졌다. 하지만 그녀는 그가 음식을 다 먹을 때까지 곁을 떠나지 않았다.

벤까따라만은 더 이상 걸을 만한 힘이 없었고, 기차표를 살 돈도 없었다. 루비 귀걸이를 팔면 어떨까? 하지만 그는 거래를 해 본 경험이 없었다. 마침내 그는 돈을 빌리기 위해서는 그 수밖에 없다고 생각하고서 바가바따르에게 다가갔다. 그는 바가바따르가 묻는 모든 질문에 대답을 한 뒤 기차에서 가방을 잃어버렸다고 덧붙였다. 그는 가족이 사는 주소도 알려주었다. 그렇게 먼 거리에 사는 사람이 가족을 찾아갈 리는 없다고 여겼기 때문이다. 바가바따르는 귀걸이를 살펴보고는 진품이라고 판단했으며 귀걸이의 가치가 적어도 20루삐는 될 것이라고 예상했다. 그래서 4루삐만 달라고 한 소년의 요구에 아무런 문제가 없다고 생각한 그는 돈을 주었다.

그 즈음 음식이 준비되었다. 주인의 누이는 두 사람을 위해 풍성한 식사를 차렸다. 그녀는 크리슈나의 생일을 기념하는 축제일에 크리슈나 자신이 이 손님의 모습으로 찾아왔다고 생각했기에 한없이 기뻐했다. 그날 저녁에 크리슈나에게 바칠 인도 단과자들을 미리 만들어 두었던 그녀는 심지어 크리슈나에게 바치기도 전에 그 단과자들을 봉지에 싸서 자신의 손님에게 주었다. 그녀는 얼마나 축복 받은 여인인가!

벤까따라만은 바가바따르에게 가능한 한 빨리 귀걸이를 찾으러 오겠다고 약속하고는 단과자 봉지를 들고 기차역으로 떠났다. 집을 나서서 조금 걸어가던 그는 바가바따르의 주소를 쓴 종이를 찢어 버렸다. 세상사에 더 이상 관여하고 싶지 않았기 때문일 것이다. 그는 기차역에 도착했고 그날 밤은 그곳에서 잠을 잤다. 기차는 새벽에 도착했다. 벤까따라만은 띠루반나말라이까지 가는 기차표를 샀다.

앞에서 벤까따라만의 배고픔에 관해 여러 번 이야기를 했다. 그는 배고픔을 경험했고 그의 육체는 쇠약함을 느꼈으며 기절하기도 했다. 하지만 그가 먹고자 했을 때는 약간의 음식만으로 충분했다. 이것에 대한 어떤 이유도 없다.

II.

목적지
The Goal

의지할 곳 없이 저는 하루하루를 떠돌았습니다.

이제 당신 안에서 안식처를 구하오니, 저를 구하러 오소서.

― 띠야가라자

이른 새벽이었다. 그가 기차에 올라타는 순간 어둠이 서서히 걷히고 있었다. 아루나찰라를 얼른 보고 싶다는 열망이 벤까따라만의 가슴을 가득 채웠다. 갈망하는 목적지가 가까워지자 그의 흥분은 더욱 고조되었다.

처음에는 흐릿하게, 조금 뒤에는 더욱 뚜렷하게, 그리고 마침내 아루나기리의 봉우리와 중턱, 기슭이 하늘 높이 솟아오른 사원의 탑들과 함께 한꺼번에 눈에 들어왔다. 벤까따라만의 가슴은 기쁨의 바다에 잠겼고 그의 몸은 전율했으며, 눈에는 눈물이 가득 고여 사랑하는 아루나찰라를 마음껏 보기가 어려울 지경이었다.

기차가 역에 닿자마자 벤까따라만은 기차에서 내려 거의 뛰다시피 사원으로 걸어 들어갔다. 아직 이른 새벽이어서 바람의 신을 제외하고는 아무도 신에게 경배하러 온 사람이 없었다. 심지어 그 바람 소리조차도 벤까따라만의 귀에는 들어오지 않았다. 그처럼 이른 시각은 원래 사원이 닫혀 있는 시간이었다. 아침 여덟 시 전에는 사원에 오는 사람도 없고 문도 열리지 않는다. 그런데 신기하게도 그날은 사원의 모든 문이 활짝 열려 있었다.

그것은 아버지가 아들에게 은밀한 우빠데사(가르침)를 준 순간이었을까? 아니면, 아버지는 영감을 받은 아들이 개인적으로 친견할 자격이 있다고 느낀 것일까? 혹은, 아들에게 "가슴 깊은 곳에서 나를 찾아라, 그러면 찾을 것이다!"라고 가르친 것일까?

벤까따라만은 곧바로 지성소 안으로 들어갔다. 그리고 신에게 말했다. "아버지! 당신의 명령을 받고 제가 왔습니다. 당신께 저 자신을 바칩니다."

그의 가슴을 가득 채웠던 감정적인 고조는 사라졌다. 감정들의 충돌은 누그러졌다. 평화가 찾아왔다. 그 경험은 기쁨과 슬픔을 초월한 것이지만, 아마도 만족스러운 것이라고 표현하는 것이 적합할 것이다. 눈물이 그의 뺨을 따라 흘러 내렸고, 타는 듯한 감각이 사라졌다. 어떤 종류의 고통도 없었다. 그는 밀려드는 행복 속에 잠겼다.

그때까지 이 세상에서 여러 가지 배역을 연기하고 있던 아들은 이제 더 이상 아버지의 현존을 떠나지 않을 것이었다. 그를 세상과 연결시키고 있던 모든 끈이 끊어졌다. 신이 세상에 은총을 베풀도록 하기 위하여. 벤까따라만에게 아루나찰레스와라는 유일한 안식처였다. 그는 결코 그의 무릎을 떠나지 않을 것이었다. "그는 그것을 얻었고, 그것을 얻자 아무것도 바랄 것이 없었다."

그는 이 세상의 소동과 작별했으며, 그에게 완전한 평화가 찾아왔다. 이후로는 그가 무엇을 하든지(육체적으로든 정신적으로든 어떤 방식으로든) 그것은 아버지에게 바쳐질 것이었다.

그는 누구에게 자신을 바쳤던가? 그의 아버지 이슈와라에게. 이슈와라는 누구였는가? 그는 그의 앞에 있는 링가였는가? 아니면, 초월의 산 아루나찰라였는가? 그 무엇도 아니었다.

그는 몸이 아니었다. 그는 영(靈)이었다. 몸은 영의 덮개였다. 아루나찰라 산과 링가는 그의 아버지를 감싸는 덮개였다. 그렇지 않다면, 측량할 수 없으며 어디에나 편재한 유일자가 어떻게 이런 사소한 것들로 한정될 수 있겠는가? 그것들은 이 우주의 무한한 바탕, 우주의 모든 힘과 행위의 근원, 어디에나 편재한 진리의 상징들에 불과했다.

벤까따라만은 그것 안에 자리 잡았다. 그의 아버지의 본질은 무엇이었는가? 이 우주적이고, 모든 것을 지탱하고, 모든 것을 파괴하며, 권위 있는 비밀의 본성과 그의 에고는 어떤 관계였는가? 어떻게 그는 이를 확실히 알 수 있었는가?

모든 사람들은 스스로 진리를 발견하여야 한다. 이는 바루나가 브리구에게 지시한 것이기도 하다. 그는 말했다. "따빠스(수행)를 통해 배워라."

12.

입문
The Initiation

냐니(jnani)에게 따빠스가 필요한가? 벤까따라만은 이미 지고의 참나를 깨달았다. 더 이상 어떤 노력도 필요하지 않았다. 하지만 편의를 위해 우리는 '따빠스'와 '입문'이라는 표현을 사용할 것이다. 부디 오해하지 않기 바란다.

벤까따라만이 가족을 떠나 아루나찰레스와라에게 자신을 바친 바로 그날, 과거의 삶을 잇는 모든 연결은 완전히 끊어졌다. 그러나 몇 가지 상징들은 남아 있었다. 그것들을 간직할 이유가 더 이상 어디에 있겠는가? 그는 다른 무엇도 필요하지 않았으므로 오로지 참나 지식의 희열 안에만 있어야 했다. 그는 저절로 오는 것 말고는 어떤 것도 허용하지 않을 것이었다. 이것이 유일한 따빠스였고 유일한 입문(덕샤)이었다. 과거의 삶은 끝났다. 오로지 참나 안의 머무름만이 남았다.

경전들은 입문을 위해 구루(영적 스승)가 필요하다고 말한다. 벤까따라만에게는 아루나찰레스와라 자신이 구루였다. 일반적으로 구루는 제자의 몸을 만짐으로써 입문을 시키고 그에게 만뜨라를 준다. 그러나 닥쉬나무르띠가 침묵을 통해 가르침을 주었듯이, 아버지는 그저 바라봄만으로 벤까따라만을 입문시켰다.

벤까따라만은 과거 삶의 상징들을 버리기 시작했다. 몇 가지는 그가 스스로 버렸고, 나머지는 저절로 그에게서 떠났다. 그렇게 하여 그의 외적인 삶과 내적인 삶은 일치하게 되었다.

그는 무뚜크리슈나 바가바따르가 주소를 적어 준 종이를 낄루르에서 곧바로 찢어 버렸지만, 단과자 봉지와 약간의 돈은 아직 가지고 있었다.

아루나찰레스와라 사원에서 아버지의 발밑에 자신을 바친 뒤, 벤까따라만은 밖으로 나와 세상이라는 드넓은 사원으로 들어갔다. 그는 정처 없이 걷다가 아루나찰라 산의 동쪽에 있는 아얀꿀람 저수지에 이르렀다. 그는 여전히 단과자 봉지를 들고 있음을 알아차리고는 "단과자가 필요할까?"라고 생각한 뒤 저수지에 던져 버렸다. 어린 시절부터 벤까따라만의 머리카락은 검고 숱이 많았다. 이 머리는 그에게 타고난 장식 같은 것이었다. 몸에게 장식이 필요한가? 그렇다면 머리를 돌보느라 수고할 필요가 어디에 있겠는가? 그가 저수지에서 돌아 나올 때, 어떤 사람이 그에게 머리를 깎겠느냐고 물었다. 벤까따라만은 동의했고, 그 낯선 사람은 그를 평소 사원에서 일하는 이발사에게 데려갔다. 그 사람은 사라졌다. 왜 그는 벤까따라만에게 머리를 깎고 싶으냐고 물어봤을까? 이발사는 사원에서 삭발을 할 때는 더 많은 요금을 받지만 그에게는 저렴하게 해 주겠다고 말했다. 그리고 곧

바로 삭발을 해 주었다.

벤까따라만은 주위를 걷다가 저수지의 동쪽에 있는 정원에 이르렀다. 그는 허리에 걸치는 옷만을 남기고 나머지 옷은 찢어서 저수지에 던졌다. 허리에 걸치는 옷을 입는 것은 말과 생각, 행위에서의 금욕을 상징한다. 아버지는 욕망(까마)을 정복했다. 아들이 다를 수 있겠는가? 벤까따라만은 아직 가지고 있던 약간의 돈마저 버렸다.

야그노빠베땀(성스러운 실)은 브람민 출신과 문화를 나타내며, 벤까따라만이 걸친 이 실은 그가 브람민이고 순다람 아이어의 아들이라는 것을 가리킨다. 이제부터 그는 우주의 아버지, 아루나찰레스와라의 아들이었다. 그는 모든 카스트의 너머에 있었다. 이 성스러운 실은 우월감을 일으킬 수도 있다. 그래서 그는 실을 벗어 던져 버렸다.

삭발을 한 뒤 벤까따라만은 목욕이라는 사치를 부리고 싶지 않았지만, 구루 아루나찰레스와라가 관습의 위반을 용납하겠는가? 벤까따라만은 물 속에서 산야사를 받았다. 그가 사원으로 돌아오고 있을 때 굉장한 소나기가 쏟아져서 그의 몸을 씻겼던 것이다. 하늘이 직접 그를 목욕시켜 주었다.

벤까따라만은 다음 3년 동안은 사원의 지성소를 방문하지 않았다. 그럴 필요가 없었다. 아버지가 그의 가슴 동굴에 현존했기 때문이다.

벤까따라만은 사람들과 관계를 갖고 싶지 않았기 때문에 누구와도 말하려 하지 않았다. 말할 수도 없었다. 언제나 참나 안에 잠겨서 바깥세상을 바라보지도 않는 그가 어떻게 말을 할 수 있었겠는가? 이 침묵은 말을 초월하여 참나에 닿았다. 두 해가 흐른 뒤 스와미(벤까따라만)가 말하려고 했을 때는 제대로 말을 할 수가 없었다. 말이 분명히 나오지 않았기 때문이다. 한참 뒤에야 보통 사람처럼 말할 수 있게 되었다. 이리하여 꼭 의도한 것은 아니지만 침묵은 그의 특징이 되었다. 예전에 스와미는 침묵이 사다까(수행자)의 목표가 되어야 하고 싯디(깨달은 자)의 특징이 될 것이라고 말한 적이 있다. 하지만 그의 경우에는 사다까의 단계를 거치지 않고도 침묵이 그의 특징이 되었다. 그는 이렇게 입문을 받았다. 세상에서의 삶은 어떠한가? 몸이 있는 한 음식이 필요하다. 결국 몸은 모든 사다나(수행)의 도구이다. 하지만 벤까따라만은 그런 생각에 주의를 기울이지 않았다. 그에게는 몸에게 일어나는 일은 무엇이든지 아버지의 책임이었다. 새와 물고기, 동물들의 생명을 유지해 주는 분이 틀림없이 그를 보살펴 주실 것이었다!

스와미는 머물 장소로 사원을 선택했다.

산야시(출가자)에게는 산의 동굴, 호숫가, 사원, 숲의 나무들이 모두 머물기에 적합한 장소라고 경전에서는 말한다.

13.

따빠스의 장소
Place of Tapas

아루나찰레스와라 사원은 길이가 1,480피트이고 너비가 680피트이며, 담장은 벨랄라 왕(발랄라 왕 또는 발라 왕이라고도 한다)에 의해 축조되었다고 전해진다. 동쪽 탑은 높이가 216피트이고 11층으로 이루어져 있으며, 안으로 들어가서 앉을 수 있다. 이 탑은 쁘라웃다 데바 라야에 의해 지어졌다고 한다.

동편으로 들어가면 첫 번째 구역에 홀이 보이는데, 남동쪽에는 꽃들의 정원이 있고 북쪽에는 천 개의 기둥 홀이 있다. 남서쪽에는 이슈와라의 링가가 있는 지하실이 있다. 그런데 벤까따라만이 처음 왔을 때만 해도 이 지하실에서 뿌자가 행해지지 않았으며, 그곳은 몹시 어둡고 축축하며 너저분한 장소였다. 하지만 1949년, 라마나가 이곳에서 따빠스를 행한 것을 기리기 위해 딸레야르칸이라는 헌신자가 이곳을 깨끗이 청소하고 보수하였으며 전기 시설까지 설치하였다. 그 뒤로 여기에는 슈리 바가반의 사진이 놓여 있으며 정기적으로 뿌자를 드린다.

천 개의 기둥 홀 서쪽으로는 수레를 넣어 두는 홀이 있으며, 그 뒤에는 발라이토땀(바나나 나무 정원)이라고 불리는 꽃들의 정원이 있는데, 그런 이름이 붙은 사연은 알려지지 않았다.

첫 번째 구역의 남쪽에는 슈리 크리슈나데바 라야가 조성했다고 전해지는 커다란 저수지가 있다. 그 동쪽에는 두 개의 성소가 있는데, 동쪽의 성소는 깜바틸라야나르 성소로 알려져 있으며 서쪽의 성소는 쉬바강가이 삘라야르 성소로 알려져 있다. '일라야나르'는 더 젊은 사람이라는 뜻으로 수브라만야 스와미의 이름이다. '삘라야르'는 비그네스와라를 의미한다.

깜바틸라야나르에 관한 전설이 있다. 쁘라웃다 데바 라야는 서기 1450년경에 비자야나가라 제국의 황제였다. 그는 아루나찰라의 시인 아루나기리나타르를 찬양하는 사람이었다. 이것은 시인 삼반다 안단에게는 참을 수 없는 일이었다. 아루나기리나타르에게 쏟아지는 찬사들을 더 이상 참을 수 없게 된 그는 왕에게 말하기를, 만일 그 시인이 정말로 그렇게 위대하다면 왕 앞에 자신이 찬미하는 신 수브라만야를 보여 줄 수 있어야 한다고 하였다. 이 말을 듣고서 신을 한 번 보고 싶은 욕구를 갖게 된 왕은 그 시인에게 그렇게 해 달라고 간청했다. 시인은 왕에게 "물질 세계를 보기 위해 이용되는 이 눈은 신의 모습을 감당할 수 없을 것입니다. 허나 신께 여쭈어 보고 왕께 알려드리겠습니다."라고 말했다.

시인이 수브라만야 신에게 기도하자, 신이 그에게 말했다. "만일 왕이 내 모습을 본다면 왕의 눈은 멀 것이다. 왕이 이 사실을 잘 생각해 보고 결정하게 하라." 시인은 왕에게 이 말을 전해 주었다. 왕은 "내 눈은 멀어도 좋으니 신을 보게 해 주시오."라며 요청을 거두지 않았다. 아루나기리나타르가 신을 초대하자 신이 기둥 안에서 모습을 나타냈다. 왕은 신의 달샨을 가졌다. 신이 기둥(깜밤) 안에서 모습을 보였기 때문에 왕은 깜바틸라야나르라는 이름으로 알려져 있다.

사원을 도는 길을 따라 가면 쉬바강가의 서쪽에 거대한 나무(입빠나무)들이 있다. 나무들 가운데 하나의 아래에는 연단이 세워져 있다.

두 번째 구역으로 들어가면 맨 처음 탑을 만나게 된다. 이 탑은 발랄라 왕에 의해 건축되었다. 탑의 북쪽에는 수브라만야 성소가 있다. 그는 고뿌라 수브라만야 스와미로 알려져 있다. 고뿌라 수브라만야에 대해 다음과 같은 전설이 내려온다.

데바다시였던 무뚜는 그녀의 딸과 아들을 데리고 아루나찰라에 살았다. 그 소년이 아루나기리나타르였다. 소년이 어렸을 때 어머니가 세상을 떠났고, 그는 누이의 보살핌을 받으며 자라게 되었다. 죽기 전에 어머니는 딸에게 소년의 모든 소원을 들어주라고 부탁했었다. 젊은이가 된 아루나기리나타르는 누이의 충고도 듣지 않는 방탕아가 되었다.

그는 어머니가 남긴 유산뿐만 아니라 누이의 돈까지 모두 낭비해 버렸다. 그런데도 포기하지 않고 여전히 돈을 요구했다. 그러자 누이는 "나는 이제 가진 돈이 한 푼도 없지만, 어머니께서는 너의 소원을 모두 들어주라고 내게 부탁하셨지. 너의 소원은 오로지 여자를 즐기는 것뿐이구나. 그러니 내가 너의 소원을 들어주마. 우리는 한 어머니에게서 태어났지만 아버지는 다르니, 문제될 것이 없다."라고 말하면서 그에게 손을 대었다. 이에 아루나기리나타르는 자신이 얼마나 타락했는지를 깨닫고 가슴을 치면서, 발랄라 탑으로 올라가 목숨을 끊기 위해 뛰어내렸다. 그가 탑에서 떨어질 때 수브라만야 신이 나타나 그의 팔을 붙잡아 구해 주고 염주를 주었으며, 그에게 만뜨라를 주어 입문시켰다. 이런 전설이 내려온다. 이 전설을 마지막으로 아루나찰레스와라 사원에 관한 이야기를 마칠 것이다. 사원에는 혼자서 명상하며 마음을 내면으로 향하고 참나 안에 잠기기를 원하는 사람들이 머물 만한 장소가 많이 있다. 사원의 탑들, 꽃들의 정원, 그리고 천 개의 홀이 그런 곳이다. 이런 곳들은 자주 이용되었지만, 밤중에 쉬바강가의 남쪽 면을 가는 사람은 아무도 없었다.

14.

요가의 왕국
The Kingdom of Yoga

벤까따라만은 이제 브람마나 빠라데시라고 불리게 되었다. 따밀 지역에서는, 쉬바를 따르는 사람들 중 브람민 계급이 아닌 사람들이 산야사를 받고서 아루나찰라에 가는 사람이 수백 명이나 되었지만, 그처럼 방랑하는 브람민 산야신은 매우 드물었다. 사람들은 그런 브람민 산야신들을 브람마나 빠라데시라고 불렀다.

이 새로운 빠라데시는 명상을 하기 위해 천 개의 기둥 홀 안에 자리를 잡았다. 겨울이 다가오고 있었고 우기는 아직 기세가 누그러지지 않았다. 그는 바닥에 깔거나 자신을 감쌀 만한 천이 없었다. 그는 다른 사람들과 어울리지 않았으며, 사람들이 다가오면 다른 곳으로 자리를 옮겼다. 그는 눈을 감고 조용히 앉아 있었으며, 걸음을 걸을 때도 누구와도 대화하지 않았다. 또한 다른 이에게 음식을 요청하지도 않았지만, 그가 깨어 있는 동안 누군가가 음식을 주면 받곤 했다. 그는 찰나 안에 머물렀으며, 자신의 감각을 붙잡아 두었고, 마음을 제어했다. 그는 요가의 왕국을 향유하고 있었다. 이 소년은 아무것도 구하지 않았다. 그런데 그는 다른 사람들을 내버려두었지만, 다른 사람들은 그를 내버려두지 않았다. 몇몇 사람들에게는 그가 존경의 대상이었지만, 다른 사람들에게는 호기심과 조롱 및 비난의 대상이었다. 그는 의지할 데 없고 보호받지 못하는 새로운 장소에 있었다. 그러나 그가 정말로 보호받지 못했던 것일까? 그의 유일한 피난처는 쉬바의 발이었지만, 쉬바는 결코 그의 앞에 나타나지 않았다.

소년은 그를 앞뒤 가리지 않는 사람이라고 여긴 동네 악동들의 표적이 되었다. 4년 전에 이른바 '미친 세샤드리'가 마을에 왔을 때도 이 악동들은 세샤드리에게 돌멩이와 깨진 그릇 조각들을 던졌는데, 이 소년에게도 똑같이 그렇게 했다. 하지만 아이들은 이 '미친 남자'에게 보복당하지 않도록 멀리 떨어져서 던졌기 때문에 다행히 소년에게 맞지는 않았다. 어쨌든 아이들이 명상을 방해했기 때문에 소년은 지하실인 빠탈라 링감으로 자리를 옮겼다. 악동들은 그곳에 들어가기를 두려워했다. 여태 그 장소를 독차지하고 있던 곤충과 작은 벌레들에게는 이제 경쟁자가 생겼다. 소년이 연꽃 자세로 앉아서 아뜨마의 행복을 누리고 있는 동안, 곤충과 벌레들은 그의 살과 피를 만끽하고 있었다. 명상에 잠겨 있을 때 소년은 어떤 일이 일어나고 있는지를 전혀 의식하지 못했다. 디빰 축제 기간에 그곳을 방문한 사람들 중에 몇몇은 소년의 지독한 고행을 보고 감탄하였다. 그들 가운데 벨라유다 체띠의 부인이 있었다. 그녀는 자주 음식을 가져와서 그에게 주었고, 열악한 환경이 염려되어 자신의 집에 머물도록 청하였다. 그러나 스와미(라마나를 가리킴-역주)의 관심은 다른 곳에 있었으며 그녀가 하는 말을 거의 듣지도 못했다. 그러니 어떻게 승낙할 수 있었겠는가? 그녀는 실망했지만, 그가 바닥에 깔거나 몸에 두를 수 있도록 천을 남겨 놓고 떠났다. 명상에 든 스와미는 그대로 움직이지 않았고, 그 천역시 그녀가 놓아둔 대로 남아 있었다.

그런데 라마나는 어떻게 깊은 따빠스를 하면서 음식을 섭취했을까? 처음 아루나찰라에 도착했던 날에 라마나는 음식을 전혀 먹지 않았다. 다음 날, 그가 천 개의 기둥 홀에 있을 때 고뿌라 수브라만야 성소의 마우나스와미가 홀에 왔다가 기진맥진한 소년을 보고는 제자 중 한 사람에게 음식을 가져다주라고 말했다. 그는 약간의 음식을 가져왔는데, 탁발로 얻은 음식이라서 거친 쌀밥과 소금과 장아찌가 전부였다. 그는 음식을 소년에게 주었으며, 그 뒤로 계속 소년에게 음식을 챙겨 주었다.

동네 악동들의 방해는 멈추지 않았다. 그들은 지하실 안으로 온갖 물건들을 계속해서 던졌다. 그러나 스와미는 다치는 것을 두려워하지 않았으며, 그런 것들을 초월해 있었다.

한번은 회교도 아이들까지 악동 무리에 합류하여 함께 지하실로 들어가려 했으나, 두려움 때문에 그렇게 하지 못했다. 그래서 물건을 집어던지기만 했다. 바로 그때 벤까따찰라 무달리아르가 그곳을 지나다가 그 광경을 목격했다. 그는 스와미가 빠탈라 링가 안에 있다는 것을 알고 있었기 때문에 즉시 나뭇가지를 집어 들고 악동을 향해 뛰어갔다. 그런 그를 보고서 아이들은 줄행랑을 쳤다. 그때 빠탈라 링가에서 세샤드리 스와미가 먼지를 뒤집어쓴 채 나타났다. 무달리아르는 걱정하며 세샤드리 스와미에게 다치지 않았느냐고 물었다. 세샤드리 스와미는 보살핌이 필요한 사람은 지하실에 있는 친나 스와미라고 말한 후 자리를 떠났다. 무달리아르가 지하실로 내려가자 처음에는 깜깜해서 아무것도 보이지 않았지만, 곧 스와미의 윤곽이 보이기 시작했다. 먼지로 뒤덮인 채 연꽃 자세로 앉아 있는 스와미는 처음에는 흐릿하게 보였지만 점점 그 형체가 또렷하게 보이기 시작했다.

무달리아르는 즉시 빨라니스와미가 제자들과 머물고 있는 발라이토땀으로 가서 네댓 명을 데리고 다시 지하실로 돌아왔다. 그들은 스와미를 들어 올려 밖에 앉혔다. 그제야 스와미는 감각을 되찾았다. 그들은 "이런 분의 따빠스를 방해하는 것은 불경스러운 일이다."라고 생각하여 그곳을 떠났다.

그 후로 스와미는 브람마나 스와미로 불리게 되었다.

브람마나 스와미가 고뿌라 수브라만야 성소에 머무는 동안에는 그곳에 살고 있던 마우나스와미가 그를 보살폈다. 그는 첫날부터 '침묵하는 브람민 소년'이 음식을 먹도록 돌봐 주었다. 그는 특별히 우마데비의 아비쉐깜(신상을 목욕시키는 의식)이 끝난 뒤 헌신자들이 봉헌한 과일과 우유를 소년과 함께 나누었다. 그 우유는 물과 심황, 설탕, 과일 조각 그리고 장뇌가 뒤섞인 것이었다. 브람마나 스와미는 특별히 좋아하는 것이 없었으므로 무엇이든지 주어지는 것을 가리지 않고 잘 먹었다. 고위 성직자 가운데 한 명이 이 모습을 보고서 이렇게 혼합된 음식이 그에게 주어지는 것을 안타깝게 여겼다. 그 뒤로 그는 아비쉐깜이 끝난 뒤에는 다른 재료들이 첨가되지 않은 우유를 마련해 주었다. 만일 음식을 제때에 제공하지 못하고 지체되면, 사람을 시켜 브람마나 거리로 달려가서 스와미에게 줄 음식을 구해 오게 하였다. 이런 음식은 빅샤(탁발한 음식)라고 불린다.

난다나바남

발라이 정원은 천 개의 기둥이 있는 홀의 서쪽에 있었다. 앞에서 말했듯이, 이곳은 꽃들의 정원이었지만 이름이 나타내듯이 바나나 나무 정원은 아니었다. 정원에는 까스뚜리 빠떼라고 알려진 분홍색 꽃이 피는 무성한 덩굴 식물이 있었다. 브람마나 스와미는 성소에서 이곳으로 자리를 옮겼다. 그는 어느 나무의 그늘에서 명상을 시작했는데, 명상이 끝난 뒤에 보면 자신이 다른 나무의 그늘 아래에 있는 것을 발견하곤 했다. 세월이 흐르면서 허리에 걸친 옷이 낡아 해어졌고, 1896년이 끝날 무렵에는 옷이 없어 한동안 몸에 아무것도 걸치지 않고 지냈는데, 사원에서는 이렇게 지내는 것을 예외적으로 묵인하였다.

바하나 만따빰(수레 홀)

이곳은 스와미가 따빠스를 위한 다음 장소로 택한 곳이었다. 이곳에서 명상을 할 때도 끝난 뒤에 보면, 자리를 이동하여 두 수레의 바퀴 사이에 있곤 하였다. 그는 대부분의 시간을 약간 어두운 벽 가까이에서 보내곤 하였다.

나중에는 쉬바강가 저수지 근처에서 한동안 지냈는데, 처음에는 빌바 나무 밑에서 지냈고 나중에는 입빠 나무 아래에서 지냈다. 1897년 1-2월이었던 그 무렵은 이미 겨울이 한창이었다. 그에게는 몸을 덮을 것이 아무것도 없었다. 날씨는 꽤 추웠다. 그가 머물 수 있는 장소는 가릴 것 하나 없는 나무 밑이나 이슬로 축축한 먼지투성이 땅바닥뿐이었다. 옛날의 리쉬들은 물 속에서 따빠스를 했다고 하는데, 스와미의 따빠스 역시 그보다 덜 혹독하지 않았다.

반다바시 근처의 띠루마니라는 마을에는 웃단디 나야나르라고 하는 쉬바파 고행자가 살고 있었다. 그는 가족과 함께 사는 것이 싫어서 마트(고행자들의 거주처)에서 홀로 지냈다. 후에 그는 수많은 따밀 철학 서적을 공부하였지만 마음의 평화나 참나를 경험할 수 없었다. 1896년 12월, 아루나찰라를 찾아온 그는 사원을 돌다가 세상을 잊고 깊은 따빠스에 들어 있는 젊은 따빠스비(고행자)를 보았다. 나야나르는 깊은 감명을 받고서, "이것이 따빠스다. 이것이 머무름이다. 만일 이런 사람이 참나를 경험하지 않는다면 그 누가 경험할 것인가? 그를 섬기면 나도 참나를 경험할지 모른다."라고 생각하였고, 이것을 굳게 믿었다. 나야나르는 자신도 그처럼 추운 날씨에 근처의 다른 나무 아래에 머무르며, 그 젊은 따빠스비를 보살피는 데 헌신하겠다고 결심했다. 먼 훗날 스와미는 나야나르를 초연한 사람이라고 말했다.

나야나르는 음식을 요리하기 위해 바깥으로 나가야 할 경우를 제외하고는 언제나 스와미 곁에서 그를 지켰고, 호기심 많은 군중이 모여드는 것을 막았다. 그것은 쉬운 일이 아니었다. 나야나르가 음식 때문에 밖으로 나가기만 하면 악동들이 몰려와서 스와미를 괴롭혔다. 한번은 주위에 아무도 없고 스와미가 자신의 몸을 인식하지 못할 때였는데, 특히 고약한 악동 하나가 스와미의 등에 소변을 보고 자기의 '영리함'을 자랑하면서 달아난 일이 있었다. 의식을 되찾은 뒤에 스와미는 무슨 일이 일어났는지를 알게 되었다. 그런 환경에서 나야나르가 어떻게 할 수 있었을까? 스와미는 관용의 체현이었으나 나야나르는 그런 짓을 참을 수 없었으며 그래서 깊은 마음의 상처를 입었다.

나야나르에게는 또 다른 불만이 있었다. 그는 스와미가 먼저 말을 건네지 않으면 자신이 먼저 스와미에게 말을 걸기를 원치 않았다. 그런데 스와미는 눈조차 뜨지 않았다. 나야나르는 조금 떨어진 곳에 앉아서 《냐나 바시슈탐》이나 《까이발야 나바니땀》 같은 철학 문헌을 공부했으며 스와미의 은총을 고대했다.

나야나르는 스와미를 가까이에서 모신 첫 번째 사람이었다.

15.

요가 싯디
Yoga Siddhi

남인도의 쉬바파 사두(힌두교 승려)들은 아디남이라고 불리는 마트를 많이 소유하고 있었다. 그 가운데 데이바시까마니 데시까르에 의해 설립된 띠루반나말라이 아디남은 가장 중요한 아디남 가운데 하나였다. 이 아디남은 남인도 전역에 걸쳐 여러 지부를 두고 있었는데, 꾼나꾸디에 있는 아디남이 가장 번창한 곳이었다. 데시까르의 지도적인 후계자 중 한 명이 이곳을 자신의 본부로 삼은 것은 아마 이런 이유 때문이었을 것이다. 데이바시까마니의 묘지는 띠루반나말라이의 교외에 있는 낄나투르에 조성되었다. 묘지 위에는 사원도 지어졌다. 이 사원은 구루무르땀이라고 불리게 되었다. 벤까따라만이 띠루반나말라이에 처음 와서 머물 무렵, 안나말라이 땀비란이 구루무르땀에서 뿌자와 다른 종교 의식을 행하고 있었다. 땀비란도 한때 꾼나꾸디에 머물렀지만, 개인적인 사정으로 후에 그곳을 떠나 띠루반나말라이에 옮겨왔다. 땀비란은 '테바람'(압빠르, 순다라무르띠, 냐나 삼반다르에 의해 지어진 쉬바파 찬송가)을 노래하고 묘지에서 뿌자를 드리고 음식을 탁발하며 지냈는데, 탁발한 음식 가운데 일부는 가난한 사람들에게 나누어 주었다. 그는 원칙을 준수하며 금욕적인 생활을 했다.

땀비란은 일루빠이 나무 아래서 따빠스 중인 스와미를 우연히 보게 되었다. 그는 매우 놀라워했으며, 틈이 날 때마다 자주 스와미를 친견하러 오곤 했다. 그는 스와미를 구루무르땀으로 데려가면 좋을 것이라고 생각했다. 그러면 자신에게도 유익하고 스와미에게도 편안할 것 같았다. 그래서 그는 나야나르에게 얘기를 꺼냈고, 두 사람 모두 스와미에게 간청하며 말하였다. "구루무르땀은 스와미에게 편안한 곳이 될 것입니다. 그곳은 몰려드는 사람들에게 방해받을 일도 없고 아루나찰라와도 가깝습니다. 그곳으로 가는 것이 좋겠습니다." 스와미는 동의했다. 1897년 2월, 스와미는 구루무르땀으로 거처를 옮겼으며, 그 때문에 구루무르땀의 스와미라고 알려지게 되었다.

구루무르땀

이곳에서는 따빠스가 아무런 방해 없이 계속되었다. 금욕은 더 엄격해졌고, 육체적 안락에 대한 무관심은 더욱 증가되었다. 스와미는 목욕을 하지도 않았고, 몸을 씻지도 않았으며, 머리카락은 헝클어졌고, 손톱은 계속 자라면서 구부러졌으며, 손은 쓸 일이 없어졌다.

구루무르땀은 개미가 우글거렸지만 스와미는 전혀 신경 쓰지 않았다. 개미들이 끼치는 해로움에 무관심한 채 개미들의 가운데 앉아서 참나에 잠겨 있었다. 스와미를 개미로부터 보호하기 위해 어떤 이는 의자를 가져왔고, 의자 다리 밑에 물이 담긴 통을 놓아두었다. 그러나 스와미가 벽에 기대어 있었기 때문에 개미들은 그곳으로 몰려들 수 있었다. 스와미의 등이 닿은 벽은 까맣게 변해 버렸다. 이 흔적은 스와미가 구루무르땀을 떠난 후에도 오랫동안 남아 있었다.

옆에서 그런 고행을 본 사람이라면 어찌 존경심이 생기지 않을 수 있었겠는가? 그의 긴 손톱을 보고서 사람들은 그의 나이가 아주 많다고 생각했으며 기적을 행할 수 있는 사람이라고 믿었다. 어떤 사람들은 건강과 부유함과 자손에 대한 자신들의 바람을 스와미가 이루어 줄 것이라고 믿고서 그곳으로 모여들기 시작했다. 그들은 다양한 선물을 들고 찾아왔다. 처음에는 그냥 바라보기만 하던 사람들이 나중에는 그를 찬미하는 찬송가들을 만들기 시작했다.

스와미를 시중드는 이들은 사람들이 너무 가까이 오지 못하도록 임시로 바리케이드를 쳤다. 그러나 그들은 자신들이 가져온 음식을 스와미가 먹는 것을 볼 때까지 떠나지 않으려 했다. 모두들 스와미에게 뭔가를 드림으로써 공덕을 쌓기를 원했다. 종종 이 때문에 사람들 사이에 싸움이 벌어졌다. 한때 음식이 전혀 없었던 적도 있었지만, 이제는 음식이 넘쳐나고 있었다. 이 문제를 해결하기 위하여 하루에 한 명의 헌신자만이 음식을 바칠 수 있도록 하였지만, 일주일은 칠 일뿐인데 음식을 바치려는 사람은 수백 명에 달해서 이런 조치도 잘 지켜지지 않았다. 스와미는 매우 적은 음식을, 그것도 하루에 한 번만 먹었기 때문이다. 사람들이 가져온 모든 음식을 뒤섞었는데, 음식의 대부분은 우유였으므로 그 혼합물은 액체가 되었다. 스와미가 정오쯤

한 번 눈을 뜨면 이 뒤섞인 액체가 제공되었다. 스와미가 다시 명상에 잠기기 전에 먹는 것은 그것이 전부였다.

규칙적인 식사는 언제나 권할 만한 것이다. 그러나 스와미에게 그 당시나 이후나 그런 식사를 강요할 수는 없었다. 이런 상황이 힘들었던 스와미는 한참 후에 이렇게 말한 적이 있다. "사원에 있는 신은 운이 좋다. 사람들이 음식을 신에게 보임으로써 신에게 음식을 바친 뒤 다시 가져가기 때문이다. 그러나 스와미는 심지어 몸이 좋지 않을 때에도 무엇이든 받아먹어야만 한다. 만일 내가 음식에 손대지 않는다면, 아무도 음식에 손대지 않을 것이다."

구루무르땀에는 등불이 없었는데, 스와미 자신이 바로 빛이었다. 몇 달이 지난 후 체띠아르가 등을 설치했다.

땀비란의 헌신과 믿음은 날이 갈수록 커져만 갔다. 한번은 마트에서 일상적인 뿌자를 끝낸 후에 스와미를 경배하는 의식을 행하였다. 그는 통례대로 의식을 진행했는데, 스와미는 그것을 참을 수 없었다. 땀비란은 자신이 본보기를 보이면 스와미에 대한 방문객들의 헌신이 커질 것이라고 생각했다. 다음 날 땀비란이 마을에서 돌아오기 전에 스와미는 목탄 조각을 가지고 벽에 따밀어로 글을 썼다. "이것을 위해서는 이것으로 충분합니다." 그리고 식사 시간에 땀비란에게 이 글을 보여 주었으나, 땀비란은 이 말을 이해하지 못했다. 그 다음 날 스와미는 "배를 채우는 것"이라고 써서 땀비란에게 보여 주었는데도, 그는 의식을 멈추지 않았다. 뿌자를 드릴 때 스와미가 밖으로 나가 버리자, 그제야 땀비란은 스와미가 이런 의식을 싫어한다는 것을 깨달았고 의식을 더 이상 계속하지 않았다.

사람들은 스와미가 정확히 누구인지를 몰랐으며, 스와미를 '브람마나 스와미' 혹은 '구루무르땀 스와미'로 불렀다. 스와미가 땀비란에게 전하기 위해 벽에 쓴 글을 보고 나서야 사람들은 스와미가 따밀 출신이며 따밀어에 조예가 깊은 사람이라고 결론지었다. 이 일이 있은 뒤 얼마 지나지 않아서 스와미의 진짜 이름이 다음과 같은 방식으로 알려지게 되었다.

벤까따라마 아이어는 지방 행정 사무소의 관리였다. 아침 11시까지 시간이 자유로운 그는 매일 구루무르땀을 방문하여 두 시간씩 보내기로 했다. 그는 스와미의 원래 이름을 알아내기로 결심하고 땀비란에게 물었으나 그도 알지 못했다. 그래서 그는 스와미에게 "스와미님의 본명을 알지 못하면 저는 무슨 일이 일어나더라도 이곳을 떠나지 않을 것입니다. 직장을 잃거나 굶어 죽는다 해도 말입니다."라고 말하고는 종이와 연필을 스와미에게 건네주었다. 그가 좋은 사람이었으므로 스와미는 영어로 자신의 이름을 써 주었다. "벤까따라만, 띠루출리(Tiruchuzhi)."

벤까따라마 아이어는 그 이름에서 'zhi'가 어떻게 발음되는지 알 수 없었다. 스와미는 순다라무르띠가 슈리 부미나떼스와라를 찬미하며 지은 노래들이 담긴 《뻬리아뿌라남》의 필사본을 가지고 있었다. 마두라이에서 《뻬리아뿌라남》을 공부했기에 잘 알고 있던 스와미는 책을 집어서 벤까따라마 아이어에게 보여 줬고, 그의 의문은 사라졌다. 그때 땀비란도 자리에 있었기 때문에 그도 스와미의 원래 이름을 알게 되었다.

두 달쯤 후에, 땀비란은 나야나르에게 일주일가량 마을을 떠나야

하니까 스와미를 잘 보살펴 달라고 부탁하고 길을 떠났는데, 1년 가까이 돌아오지 않았다. 한편 땀비란이 떠나고 몇 주가 흐른 뒤, 나야나르도 마트의 관리자에게 소환되어 아루나찰라를 떠나야 했다. 스와미는 시중 드는 사람 없이 홀로 남겨졌다.

이러한 부족은 곧 보충되었다. 나가링가스와미라는 헌신자가 아루나찰라에 살았는데, 그가 사망한 뒤에는 말라얄람 사람인 빨라니스와미가 그의 집에 살고 있었다. 그는 아얀꿀람 거리 근처에 있는 비나야까 사원에서 봉사를 하고 있었으며, 신에게 봉헌된 음식을 소금도 넣지 않은 채 하루에 한 번씩 먹었다. 헌신과 봉사의 마음이 가득한 그를 보며 에라이유르의 마을 관리인 슈리니바사 아이어가 그에게 말했다. "당신은 왜 이 돌덩이 신을 위해 당신의 인생을 낭비하고 있습니까? 구루무르땀에 살아 있는 신이 있습니다. 그의 따빠스를 지켜보노라면 뿌라나에서 읽은 드루바 같은 위대한 헌신자가 떠오릅니다. 그를 섬기며 더없이 행복한 삶을 살아가십시오. 지금 그를 돌봐 줄 사람이 아무도 없습니다." 스와미에 대한 슈리니바사 아이어의 찬사에 고무된 빨라니스와미는 구루무르땀으로 갔다. 그때는 스와미가 구루무르땀에 간 지 5개월쯤 되는 때였다. 스와미의 상태를 보고서 그에 대한 헌신의 마음이 커지지 않을 사람이 어디 있을까? 빨라니스와미는 "이 스와미는 나의 안식처이다. 그에게 헌신하면 분명 나에게 굉장한 도움이 될 것이다."라고 생각하고서 스와미를 섬기기 시작했다. 처음에는 돌로 만들어진 비나야까 신상도 함께 숭배하였다. 그런데 스와미에 대한 헌신의 마음이 커지면서 그는 생각했다. "나는 비나야까 신에게 드린 뿌자 덕분에 이런 스승을 만나게 되었다. 그러니 뿌자를 계속할 이유가 어디에 있겠는가?" 그날부터 그는 자신의 아버지요, 어머니요, 스승이요, 신이며, 자신의 모든 것이었던 스와미를 결코 떠나지 않았다.

빨라니스와미가 그곳에 머물게 되면서, 스와미에 대한 군중의 성가신 행위들도 줄어들었다. 빨라니는 외출할 일이 생길 때마다 스와미를 안에 두고 밖에서 문을 잠갔다. 이것은 스와미가 명상을 하는 데 큰 도움이 되었다. 스와미는 낮인지 밤인지, 무슨 요일인지, 어디가 동쪽인지 서쪽인지도 의식하지 못하고 지냈다. 이러한 혹독한 고행 때문에 그는 아주 허약해져서 일어나지도 못하고 제대로 걷지도 못하게 되었다. 그런 상태에서 한 번은 문을 향해 걸어가다가 기절하고 말았다. 그는 빨라니스와미가 자신을 부축하여 다치지 않게 해 주고 있다는 사실조차 알아차리지 못했다. 음식도 거의 먹지 않았으므로 신체의 기능도 매우 나빠졌다.

한번은 재미있는 일이 있었는데, 이 일은 스와미의 완전한 초연함을 보여 주었다. 구루무르땀 근처의 정원에 따마린드 나무가 있었다. 기력이 없어 힘든 일을 할 수 없는 늙은 도둑 몇 명이 그 나무에서 따마린드 열매를 훔쳐 가려고 하였다. 그곳에는 시중드는 사람도 없이 스와미만 혼자 앉아 있었다. 스와미를 본 도둑들은 그가 자기들의 행위를 목격하고 다른 사람들에게 알릴지 모른다고 생각하며 염려했다.

도둑 중 한 명이 다른 사람에게 말했다. "이 사람은 눈을 감고 가만히 앉아서 말 한마디 하지 않고 있네. 그의 눈 속에 선인장 즙을 부어서 그가 어떻게 하는지 보세." 그러나 스와미는 움직이지도 않았고 아무 말도 하지 않았다. 그는 자신의 몸에 무슨 일이 일어나는지, 따마린드 나무에 무슨 일이 벌어지고 있는지에 대해 전혀 관심이 없는 듯 보였다. 도둑들은 스와미의 이 특별한 자기 제어 능력에 놀라워하며 서로 말했다. "그는 놓아두고 우리 일이나 하세."

스와미는 구루무르땀에서 1년 반 동안 기거했다. 사람들은 늘 그곳에 가서 스와미의 따빠스를 방해하곤 했다. 구루무르땀 근처에 망고 과수원이 있었는데, 과수원 주인인 벤까따라마나 나익께르는 자기의 정원에서 편안히 지내라며 스와미를 초대했다. 그러면서 스와미의 허락 없이는 아무도 스와미를 만나지 못하게 하겠다고 말했다.

이 요청을 받아들여 스와미와 빨라니스와미는 1898년 4, 5월경 그곳으로 거처를 옮겼다. 그들을 위해 망고 나무들 사이에 두 개의 단이 만들어졌으며, 두 사람은 그곳에서 원두막지기처럼 지냈다.

16.

승리의 요가
Victorious Yoga

"황혼이 지고 있는데 벤까따라만은 운동장에 없다. 학교에도 가지 않은 것 같고, 집에 돌아오지도 않았다. 그 아이는 아무에게도 알리지 않고 어디로 가 버린 걸까? 공부를 게을리한다고 야단을 맞아서 마나마두라이로 떠났는지도 모른다. 평소보다 더 나무란 것은 없는데." 그렇게 생각한 숩부 아이어와 나가스와미는 친구들과 아는 사람들에게 물어보고 다녔다. 어찌 해야 할지 알 수가 없었다. 그러다가 그들은 나가스와미의 상자 안에서 벤까따라만이 남긴 편지를 발견하였다. 그는 어딘지 모르는 곳으로 떠난 것이 분명했다. 어떻게 그 아이를 찾아야 할까? 그들은 적어도 마나마두라이에 있는 가족에게는 이 일을 알려야 한다고 생각하여 그날(1896년 8월 29일) 전보를 쳤다. 그 소식은 알라감마와 그녀의 시숙인 넬리압빠 아이어에게는 충격이었다. 남편을 여읜 뒤 5년 만에 생긴 가장 충격적인 일이었다.

많은 생각들이 그들의 마음속을 스쳐 갔다. 나가스와미가 공부를 소홀히 한다고 벤까따라만을 책망했나? 그렇다고 해도 그것이 그렇게 큰 문제인가? 숩부 아이어의 아내가 그에게 집안일을 너무 많이 시켰나? 하지만 그녀는 그럴 사람이 아니었다. 시험을 통과하지 못할지도 모른다고 학교 선생님에게 경고를 들었을까? 이와 같은 생각들이 마음속에서 빠르게 지나갔다. 그런데 이 모든 일이 정말 사실인가? 신의 부름은 불가항력적이며 어떠한 세속적인 집착도 방해할 수 없다. 벤까따라만에게는 그런 집착이 없었으며, 그의 관심은 오로지 아버지의 무릎에 누워 있는 것뿐이었다. 그러한 그가 어찌 집에 머무를 수 있겠는가?

마나마두라이의 가족들은 마두라이로 가서 함께 찾아보았으나 아무런 소용이 없었다. "그 아이는 가진 돈이 3루삐밖에 없으니, 그 돈이 떨어지면 집으로 돌아오지 않을 수 없을 겁니다."라며 그들은 알라감마를 위로했다. 하지만 며칠, 몇 주, 몇 달이 지나도 소년은 돌아오지 않았다. 위안의 나날도 역시 끝이 났다.

벤까따라만이 띠루바난타뿌람에 있는 어떤 극단에 들어갔다는 소문이 들려왔다. 넬리압빠 아이어는 그곳으로 가서 알아보았지만 벤까따라만을 찾을 수는 없었다. 그의 노력에 만족하지 못한 알라감마는 직접 그곳에 가 보았다. 어떤 길모퉁이에서 벤까따라만과 닮은 소년을 보았지만 그를 따라잡지는 못했다. 결국 알라감마는 목적을 이루지 못하고 집으로 되돌아갔다.

그러는 동안, 나가스와미는 시험에 합격해서 등기소의 서기로 일

슈리 라마나 릴라

하게 되었다. 그의 부인도 함께 지내게 되었다. 아들이 자리 잡는 것을 보고 알라감마는 좀 더 만족하게 되었고, 그녀의 슬픔은 뒷전으로 물러나게 되었다.

1898년 5월 1일, 숩부 아이어는 마두라이에서 세상을 떠났다. 넬리압빠 아이어와 다른 식구들은 마두라이로 갔고, 장례식이 끝난 뒤 넬리압빠 아이어는 잠시 집에 머물렀다. 어느 날 오후, 띠루출리 출신의 청년이 집으로 뛰어 들어와 흥분된 목소리로 말했다. "이제 벤까따라만이 어디에 있는지 알아요. 그는 띠루반나말라이에 있고, 거기에서 유명한 사두예요." 이 말을 믿지 못한 가족들은 어떻게 해서 그 사실을 알게 되었느냐고 물었다. "제가 띠루냐나삼반다르 마트에 있을 때, 띠루반나말라이의 마트에 있는 안나말라이 땀비란을 만났는데, 그는 띠루반나말라이에 있는 젊은 산야시에 대해 대단한 헌신의 마음으로 얘기하는 거예요. 그들 마트 소유의 땅 일부가 제가 있는 띠루출리 근처에 있었기 때문에 그는 저를 알고 있었어요. 그는 저를 알아보고 말했어요. '그 젊은 산야시는 자네가 있는 지역 사람일세.' 그 산야시가 누구냐고 묻자, 그는 이렇게 대답했어요. '띠루출리 벤까따라만—그분이 종이에 쓴 자기 이름이네.' 그 말을 듣자마자 여기로 달려온 거예요."

이 이야기를 듣고 넬리압빠 아이어는 먼 천척인 나라야나스와미 아이어와 함께 띠루반나말라이로 갔다. 그때 스와미는 벤까따라마나 나익께르의 망고 과수원에 머물고 있었는데, 나익께르는 그들이 스와미를 만나는 것을 거절했다. "그분은 침묵을 지키고 계십니다. 어떤 일이 있어도 그분을 찾아가거나 방해하지 않아야 합니다."라고 말했다. 넬리압빠 아이어는 "그러면 잠시만이라도 그를 보게 해 주십시오."라며 간청했지만, 나익께르는 조금도 굽히지 않았다. 결국 넬리압빠 아이어는 사정하며 말했다. "제가 메모를 드릴 테니, 그것을 스와미에게 전해 주시고, 만일 그가 승낙하면 우리를 들여보내 주세요." 나익께르가 승낙하자, 넬리압빠 아이어는 이렇게 적었다. "마나마두라이의 법무사, 넬리압빠가 뵙기를 청합니다." 그 종이는 등기소에서 가져온 것이었기 때문에 뒷면에 나가스와미의 글씨가 쓰여 있었다. 스와미는 그 종이를 보고 나가스와미가 직장에 취직했다고 생각했다. 스와미는 그들을 만나기로 했고, 넬리압빠 아이어는 과수원 안으로 들어갔다.

그것은 사실이었다. 그는 자기의 조카였다. 먼지로 뒤덮인 몸을 보자 넬리압빠는 기분이 좋지 않았다. 여러 가지 감정들이 그의 심사를 복잡하게 만들었다. 아이를 찾아서 기뻤으나 단정치 못한 용모는 슬프게 했고, 존경받는 사람이 된 것을 보고 행복했으나 가엾어 보이는 상태는 그의 마음을 아프게 했다. 스와미는 침묵을 지키는 중이었으므로 넬리압빠 아이어는 나익께르와 빨라니스와미에게 말했다.

"우리 가족의 아이가 그처럼 고귀한 상태에 이르렀다니 나는 기쁩니다. 하지만 이런 식으로 비바람을 다 맞을 필요는 없습니다. 집으로 돌아오면 그를 극진하게 돌봐 줄 수 있으며, 이렇게 고생을 하지 않아도 됩니다. 그의 길을 포기할 필요도 없고 가장이 될 필요도 없습니다. 친척들 사이에서도 계속 사두로 살 수 있으며, 내가 그를 위해 필요한 환경을 갖추도록 하겠습니다. 마나마두라이에는 마하뜨마의 사마디가 있습니다. 만일 스와미가 집에 머물기를 원치 않으면, 그곳에 머물 수도 있습니다. 내가 그를 돌보겠으며, 그가 어떤 방해도 받지 않도록 책임을 지겠습니다."

그러나 아무 소용이 없었다. 스와미는 바위처럼 미동도 없이 앉아 있었으며, 넬리압빠 아이어는 스와미가 자기들의 얘기를 듣기나 하는지 또는 그가 정말 자기의 조카가 맞는지 의심이 들기 시작할 정도였다. 하지만 그는 포기하지 않고 5~6일쯤 계속 설득하였다.

"얘가 완전히 바뀌었다. 그는 우리가 하는 말을 좋아하지 않는구나."라고 넬리압빠 아이어는 생각했다. 나라야나스와미 아이어는 화가 나서 강제로 소년을 데려가려고 했다. 그런 마음을 가지고 스와미에게 다가가자, 그의 온몸에서 불에 타는 듯한 감각을 느꼈다. 그러자 그는 뒤로 물러섰고 이 정도면 충분하다고 생각했다. 그들은 그냥 집으로 돌아가기로 결정했으며, 알라감마에게 자초지종을 전했다. 그들은 자신들이 만난 사람이 정말로 그녀의 아들이라는 좋은 소식과 그가 집으로 돌아오지 않겠다는 나쁜 소식을 그녀에게 함께 전해 주었다.

알라감마는 나가스와미에게 불만을 표시했다. "그 애가 자기 자식이었다면 빈손으로 돌아왔을까? 끌고라도 왔겠지. 우리가 직접 가 봐야겠다." 하지만 나가스와미는 사무소에서 임시 휴가를 얻을 수 없다며 어머니에게 사정을 얘기했다.

6개월을 그 숲에서 보낸 스와미는 이제 다른 곳으로 옮기는 것이 낫겠다고 느꼈다. 빈번한 방문객들 때문에 정원이 손상될 수 있다고 생각했기 때문이다. 그래서 그는 아루나기리나타르 사원으로 거처를 옮겼다.

아루나기리나타르는 아디 샹까라에 의해 축성된 링가로 유명하다. 이 사원은 아얀꿀람 저수지의 서쪽에 있다. 스와미는 1898년 8, 9월경 그곳으로 거처를 옮겼다.

구루무르땀으로 자리를 옮기기 전, 고뿌라 수브라만야라야에 머무는 동안, 스와미는 음식을 탁발해야 했던 적이 한 번 있었다. 평소 사두들에게 음식을 제공하던 신심 깊은 여인이 가져온 음식을 그가 정중히 거절하였기 때문이다. 그는 사원 근처의 어느 집에 가서 손뼉을 쳤다. 그 집 안주인인 무탐마는 스와미를 금세 알아보고는 집안으로 데리고 들어와 좋은 음식으로 대접하였다. 그녀는 스와미가 자신의 죽은 아들과 많이 닮았다고 생각했다. 구루무르땀에 머무는 동안 스와미는 음식을 구하러 밖에 나가지 않아도 되었다. 여러 사람들이 음식을 가져와 제공하였기 때문이다. 망고 과수원에 머무는 동안에는 아무도 허락 없이 들어오거나 음식을 바칠 수 없었다. 빨라니스와미는 낄나투르나 아루나찰라에 가서 음식을 얻어오곤 하였다. 스와미는 빨라니스와미에게 떠나라고 말했다. 아마 이제는 자신이 다시 음식을 탁발하며 혼자 있고 싶다고 느껴서 그랬을지 모르는 일이다. 그러나 빨라니스와미는 그날 저녁 스와미에게 되돌아왔다. 그가 어디로 갈 수 있겠는가? 그가 스와미와 떨어져서 어떻게 살 수 있겠는가?

견디기 힘들 정도로 사람들이 많이 몰려드는 바람에 스와미는 한 달 만에 다시 자리를 옮겼다. 이번에는 아루나찰라 사원으로 가서 서쪽 탑에 머물렀다. 그러나 사람들은 그를 혼자 내버려두지 않았다.

아루나찰라 산의 북서쪽에 빠발라꾼드루라는 낮은 산이 있다. 그곳은 아루나찰라 산의 일부이며 어떤 사람들은 아루나찰라의 발이라고도 부른다. 그 산에는 쉬바 사원과 샘, 동굴이 있다. 가우따마 리쉬가 여기서 고행을 했다고 한다. 산기슭에는 수도원이 있다.

스와미는 사원이나 동굴에서 살았다. 그리고 빨라니스와미가 있건 없건 간에 재미삼아 마을에 음식을 탁발하러 나가곤 했다. 그는 침묵을 지키고 있었으므로 어느 집 앞에 멈춰서 손뼉을 치곤 했으며, 누군가가 나타나면 손을 컵 모양으로 만들어 보여 준 뒤, 무엇을 주든지 손으로 받아서 먹으며 길을 걷곤 했다. 누가 바라보든지 상관하지 않았다. 스와미를 보기 위해 그를 방문했던 사람들이 이 모습을 본다면 분명 놀랐을 것이다. 스와미는 음식을 탁발하는 행위를 이렇게 묘사했다. "음식의 탁발은 스스로 원해서 행한 일이므로 부끄러움을 느낄 이유가 없었다. 황제의 자리도 부럽지 않았다. 즐거운 일이었다."

1898년의 크리스마스 휴가 기간에 알라감마는 아들 나가스와미와 함께 아루나찰라에 도착했다. 스와미가 빠발라꾼드루에 있다는 것을 알고 두 모자는 그곳으로 갔다. 스와미는 바위에 누워 동쪽을 바라보고 있었다. 헝클어진 머리, 길게 자란 손톱, 씻지 않은 얼굴, 허리에 걸치는 남루한 옷에도 불구하고 어머니는 아들을 곧바로 알아보았다. 그녀는 마주앉아 아들에게 집에 돌아가자고 설득하기도 하고 빌기도 하였다. 스와미는 말하거나 움직이지 않았다. 그녀는 갖은 방법으로 간청하고 자신이 얼마나 많은 시련을 겪었는지 자세히 얘기했지만, 스와미는 단 한마디도 하지 않았다. 다음 날 그녀가 다시 찾아갔을 때는 여러 사람이 그의 주위에 모여 있었다.

그녀는 자신의 슬픈 이야기를 그들에게 들려주었다. 모두들 감동을 받았는데, 그들 중 빠차이얍빠 삘라이가 스와미에게 어머니를 조금이라도 생각해 달라고 하면서 어머니를 위해 대답만이라도 해 달라고 말했다. 그가 연필과 종이를 스와미에게 건네자 스와미는 종이에 이렇게 썼다.

주재자는 영혼들의 과거 행위(쁘라랍다 까르마)에 따라 영혼의 운명을 정합니다. 일어나지 않기로 운명 지어진 일은 아무리 애써 노력해도 일어나지 않을 것입니다. 일어나도록 운명 지어진 일은 아무리 막으려 해도 일어날 것입니다. 이것은 확실합니다. 그러므로 가장 좋은 길은 침묵하는 것입니다.

— B.V. 나라심하 스와미의 《참나 깨달음》 중에서

이것이 스와미의 첫 번째 우빠데사(가르침)였다. 하지만 그때 어머니는 이 우빠데사를 듣고서 마음이 좋지 않았을 것이다. 나가스와미의 휴가가 끝나서 그들은 집으로 돌아갈 수밖에 없었다. "내가 기다린 것이 이것이란 말인가? 이것이 내 운명이구나." 알라감마는 그렇게 생각하며 할 수 없이 아루나찰라를 떠났다.

몇 세대 전 한 고행자가 순다람 아이어의 조상의 집으로 음식을 탁발하러 왔다. 음식을 얻지 못한 그는 이런 무관심에 분개하며 그 가문을 저주했다. "너희 집안은 한 세대에 한 사람은 분명히 나처럼 음식을 탁발하며 살아야 할 것이다."

그때까지 세 세대에 걸쳐 그 저주(아니면, 그것은 축복이었던가?)가 실현되었다. 우리에게 그것은 분명 축복이었다. 그렇지 않았다면 우리가 어떻게 라마나 바가반과 같은 스승을 가질 수 있었겠는가?

17.

준비
Préparation

어떤 사람은 마두라이에서 참나 지식을 얻은 벤까따라만에게 더 이상의 입문이나 고행이 필요했는지를 묻는다. 시인 성자인 띠야가라자도 다음과 같이 물었다. "자신이 몸이 아니라는 것을 깨달은 사람에게 자빠가 필요했겠는가?" 욕망이 없는 사람들에게 고행이란 개인적인 이유 때문에 하는 것일 수 없다. 그래서 그러한 사람의 고행은 다른 의미를 가질 수 있다.

"브람만의 지식을 가진 자는 브람만 그 자체이다." 그러나 이런 환영의 세계에서 그의 육체는 분명히 눈에 보이며 몇 가지 기능을 수행하고 있었다. 그러므로 자유로운 존재에게는 까르마가 없겠지만 그의 몸은 까르마의 결과를 벗어날 수 없다.

자유로운 모든 존재들은 가족의 일에 관여하지 않아도 괜찮다. 자나까 같은 사람들은 왕이었다. 그러나 닷따뜨레야 같은 사람들은 구도자들을 위해 스승으로 행동했다. 스승이 되도록 정해진 사람들은 어떤 자격이 필요한데, 그것은 수행법과 지혜, 설명 능력을 가지고 있어야만 한다. 이것이 없는 사람은 우주적인 힘의 인가를 받지 못할 것이다. 슈리 라마크리슈나가 다음과 같이 말하지 않았던가. "정부로부터 위임을 받은 사람이 명령을 공포할 때 사람들은 그것을 받아들일 것이다."

이러한 모든 것을 얻고 스승의 자리에 앉기 위해서는 시간과 실습이 필요하다. 모든 선각자들의 삶에서 그러한 준비 단계를 볼 수 있다. 예수는 참나 지식을 얻은 후에 40일 동안 은둔 생활을 하였다. 부처의 경험에 대해서는 모든 사람이 잘 알고 있다. 마호메트는 산 속 동굴에서 은둔자로 생활했다.

이러한 사례들에서 보듯이 인간의 형상을 한 신성한 존재로서 세계적인 스승이 될 사람에게 준비 기간이 필요하다는 것은 의심할 여지가 없다.

샥띠가 벤까따라만에게 들어온 순간, 그 육체는 세상을 위한 것이 될 운명이었다. 그러므로 은둔 속에서 정해진 의무를 준비해야만 했다. 또한 방해가 되고 있는 가족과의 인연을 끊고 먼 곳(아루나찰라)으로 가야만 했다. 몸의 모든 원자들이 샥띠로 가득 차고 인류에게 은총을 줄 수 있도록 준비되기 위해서는 시간이 필요했다. 샥띠의 인도로 스와미의 몸은 아뜨마 안에 머물렀으며, 세상이나 사람들을 쳐다보지도 않았고, 언어 또한 내면화되었다.

신성한 눈을 가진 위대한 사람들을 제외하고는 어느 누구도 그 기간에 그 몸에 어떤 차끄라들이 열렸고 어떤 신성한 능력들이 축적되었는지 알 수가 없다. 그러므로 실제로 어떤 일들이 일어나고 있었는지 묘사할 수는 없다. 세상으로 다시 나왔을 때 그 몸은 예전의 몸이 아니었다. 그것은 빠람메스와라의 몸이었고, 몸의 모든 원자는 신성했으며 강력했다. 아루나찰라가 준비시키는 구루였다고 말했으니, 이제는 세속적인 활동들로 향해 보자.

스와미의 가르침이 시작된 곳은 구루무르땀 근처에 있는 벤까따라마 나익께르의 망고 과수원이었다. 집중적인 예비 기간 동안 스와미의 언어 능력이 약해져서, 다시 말하기 시작했을 때는 제대로 말을 하기가 어려웠다. 그를 시중들던 빨라니스와미에게 겨우 두세 마디 내뱉는 정도였다.

웃단디 나야나르는 스와미가 따밀어를 안다는 것을 알게 되었다. 그 후, 그는 스와미에게 우빠데사를 달라고 간청했다. 그때까지 스와미는 경전이나 문헌들을 거의 접해 보지 않은 상태였는데, 웃단디 나야나르는 이미 많은 문헌들을 읽어 지식이 많았다. 하지만 그가 원했던 것은 경험에서 나온 가르침이었다. 스와미는 그를 위해 종이에 가르침을 적었다. 나야나르는 그 종이들을 귀중한 보물로 여겼으며 죽는 날까지 간직했다. 그는 마하바끼야(위대한 말씀)를 대하듯 공경하는 마음으로 그것을 암송했다.

이렇게 하여 웃단디 나야나르는 스와미의 첫 번째 제자가 되었다. 스와미의 가르침들은 분실되었는데, 아마 그 가르침은 그 사람만을 위한 것이었는지도 모른다. 그러나 이것으로는 세계적인 스승이 되기에 불충분하였다. 샥띠는 그가 경전들의 지식을 얻을 기회를 확실히 주었다.

땀비란은 '테바람'이나 '띠루뿌갈'을 계속해서 노래하곤 하였는데,

이 노래들은 영적인 사상의 보고였다. 스와미는 그의 노래를 들음으로써 그것들과 친숙해지게 되었다.

빨라니스와미는 글을 잘 읽지는 못했지만 흥미를 갖고 있었다. 그는 시내에 있는 나가링가스와미 도서관에서 따밀어로 된 영적 서적을 빌려와 읽었는데, 읽는 데 몹시 애를 먹었다. 고생해서 어찌어찌 읽어도 뜻을 이해할 수가 없었다. 빨라니스와미를 안타깝게 여긴 스와미는 잠깐씩 책을 읽으면서 쉬운 말로 설명해 주었다. 스와미는 명석했으며, 실재에 대한 경험이 있었고, 용어를 아주 잘 기억했다. 이렇게 하여 빨라니스와미 때문에 스와미는 《까이발야 나바니탐》, 《바시슈탐》, 《비베까 추다마니》 같은 서적들을 읽게 되었다. 빨라니스와미는 스와미의 두 번째 제자가 되었다.

스와미는 어떤 사람을 입문시킨 적이 없다. 하지만 꿈속에서 나타나거나 바라봄으로써 그리고 머리나 가슴에 손을 얹음으로써 어떤 사람들에게 입문을 시켰다고 전해진다. 그의 우빠데사는 주로 구도자들의 질문에 대한 답변들로 이루어져 있다. 사람들은 스와미가 자신을 제자로 받아들였는지를 경험을 통해 알곤 했다. 그들에게는 어떤 의심도 없었다. 하지만 누군가를 공식적으로 제자로 받아들이거나 만뜨라나 어떤 다른 것으로 입문시키는 의식을 행한 적은 한 번도 없었다.

그때까지 샥띠는 스와미에게 충분한 서적 지식을 제공해 주었고, 그로 인해 그가 자신의 역할을 할 수 있게 하였다. 그러나 세계적인 스승이 되기 위해서는 자리가 필요한데, 이제 그것이 어떻게 주어졌는지 알아볼 것이다.

슈리 라마나 릴라

18.

비할 수 없는 산
The Peerless Hill

"가나빠띠가 '어머니는 내 거야.' 라고 말하며 빠르바띠의
무릎에 앉았을 때, 꾸마라는 '괜찮아, 아버지는 내 거야.' 라고 대꾸하며
쉬바의 무릎에 앉았다. 그러자 쉬바가 그의 머리에 입맞춤을 하였다.
라마나는 창으로 끄라운차 산을 찌른
이 꾸마라의 영광스러운 현현이었다."

– 라마나 기따. 18장 9절

1899년 3월경, 스와미는 빠발라꾼드루를 떠나 아루나찰
라 산에 올랐다. 실재 안에 거하는 아들이 자연스러운
상태에서 아버지의 무릎 위로 올라가야 한다는 것은 전적으로 적합한
일이 아닌가!

전설에 의하면, 이슈와라는 아루나찰라에 네 가지 형상으로 존재
했다고 한다. 첫 번째는 시작도 끝도 없는 눈부신 빛기둥이었으며, 이
는 브람마와 비슈누를 놀라게 했다. 두 번째는 아루나찰레스와라의
링가 형상이고, 세 번째는 아루나기리(아루나찰라 산)이며, 네 번째는

싯다의 모습으로 있는 아루나기리 요기였다.

아루나찰라는 찬란한 빛이지만, 겉으로는 나무와 풀이 드문 붉은 돌산으로 보인다. 이 산은 히말라야 산맥보다 훨씬 이전에 생긴 아주 오래된 산이라고 알려져 있다.

지질학자들에 의하면, 이 산은 불로 된 공과 같던 지구가 식어지면서 돌로 굳어질 때 형성되었으며, 인도양에 가라앉은 레무리아 대륙의 일부였다고 한다. 이러한 이유로 이 산은 뿌라나에 언급된 것처럼 지구의 중심에 있다고 전해지고 있을 것이다.

수행에 관심이 있는 사람들에게는 이 산에 적당한 장소가 많다. 아루나찰라 사원의 서쪽 탑 뒤쪽에 서면 산봉우리에 이르는 길을 볼 수 있다. 이 길을 따라 오르면 여러 동굴과 사원 그리고 명상하기에 적당한 장소들을 발견하게 된다. 간혹 햇빛을 받아서 황금빛으로 빛나며 음악 같은 소리를 내는 천연 광천수 샘물을 발견하기도 한다. 이 길로 가다 보면 큰 그늘을 늘어뜨린 나무들이 있는데, 이런 작은 숲은 따빠스를 위한 좋은 장소가 된다. 산을 올라 동쪽으로 가면 아루나찰라 사원이 보이고 그 동쪽으로는 읍내가 보인다. 읍내의 동쪽으로는 아얀꿀람 저수지(또는 인드라 띠르탐)가 있다. 저수지 주변에는 들판과 과수원들이 펼쳐진다. 멀리 지평선에는 낮은 산들이 줄지어 있으며 땅과 하늘이 맞닿아 있어서 마치 한 폭의 그림과도 같다. 그러므로 특별히 종교적인 사람이 아니더라도 그 산을 오르게 되면 장엄한 자연을 목격하게 되고, 일상적인 근심들로부터 위안을 얻게 되며, 평화와 행복을 경험하게 된다. 세속적이지 않은 마음가짐을 가진 사람은 그 이슈와라의 현현을 보고서 찬미하거나 명상에 잠기며 평화로워진다.

슈리 라마나 릴라

삿구루 스와미 동굴

산기슭에는 동굴이 하나 있다. 비록 허름하긴 해도 이 기간에 몇몇 사람들은 그곳에 머물렀다. 말라얄리 요기가 한때 그곳에서 지냈는데, 그의 기억에 따르면 그의 제자들이 그곳을 삿구루 스와미 동굴이라고 부르기 시작했다고 한다. 동굴의 조금 위쪽에는 작은 사원이 있는데, 그곳도 실제로는 동굴이지만 사람들이 사원으로 쓰고 있다. 그곳은 슈리사일람에 속하는 비라샤이바 헌신자인 구하 나마쉬바야의 이름을 따서 구하 나마쉬바야 사원이라고 불린다. 구하 나마쉬바야와 또 다른 헌신자인 비루팍샤 데바가 이 동굴들에 와서 정착했다. 그래서 이 동굴들은 그들의 이름을 따서 불리게 되었다.

비루팍샤 동굴

산에서 가장 중요한 이 동굴은 조금 더 위쪽에 있는데, 모양은 '옴 (Om)'을 닮았고 바람이 동굴로 들어갈 때면 '옴'이라는 소리가 난다. 동굴 가까이에 샘물이 있다. 비루팍샤의 사마디가 그곳에 있으며, 비라샤이바 교의를 따르는 사람들이 그곳에서 마트를 운영했다. 20세기 초에 소송이 진행되었는데, 소송의 당사자 어느 쪽도 마트의 운영을 방해하지 않았다. 그런 까닭에 누구든지 방해받지 않고 그곳에 머무를 수가 있었다. 스깐다 아쉬람으로 떠나기 전인 1915년에서 1916년까지 스와미는 이곳에서 머물렀다.

스와미가 비루팍샤 동굴에 정착한 뒤 몇 년이 지나서 마트의 소유권 문제가 법정에서 판가름 나게 되었다. 소송에서 승리한 마트의 대표는 마트를 운영할 대리인을 임명하였는데, 얼마 되지 않는 그의 소득은 마트를 방문하는 사람들의 기부금으로 충당되었다. 그러나 그는 끄리띠까이 기간에 방문객들로부터 요금을 받을 생각을 하게 되었다. 많은 사람들이 이 요금을 낼 수 없어 그냥 돌아갔다. 스와미는 이 사실을 알게 되었고 그의 달샨을 소망했던 사람들이 부당하게 요금을 내고 있다고 생각했다. 스와미는 동굴을 떠나서 맞은편에 있는 따마린드 나무 아래에 앉았다. 그러나 대리인은 이번에도 나무에 다가가는 사람들에게까지 요금을 받기 시작했다. 이 사실을 알게 된 스와미는 그곳에 더 이상 머무를 이유를 느끼지 못해 구하 나마쉬바야 동굴로 거처를 옮겼다. 마침내 대리인은 방문객들이 동굴이나 마트를 보려고 온 사람들이 아니라 스와미의 달샨을 갖기 위해 온 사람들이라는 것을 알아차렸다. 그는 스와미에게 전처럼 비루팍샤 동굴에 머물러 달라고 간청했으며, 스와미는 그렇게 했다.

물라이빨 띠르탐, 망고 나무 동굴(추타구하)

비루팍샤 동굴의 맞은편 북쪽에는 맛좋은 물이 언제나 풍부한 물라이빨 띠르탐(우유 샘)이 있다. 전설에 따르면, 구하 나마쉬바야 동굴에 있는 물은 쉬바의 엄지발가락에서 솟아나며, 이 샘은 암비까의 젖가슴에서 솟아난다고 한다. 근처에는 망고 나무가 있는데, 그 발치에 동굴이 있다. 그래서 이곳은 망고 나무 동굴이라고 알려지게 되었다. 여름에는 비루팍샤 동굴이 바람도 들지 않고 물도 없으며 몹시 더웠기 때문에 라마누자차리야와 랑가차리야라는 두 헌신자가 망고 나무 동굴을 수리하여 여름 동안 스와미가 머물 수 있게 했다.

스깐다 아쉬람

비루팍샤 동굴을 지나 더 위로 올라가면, 깨끗하고 맛좋은 물이 끊이지 않는 샘이 있다. 스와미의 헌신자들은 이곳이 스와미의 거주처로 적당하다고 생각했다. 1915년에서 1916년까지 두 해에 걸쳐 헌신자들은 주변을 깨끗이 청소하고 땅을 평평하게 고른 뒤 집을 짓고 주변에 나무를 심었다. 코코넛 나무와 망고 나무들이 그림 같은 풍경을 연출했으며, 이 풍경을 보는 사람들마다 흡족해했다. 마치 아루나찰라의 심장과 같았다.

건물에는 부엌과 거실이 있었으며, 거실 앞에는 베란다가 있었다. 이 일을 시작한 헌신자는 깐다스와미였다. 스와미의 제자들과 여러 헌신자들이 스와미를 스깐다 신의 화신이라고 믿었기 때문에 그 아쉬람은 스깐다 아쉬람으로 알려지게 되었다. 이후로는 스와미가 어디에 있든지 간에 스와미를 위한 음식을 마련하지 못하는 날이 없었다. 늘어나는 헌신자들은 스와미가 어디에 있든지 음식을 갖다 드리려고 했다. 먹을 것이 떨어지면, 충실한 헌신자인 빨라니스와미가 마을로 내려가 음식을 구해 왔다. 스와미에게 봉사하고 싶어 하는 다른 사람들이 빨라니스와미의 일에 동참했고, 그들 중 한 명이 마을에 가서 음식을 구해 오곤 했다.

19.

가르침의 시작
Commencement of Instructions

비루팍샤 동굴로 자리를 옮긴 후로 방문객이 늘어났다. 온 갖 부류의 사람들이 찾아왔으며, 배우거나 배우지 못한 구도자들이 그를 방문했다. 스와미는 아무것도 가르치지 않았지만, 주변에서 일어나고 있는 일을 그가 인지하고 있다는 사실만으로도 사람들을 끌어들이기에 충분했다. 그들은 그와 같은 따빠스의 화신이라면 당연히 위대한 지혜를 가졌을 것이라고 여겼다. 영성과 요가에 관심이 있는 사람들은 스와미에게 찾아와서 이해되지 않는 점들을 질문했다. 자비로운 스와미가 그들의 질문에 답하는 것은 자연스러운 일이었다. 하지만 그들이 이해할 수 있도록 가르치기 위해서는 전통적인 문헌들에서 사용된 기존의 용어들에 익숙해져야 했다. 또한 듣는 사람들이 그 가르침들을 이해하고 실천할 수 있도록 설명할 필요가 있었다. 이러한 목적을 위해서 샤스뜨라(경전)들을 보아야 했는데, 그것은 자신이 아니라 다른 사람들을 위해서였다. 비록 스와미가 '마음과 말이 나오고 되돌아가는 곳인 그것' 안에 자리 잡았을지라도 그것을 설명하기 위해서는 언어를 사용하는 것이 불가피했다. 이러한 이유로 스와미는 영적 서적을 참고해야만 했다.

스와미가 비루파샤 동굴에 온 이후로 봉사를 위해 찾아온 사람들 가운데 감비람 세샤야라는 군청 감독관이 있었다. 그는 1900년 이후 스와미를 정기적으로 찾아왔다. 그는 라마의 이름을 계속 되뇌는 라마 박따였으며, 자신을 스와미의 하인이라고 생각하여 동굴을 정기적으로 청소하였다. 요가에 관심이 있었던 그는 스와미 비베까난다가 지은 《라자 요가》를 공부하였고 또 다른 서적들도 공부하였다. 또한 영어로 된 《라마 기따》를 공부하였지만 완전히 이해할 수는 없었다. 산스끄리뜨에 대한 지식이 부족하여 의문이 많았던 그는 의문을 해결하기 위해 스와미에게 책을 가져와서 이해되지 않는 구절을 보여 주곤 했다. 그러면 스와미는 그 구절을 읽고서 요지를 작은 종이에 따밀어로 적어 주었다. 그러면 세샤야는 더 깊이 질문하였고 스와미는 그 대답도 역시 종이에 적어 주었다.

세샤야는 아슈땅가 요가의 길을 좋아했지만, 스와미는 탐구의 길을 권장하였다. 세샤야는 쁘라나야마도 아주 중요하게 여겼다. 스와미는 이런 사람을 자신의 방법으로 갑자기 바꾸는 것은 좋지 않다는 것을 깨달았다. 그래서 비베까난다의 요가를 설명하면서 궁극적인 목적의 중요성도 강조하였다. 요가 연습은 집중을 얻기 위한 목적을 위해 필요한 것이다. 반면에 참나는 마음이 제거되어야만 경험될 수 있는 것이다. 만일 참나가 경험된다면 마음이 더 이상 무슨 필요가 있겠는가?

스와미가 직접 글을 쓴 종이 뭉치들은 1900년, 1901년 그리고 1902년에 쓰여진 것이다. 이것들은 세샤야의 집에 보관되었는데, 그가 죽은 뒤 동생 크리슈나야가 슈리 나따나난다에게 전해 주었다. 그는 질문과 대답 형식으로 편집하여 《비차라 상그라하(영적인 가르침)》라는 제목의 따밀어 책으로 출판하였다. 이 책은 스와미 쁘라나바난다에 의해 뗄루구어로 번역되었고, 다시 《참나 탐구》라는 제목으로 영어로 번역되었다. 《비차라 상그라하》에서 스와미는 아슈땅가 요가도 탐구의 길에 유익하게 이용될 수 있는 방법을 보여 주었다.

이와 비슷하게, 치담바람 출신의 어느 학자는 샹까라차리야의 《비베까 추다마니》 산스끄리뜨 판을 가져왔다. 그 무렵에는 그 책의 따밀어 운문 번역판이 나와 있었으므로 빨라니스와미가 그 책을 구해 왔다. 그들의 완강한 요청을 받고서 스와미는 산스끄리뜨 판을 참고하여 책을 따밀어 산문으로 옮겼다.

스와미가 구루무르땀에 머물고 있을 때 떠났던 웃단디 나야나르는 1904년까지 7년간이나 돌아올 수가 없었다. 그는 그동안 모아 놓은 백 루삐를 구루에 대한 봉헌물로서 스와미에게 전부 헌납하였다. 스와미는 제자의 헌신에 감사를 표하였으나 돈을 쓸 일이 없어서 헌납을 거절하였다. 웃단디 나야나르는 포기하지 않았으며, 당시 아쉬람을 관리하고 있던 감비람 세샤야에게 그 돈을 맡기면서 어떤 목적이든지 스와미의 허락 하에 써 달라고 부탁하였다. 여러 해 동안 그 돈은 그대로 남아 있었다. 한번은 비루빡샤 동굴을 청소하는 도중에 《비베까 추다마니》를 번역한 원고가 발견되었다. 세샤야의 조카인 크리슈나야는 그 원고를 완성해 달라고 스와미를 설득하였다. 그것은 산스끄리뜨 원문을 자유롭게 해석한 것이었으며, 스와미는 핵심을 포함하고 있는 서문을 첨가하였다. 그 책은 웃단디 나야나르가 헌납한 돈으로 인쇄되었다.

집필 활동과 함께 베단따에 관한 연구도 계속되고 있었다. 산에는 사두인 빠드마나바 스와미가 거주하고 있었는데, 자따스와미라고도 불리던 그는 만뜨라 샤스뜨라, 아유르베다, 베단따 샤스뜨라에 관한 다수의 책들과 다른 산스끄리뜨 문헌들을 가지고 있었다. 스와미는 그것들을 공부하기 위해 자따스와미의 집을 방문하곤 하였는데, 책을 한 번 읽고도 그 내용을 충분히 파악하고 기억하였다. 또한 이러한 주제들에 대하여 학자들과 토론을 하면서 경전에 관한 지식을 얻었다. 심지어 여러 가지 샤스뜨라 전문가들조차 어떤 부분들을 분명하게 이해하기 위해 그를 방문하기도 했다.

그렇게 스와미는 산스끄리뜨, 뗄루구어, 말라얄람어를 그 언어를 사용하는 다양한 사람들과 이야기함으로써 터득할 수 있었다. 처음에는 그냥 들으면서 이러한 언어들을 배웠으나, 책을 공부하기 시작하면서 이 언어들을 더 잘 사용할 수 있게 되었다.

비록 그 자신이 풍부한 지식을 가지고 있었지만, 스와미는 단순한 경전적 지식은 높게 평가하지 않았다. 이러한 그의 견해는 자신의 책 《울라두 나르빠두(실재 40송-부록)》의 아누반담과 《라마나 기따》에 표현되어 있다.

많이 배웠지만 겸허하지 않은 사람보다는 배우지 못한 사람이 구원받기 쉽다. 배우지 못한 사람은 악마 같은 오만의 손아귀에서 자유롭고, 소용돌이치는 수많은 생각과 말이라는 질병에서 자유롭다. 그들은 미친 듯한 물질의 추구로부터 자유롭고, 수많은 정신적 질병에서 자유롭다.

– 실재 40송(부록), 36절

– K. 스와미나탄 번역

"지혜를 찾는 사람이 경전을 공부하는 것만으로는 그 목적을 달성하기 어렵다. 우빠사나(명상)가 없으면 그에게 성취란 없다. 이것은 확실하다."

– 라마나 기따, 1장 22절

샤스뜨라를 배우는 목적은 진실과 거짓을 구별하는 능력을 얻으려는 것이다. 스와미에 따르면, 그러한 지식을 얻어야만 구원을 얻을 수 있다고 생각한다면 그것은 잘못이다.

가르침에 있어서 스와미는 어떠한 전통도 따르지 않았으며, 다른 사람의 견해는 필요하지 않았다. 오직 자신의 경험만이 기반이 되었다. 배우는 사람이 스와미의 경험적인 지식을 신뢰했기 때문에 스와미는 토론을 하거나 가르칠 때 자신의 경험을 인용하였다. 헌신자들에게는 그가 곧 기준이었다.

그의 길은 비이원성(advaita)에 이르는 길이었다. 그의 방법은 비판적 분석이었지, 단순한 논리가 아니었다. 이런 이유로 다양한 학파의 교조주의적인 학자들은 스와미의 가르침에 만족하지 못했다. 만일 그들이 스와미에게 와서 자기의 지식을 과시하려고 하면 스와미는 침묵으로 빠져들었다. 그들은 끊임없이 말을 하였지만 스와미는 아무

슈리 라마나 릴라

런 반응도 보이지 않았으며, 결국 그들은 실망한 채 떠나곤 했다. 스와미는 실천의 전문가였다. 이 점에 대해서는 다음 장에서 더 자세히 다룰 것이다.

20.

쉬바쁘라까삼 삘라이
Sivaprakasam Pillai

"라마여! 이 참나 탐구 즉 '나는 누구인가' 라고 묻는 것은 악한 나무인
마음의 씨앗을 태워 없애는 불입니다."

– 요가 바시슈타

쉬바쁘라까삼 삘라이는 대학에 다니는 철학과 학생이었
다. 비록 학생이었지만 "나는 누구인가?"라는 의문이
내면에서 일어났다. 그는 이러한 의문에 대한 답을 찾지 못한 채 졸업
을 하고 아르꼬뜨 지방의 세무 담당 부서에 근무하게 되었다. 1902년
에 세무 조사차 띠루반나말라이에 간 그는 사람들이 아루나찰라 산의
침묵하는 브람마나 스와미를 순수하고 깨달은 영혼이며 초연함의 체
현이라고 칭찬하는 말을 들었다. 그는 학생 시절의 마음속 의문을 해
결해 줄 수 있을 것이라 기대하며 스와미를 방문하였다.

삘라이의 13가지 질문에 스와미는 몸짓으로 그리고 모래와 석판에
글을 써서 대답해 주었다. 삘라이는 그것을 옮겨 적었고, 20여 년의
세월이 지난 1923년에 《나는 누구인가?》라는 제목을 붙여 책으로 출

판하였다.

스와미의 초기 저작인 《영적 가르침(비차라 상그라하)》과 《비베까 추다마니》는 다른 사람들의 가르침도 포함되어 있는 반면, 《나는 누구인가?》는 완전히 스와미만의 저작이었다. 그런 까닭에 이 책은 냐나(jnana)의 길을 전하는 스와미의 첫 번째 가르침으로 전해진다. 스와미는 자신의 참나 경험을 그렇게 일찍 이론의 형태로 세상에 드러냈다.

뻴라이는 개인적인 이익을 위해서도 안내를 구했지만, 스와미는 아무런 반응도 보이지 않았다. 그러나 바이라기야(초연함)의 불꽃이 그의 내면에서 점화되었다. 그가 1910년에 직장을 그만둔 것은 아마도 그 결과였을 것이다. 1913년에 아내가 세상을 뜨자, 그는 재혼을 할지 혼자 살지를 결정해야만 했다. 재혼을 하기 위해서는 그가 속한 공동체의 관습에 따라 많은 돈을 들여야 했지만, 돈을 구할 방도는 쉽지 않았다. 많은 고민 끝에 그는 다음과 같은 질문을 종이에 적었다.

1. 세상의 고통에서 벗어나려면 어떻게 해야 합니까?
2. 제가 선택한 여인과 결혼할 수 있겠습니까?
3. 그렇지 않다면, 왜 그렇습니까?
4. 결혼을 한다면, 필요한 돈을 어떻게 마련할 수 있겠습니까?

어느 날 밤 그는 가네샤 사원으로 가서 그 종이를 신의 형상 옆에 놓고 기도를 올렸다. "신이시여! 당신은 저의 유일한 의지처입니다. 바라건대 이 밤이 지나기 전에 제 질문에 음성이나 글로 대답해 주소서. 당신의 명령을 따르겠습니다. 만일 당신이 응답하지 않는다면 저의 유일한 피난처는 브람마나 스와미가 될 것입니다." 삘라이는 신을 믿었기 때문에 대답을 기다리며 사원에서 밤을 꼬박 지새웠다. 그러나 응답이 없었다. 마치 가네샤 신이 그의 헌신자를 아루나찰라로 안내하려는 것 같았다. 삘라이는 귀와 눈은 있지만 듣지도 보지도 못하는 석상을 떠나 살아 있는 삿구루인 라마나에게 갔다.

비루팍샤 동굴에서 스와미에게는 하나의 일과 하나의 가르침만 있었다. 그것은 아뜨마, 경험과 탐구에 관한 것이었다. 그러한 분에게 삘라이가 무슨 말을 할 수 있었겠는가? 사실 스와미의 삶 자체가 그의 질문들에 대한 대답이었다. 스와미는 결혼을 생각지 않는 독신자였고, 가난하지만 항상 행복했으며, 그에게 욕망이 있는지 없는지는 그의 가르침 안에서 분명했다. 삘라이는 스와미가 욕망을 포기하고 자신을 본보기 삼아 따르도록 가르친다고 생각했다. 삘라이는 결혼을 포기하고 집으로 돌아갈 계획이었지만, 집으로 돌아가기 전에 축복을 받기 위하여 스와미를 방문하였다. 그날은 1913년 5월 4일이었다. 많은 방문객이 스와미를 둘러싸고 있었다. 삘라이는 가까이 앉아서 주의 깊게 그를 바라보았다. 잠시 후 그는 스와미를 둘러싼 환한 빛을 보았으며, 황금빛 몸을 한 소년이 스와미의 머리에서 나왔다가 서서히 스와미에게로 다시 들어가는 것을 보았다. 같은 장면이 두 번이나 반복되었으므로 삘라이는 깜짝 놀라지 않을 수 없었다. 더 이상 견딜 수가 없었다. 스와미가 헌신자들에게 축복을 줄 수 있는 능력이 있다는 것이 그에게 분명해졌다. 삘라이는 감정에 압도되어 기쁨의 눈물을 흘리며 흐느꼈다. 그 감정은 어떤 말로도 표현할 수가 없었다. 이러한 광경을 보지 못한 다른 방문객들은 삘라이의 흐느낌을 이상히 여겼다. 얼마간의 시간이 지난 뒤 뻴라이는 안정을 되찾고 자신의 경험을 다른 사람들에게 설명했지만, 그들은 뻴라이가 약을 먹었기 때문이라며 그의 말을 믿지 않았다. 그러나 뻴라이는 행복한 상태에 있었기 때문에 그런 말에 신경 쓰지 않았다.

다음 날 뻴라이는 스와미를 찾아가서 그의 앞에 앉았다.

이번에는 서늘한 달빛이 스와미를 감싸고 있었고, 스와미는 온통 비부띠(그때까지 스와미는 비부띠를 바른 적이 없었다)가 발라진 떠오르는 태양의 모습으로 그 중심에 앉아 있었다. 그의 눈에서는 감로가 흘러내리고 있었다. 옆에 앉아 있던 다른 사람들은 아무것도 보지 못했다. 뻴라이는 스와미에게 그 광경의 의미를 물을 마음이 들지 않았고, 따라서 스와미도 설명할 필요가 없었다. 이틀 후 뻴라이는 다시 스와미를 방문했다. 이번에는 스와미의 몸이 맑고 투명한 수정으로 보였다. 뻴라이는 희열의 공간에 떠 있었으며, 그 상태를 잃지 않기 위해 그도 역시 움직이지 않았다.

이런 기적 같은 일이 가능한가? 만일 그렇다면 왜 다른 사람들의 눈에는 보이지 않았을까? 뻴라이를 아는 사람이라면 그가 이런 일로 거짓말을 할 사람이 아니라는 것을 쉽게 알 수 있을 것이다. 바가반 가까이 머무른 사람들은 마음에 변화가 일어나고 잠재적인 성향들이 바뀌어 갔다. 물론, 바가반의 은총이 작용한 것이었다.

뻴라이는 그러한 광경들은 자신을 향한 스와미의 은총이 표현된 것이라고 결론지었다. 그리고 결혼이나 세속적인 모든 욕망을 포기하고 독신자로 은거하며 따빠스를 행하기로 결심하였다.

뻴라이는 훌륭한 시인이었다. 그는 '아누그라하 아하발'이라는 따밀어 시를 써서 자신을 향한 스와미의 은총을 표현하였다.

뻴라이는 첸감 근처의 고향 마을에서 살며 따빠스를 행하다가 1947년 1월 13일에 몸을 떠났다.

21.

에참말
Echammal

"사바리의 행운을 어찌 말로 설명할 수 있을까?"

– 띠야가라자

흔히 에참말이라고 불리는 락슈미 암말은 아루나찰라에서 20마일 떨어진 만다꼴루뚜르에 살고 있었다. 한때는 남편의 직장 때문에 넬로르 지방에 있는 까레두에 살았다. 첫째 아들은 어린 나이에 죽었고, 이후에 아들 하나, 딸 하나를 낳았다.

어느 날 꿈에서 허리에 걸치는 옷을 입고 삭발한 어린 소년이 그녀의 손에 무언가를 놓고는 사라져 버렸다. 아마도 그 소년은 산야시였을 것이다. 그녀는 꿈을 해몽받기 위해 해몽가를 찾아갔는데, 그는 그소년이 에참말의 시댁 가족 신인 꾸마라스와미라고 말했다. 그녀는 시댁의 신이 꿈속에서 자신에게 쁘라사담을 주었다고 결론지었지만, 그 쁘라사담의 형태에 대해서는 알 수가 없었다.

남편이 낀두꾸루로 전근을 갔다. 똑같은 모습의 소년이 에참말의 꿈에 다시 나타나서 이번에는 산스끄리뜨로 쓰인 편지를 그녀의 손에 쥐어 주었다. 에참말이 글씨를 못 읽겠다고 하자, 소년은 어떤 사람에게 가 보라고 알려주었다. 그 사람은 바로 같은 마을에 있는 산스끄리뜨 학자였다. 그녀가 학자를 찾아가자 그도 역시 이것은 수브라만야의 쁘라사담이라고 말하면서, 그녀에게 적당한 만뜨라를 주었다.

갑작스레 그녀에게 재난이 닥쳤다. 아들과 남편이 연이어 죽어 버렸던 것이다. 그녀는 온 힘을 다해 모든 일을 견뎌 내고 막내딸과 고향으로 돌아갔다. 막내가 열 살이 되던 해에 에참말은 딸의 혼인날을 잡았는데, 결혼식 며칠 전에 딸이 고열에 시달리기 시작했다. 다시 그녀의 꿈에 소년이 나타나 말했다. "당신의 세 번째 자녀가 세상을 떠납니다. 비슈와나타가 당신을 부르고 있어요. 산으로 오세요." 꿈을 꾼 지 며칠 만에 막내딸마저 죽고 말았다.

에참말은 마음을 의지할 마지막 사람까지 잃었고 삶은 비참해졌다. 자신이 살던 마을과 집은 추억들로 가득해서 더 이상 견딜 수가 없게 되었다. 친척들이 건네는 위로의 말조차 견딜 수가 없었다. 그녀는 다른 곳으로 이사하기로 작정하고, 사두들에게 봉사할 수 있는 순례지를 방문해도 좋다는 허락을 아버지에게 받았다. 그녀는 서부 해안에 위치한 고까르나의 성지에 머물며 사두들에게 봉사를 했으며, 북인도에서 온 구루로부터 아슈땅가 요가를 배웠다. 하지만 마음속에 쌓인 고통의 불길은 꺼지지 않은 채 계속되었고 그 불길을 꺼 줄 사람도 만나지 못했다.

1906년, 그녀는 떠날 때와 같은 우울한 기분으로 고향에 돌아왔다. 하지만 비통함을 가라앉힐 수 있는 유일한 방법은 사두에게 봉사하는 것이라는 확실한 믿음을 갖게 되었다. 친척 한 명이 아루나찰라에 가 보라고 했다. "거기에 브람마나 스와미가 살고 있어요. 25살밖에 되지 않았지만 특별한 능력들을 지니고 있으니, 고통 속에 있는 당신을 도울 수 있을 겁니다." 그 친척은 또한 비록 스와미가 침묵을 지키고 있지만 믿음을 가지고 봉사하는 사람들은 은총을 입을 것이라고 말하며 용기를 주었다. 그래서 그녀는 아루나찰라 산을 향해 길을 떠났다.

띠루반나말라이에는 친척들이 살고 있었지만, 그녀는 그들과 떨어져서 지내기로 결심했다. 그리고 친구와 함께 그 당시 비루팍샤 동굴에 머무르고 있던 스와미를 찾아갔다. 그녀는 일찍이 자신의 꿈에 세 번이나 나타났던 그 소년이 바로 이 삿구루라는 걸 깨달았다. 그녀는 한 시간 동안 조용히 앉아 있었고, 스와미도 여느 때와 같이 침묵하고 있었다. 마치 두 발이 거기에 뿌리를 내린 듯 돌아가고 싶은 마음이 들지 않았다. 하지만 발길을 돌려야 했다. 집에 돌아오는 길에 그녀는 친구에게 최근까지 바위처럼 가슴을 짓누르던 답답함이 사라져 버렸다고 말했다.

그날부터 그녀는 마치 쇳조각이 자석에 이끌리듯이 주기적으로 아쉬람을 방문했고, 스와미에게 음식을 바치기 시작했다. 아버지와 오빠들이 보내 준 돈도 스와미와 제자들에게 봉사하기 위해 사용했다. 그들이 어디에 가든지 그들을 위해 음식을 준비했다. 다수의 라마나 헌신자들에게 그녀의 집은 하숙집이 되었다.

그녀의 눈물이 어떻게 해서 그치게 되었는지는 아무도 알지 못했다. 심지어 남편과 아이들에 대한 생각이 일어나도 예전처럼 슬픔에 잠겨 있지 않았다. 그녀가 아는 전부는 이것이 구루의 쁘라사담과 은총 때문이라는 것이었다. 스와미는 그녀에게 어머니요, 아버지요, 구루요, 신이었으며, 그녀가 받은 가장 큰 보상은 평화와 헌신이었다. 그녀는 자신에게 일어나는 일은 무엇이든지 스와미의 은총으로 일어난다고 받아들였으며 즉시 스와미에게 알리곤 했다.

에참말은 스와미의 허락을 얻어 조카딸인 첼람말을 양녀로 삼아 결혼식을 올려 주었다. 손자가 태어났을 때는 라마나의 이름을 따서 이름을 지어 주었다. 그러던 어느 날 사위의 전보를 받는데, 그것은 첼람말이 죽었다는 청천벽력과도 같은 소식이었다.

그녀의 오래된 슬픔이 다시 그녀를 뒤엎어 버릴 것 같았지만, 이제는 그렇지 않았다. 그녀에게는 구원자가 있었다. 그녀가 스와미에게 전보를 보여 주자 스와미는 슬픔의 눈물을 흘렸다. 스와미는 '고통에 잠긴 사람과 함께 하는 분'이었다. 에참말은 장례식에 참석해서 딸이 남긴 손자 라마나를 데리고 돌아왔다. 그리고 아기를 스와미의 무릎 위에 올려놓았다. 자신과 아기가 의지할 곳은 오직 스와미뿐이라고 믿었기 때문이다. 에참말의 깊은 슬픔을 느낀 스와미는 다시 눈물을 흘렸다. 비록 에참말의 편안한 마음이 운명에 의해 산산이 깨졌지만, 그녀는 예전처럼 봉사를 열심히 했으며, 최근의 충격을 극복하기 위해 힘들게 노력하지 않아도 되었다.

비록 냐니가 따뜻한 가슴을 가지고 있더라도 평범한 사람들의 슬픔을 동정하지는 않는다고 말하는 사람들이 있다. 이슈와라의 현현인 존재가 그의 자녀에게 동정심과 애정을 갖는 것이 이상한 일인가?

스와미는 먼저 에참말의 슬픔이 사그라지게 했으며, 다음에는 우빠데사를 주었다. 일찍이 그녀는 코에 집중하는 수행을 했고, 그곳에서 발산되는 밝은 빛을 명상하였다. 그 때문에 그녀는 몇 시간 혹은 몇 날 동안이나 황홀경 상태에 잠겨 있었다. 한번은 그녀가 그렇게 앉아서 바깥세상을 완전히 잊고 있었는데, 그녀가 죽은 줄로 오해한 집주인이 스와미에게 달려가서 이 사실을 알렸다. 그는 그 소식을 듣고 아무 말도 하지 않았다. 나중에 그녀가 스와미에게 어떻게 요가를 수행하는지 얘기하자, 스와미는 "밝은 빛은 환영이며, 그것은 그대가 원하는 아뜨마를 깨닫는 것이 아닙니다. 왜 저급한 것들을 추구하고 있습니까?"라고 말했다. 그렇게 그는 에참말을 요가의 길을 떠나 참나 탐구의 길로 들어서도록 가르쳐 주었다. 그녀는 스와미를 완전히 믿고서 그의 가르침을 따랐다. 스와미는 자신의 은총을 그녀에게 여러 가지로 보여 주었는데, 몇 가지 일화가 있다.

어느 날 에참말이 스와미를 위해 음식을 가지고 산을 오르고 있었는데, 갑자기 폭우가 내렸다. 그녀는 비를 피할 곳을 찾았고, 멀지 않은 곳에 스와미가 서 있는 것을 보았다. 온통 비가 쏟아지고 있었는데 그의 주위에는 비가 내리지 않고 있었다.

또 다른 날에는 북인도에서 온 학자가 비루팍샤 동굴에서 지내고 있는 스와미를 방문해서 몇 가지 미묘한 문제에 대해서 스와미와 토론을 하고 있었다. 평소처럼 그 동굴에 간 에참말은 무언가를 보고 깜짝 놀랐다. 스와미가 왜 그러냐고 묻자, 그녀는 몸을 부들부들 떨면서 그 이유를 얘기했다. 산을 오르다가 삿구루 스와미 동굴에 다다랐을 때 그녀는 그곳에 두 사람이 있다고 느꼈다. 한 사람은 스와미였고 다른 사람은 방문객이었다. 그녀는 걸음을 멈추지 않고 가던 길을 재촉했다. 그러자 이런 소리가 들려왔다. "그가 여기 있는데 왜 올라갑니까?" 하지만 뒤를 돌아보았을 때 그 근처에는 아무도 없었다. 그녀는 무서워

덜덜 떨면서 비루팍샤 동굴로 올라갔다. 그러자 학자가 스와미에게 말하였다. "여기에서 나와 얘기하면서, 다른 곳에서 그녀 앞에도 나타나셨군요. 저 역시 그와 같은 은총으로 축복을 받고 싶네요."

스와미는 에참말이 늘 자신을 생각하기 때문에 다른 곳에서도 자신의 모습을 본 것이라고만 말했다. 그러나 의문은 여전히 남아 있다. 왜 그녀는 그 방문객까지 봐야만 했을까!

어느 날 에참말이 스와미의 동굴을 향해 가고 있을 때 나무 꼭대기에서 까마귀가 앵무새를 쪼고 있는 것을 보았다. 앵무새가 땅에 떨어지자 에참말은 새를 들고 스와미에게 가져갔다. 스와미의 세심한 간호에도 불구하고 앵무새는 며칠 후에 죽고 말았다. 스와미는 앵무새를 묻고, 거기에 건물이 세워질 것이라고 말하였다. 결국, 그의 말대로 근처에 건물이 세워졌으며, 인접한 동굴의 이름을 낄리 구하(앵무새 동굴)라고 불렀다.

스와미는 여성이 자기 탐구의 길에 적합하지 않다는 견해에 결코 동의하지 않았다. 까비야 깐타 가나빠띠 무니의 아내인 비살락쉬가 이 점에 대해 바가반에게 묻자 그는 이렇게 대답했다. "참나에 머무르면 여성도 욕망을 포기하는 사람이 될 수 있으며, 죽은 뒤에는 그들의 몸도 묘지에 묻혀야 합니다."(남인도에서는 성자가 죽으면 화장하지 않고 묘지에 묻는 관습이 있다—역주). 이 말은 《슈리 라마나 기따》의 13장에 나와 있다.

에참말은 사뜨바적인 헌신자였다. 스와미에게 헌신하면서도 다른 위대한 영혼들을 무시하지 않았다. 그녀는 세샤드리 스와미에게도 많은 헌신을 하였으며, 그는 그녀의 선함과 헌신에 기뻐하였다. 세샤드리 스와미는 다른 사람들이 자기 곁에 오도록 허락하지 않았고, 다른 사람들에게 가는 것도 싫어하였다. 그러나 그런 성격의 그가 에참말의 집은 방문하곤 하였다. 그녀가 늦은 시간에 아쉬람에서 돌아올 때면 그녀를 집까지 여러 번 바래다 주었다. 어느 날 한 학자가 에참말의 집에서 뿌라나를 암송하며 내용을 설명해 주고 있었는데, 갑자기 세샤드리 스와미가 그곳에 나타났다. 그 학자는 그를 향해 경멸하듯이 말하였다. "이런 사람이 천 번이나 다시 태어난다고 해도 냐나(jnana)를 얻을 수 있겠소?" 에참말은 기분이 상해서, 세샤드리 스와미가 그 학자의 코를 납작하게 하는 강의를 해도 당연하다고 속으로 생각했다. 세샤드리 스와미는 한 시간 정도 다른 책의 도움 없이 자신의 지식으로 듣는 사람을 감동시켰다.

어느 날, 에참말이 뿌자를 행하고 있을 때 세샤드리 스와미가 그녀를 방문했다. 그는 그녀에게 무엇을 하고 있는지 물었고, 그녀는 세샤드리 스와미와 라마나의 사진에다 예배를 하고 있다고 대답했다. 세샤드리 스와미가 왜 명상을 하지 않느냐고 묻자 에참말은 명상에 대해 이미 알고 있었지만 세샤드리 스와미에게 배우기 위해 어떻게 명상을 하는지 가르쳐 달라고 했다. 세샤드리 스와미는 즉시 연꽃 자세로 앉아서 어떻게 명상을 하는지 시범을 보여 주었다. 그는 곧 사마디에 들어갔고, 그 상태로 네 시간이 지났다. 명상이 끝나자 "알겠습니까?"라고 말하고는 가 버렸다. 그의 성격을 알고 있는 사람들은 그것이 얼마나 커다란 축복인지를 쉽게 알 수 있었다.

스와미는 쉬바쁘라까삼 삘라이를 세상의 욕망으로부터 자유롭게 하고 그를 탐구의 길로 이끌어 주었으며, 에참말에게도 똑같았다. 스

와미의 자비가 아니라면, 어떻게 세상의 일로 슬픔에 빠졌던 사람이
자기 탐구의 길을 갈 수 있었을까?

22.

가나빠띠 무니
Ganapati Muni

1903년이었다. 바가반은 제자들에 둘러싸여 아디무디 성소에 앉아 있었다. 안드라 쁘라데쉬 주에서 온 한 학자가 다음의 유명한 기원(祈願) 슬로까를 낭송하고,

"수끌람바라다람 비슈눔 사시바르남 짜뚜르 부잠
쁘라산나 바다남 디야예트 살바 비그노빠산따예."

마치 이 슬로까가 바가반에게 다음과 같은 방식으로 적용되는 것처럼 해석하였다. "그도 흰 천(까우삐나)을 걸치셨다. 참나 속에 거할 때 그는 (어디에나 편재한) 비슈누이시며, 마나스와 붓디, 치따 그리고 아함까라를 삼키신다(파괴하신다). 그는 평화로운 얼굴을 지니셨고, 명상하는 자들의 길에 놓인 모든 장애물들을 제거하신다."

다음 해 끄리띠까이 기간에 그 학자는 아루나찰라를 방문하였고, 〈쉬바사하스리〉라는 제목의, 신을 찬양하는 천 편의 슬로까를 낭송하였다. 청중들은 시에 담긴 철학과 아름다운 운율에 깊이 만족하였다.

소박한 차림새를 했지만 심오한 철학을 가진 그 사람이 누구인지 모두들 궁금해했다. 그들은 그가 안드라 쁘라데쉬 주에서 왔으며 보비리 근처에 있는 깔루바라이 아그라하람에 소속되어 있다는 것을 알게 되었다. 그의 이름은 까비야깐따 가나빠띠 샤스뜨리였다. 사람들은 진귀한 재능을 타고난 축복받은 이 사람을 높이 평가했다.

가나빠띠는 참으로 은총 받은 아이였다. 1878년 그의 아버지 나라심하 샤스뜨리는 바라나시에서 비나야까 상 앞에 앉아 자빠를 하고 있었다. 그는 갑자기 비나야까 상에서 작은 소년이 나와 그를 향해 오는 것을 느꼈다. 집으로 돌아온 그는 아들이 태어날 때도 같은 경험을 했다. 아버지는 그 아이를 가나빠띠라고 이름 지었다.

하지만 아이는 다섯 살이 될 때까지 말도 하지 못했고 온갖 질병에 시달렸다. 그러다가 여섯 살 때 고열의 고통을 겪고 나서 모든 병이 나았으며 그 뒤로 말도 하게 되었다.

그때서야 그는 공부를 시작했다. 그 후로 그의 삶은 엄청난 이해력과 비범한 기억력, 그리고 놀라운 직관력이라는 뛰어난 지적 능력들로 경이로워졌다.

그가 이해할 수 없는 것은 아무것도 없었고, 한 번 들은 후에 기억할 수 없는 것은 아무것도 없었으며, 그가 해석할 수 없는 경전은 아무것도 없었다. 10살 즈음에 그는 몇 편의 까비야들을 외웠다. 점성학적으로는 빤찬감(점성학적 달력)을 그릴 능력을 가지고 있었으며, 산스끄리뜨 시를 즉흥적으로 지을 수 있는 능력이 있었다. 《라마야나》와 《마하바라따》 같은 대서사시를 공부할 때 그에게 두 가지 큰 열망이 일어났다. 하나는 비야사와 발미끼 같은 위대한 시인이 되는 것이었다. 그는 할 수 있다고 생각했다. 이미 시를 지을 수 있는 능력이 있었기 때문이었다. 또 하나의 열망이 있었다. 뿌라나에 보면, 비슈와미뜨라 같은 리쉬들이나 드루바 같은 헌신자들은 자빠의 힘으로 새로운 세계를 창조하거나 천상에 거처를 얻을 수 있었다. 그도 그들과 같은 사람이 되고 싶었다. 그러한 큰 열망을 갖고서 소년은 공부를 계속하였다.

12살이 되었을 때, 가나빠띠는 깔리다사의 시를 모방하여 만다끄란따 운율에 맞추어 산스끄리뜨 까비야인 브링가산데사를 지었다. 몇 년 안에 그는 찬다스(운율학), 비야까라나(문법), 까비야, 뿌라나에 능통하게 되었다. 그는 즉흥 시인인 아슈따바다니와 연설가가 되었다. 1900년, 바라나시에서 살고 있을 때 친구들이 찾아와서는 나와드 위빠에서 열리는 학자들의 모임에 참가해 보라고 권유했다. 명성이 높은 뛰어난 학자들의 그 모임에서 그는 비길 데 없는 문학적인 재능과 솜씨를 뽐냈다. 이렇게 해서 그는 '까비야 깐타'라는 칭호를 얻었다. 그때 겨우 22살이었다.

두 번째 열망을 이루기 위해 가나빠띠는 몇 편의 만뜨라를 짓기 시작했다. 그 가운데 그가 가장 좋아하는 만뜨라는 쉬바 빤차끄사리였다. 규율에 따라 자빠를 행하기 위해서 그는 다수의 아가마 샤스뜨라를 연구했다. 그는 산스끄리뜨로 된 모든 영적인 문학 작품들에 통달했다.

그는 18살 때 결혼을 했지만 아버지와 아내의 허락을 얻고서 자빠를 행하기 위해 강가 강, 나르마다 강 그리고 고다바리 강의 강변으로 순례를 떠났다. 그리고 자빠를 행하기 위해 인도에 있는 거의 모든 성지를 12차례 방문했다. 비록 가끔씩 영적인 경험들을 했지만 그가 열렬히 바랐던 쉬바의 달샨을 얻지는 못했다.

바라나시에서는 꿈속에서 여신이 기뻐하며 그에게 꿀을 주었다. 나식에서는 사원의 사제가 그를 도둑으로 오해했고 그곳에 있던 사람들이 그를 마구 때렸다. 화가 난 그는 나식의 사람들이 자신과 똑같은 고통을 당해야 한다면서 저주를 했다. 한 달 뒤, 예상하지 못했던 태풍이 도시를 강타하여 큰 피해를 입혔다. 그는 신성한 능력들을 가졌지만 자신에게는 쓸모가 없었다.

가나빠띠 샤스뜨리가 베다 문학을 공부하고 있을 때, 그의 마음의 눈앞에 장엄한 아리안 문명이 나타났다. 그곳의 사람들은 조화와 규율 속에서 살고 있었고 대체로 행복하고 평화로웠다. 그는 자신이 살고 있는 시대의 나라 상태, 사람들이 경직되고 생기 없이 살아가는 상태와 그것을 비교하였다. 사람들은 완고해졌고 다양한 관습들에 스스로 구속되었으며, 이 나라는 세상에서 가장 노예적인 나라였다.

그때 그는 사회를 개혁하고 고대의 가치들을 복원해야겠다고 결심하였다. 이를 위해 사회의 모든 불화 세력들을 근절시키는 데 전념하는 젊은이들을 모으고 이끌기로 결심했으며, 새로운 아리안 사회 건설을 이루기 위해 고대 리쉬들이 했던 만뜨라 자빠를 하기로 결심했다. 이렇게 노력하면서 가나빠띠는 만뜨라 자빠가 열쇠라고 생각했다.

가나빠띠는 쉬바빤차끄샤리를 10억 번 낭송했고 신의 이름을 10억 번 적었지만 아무런 소용이 없었다. 1904년에 가나빠띠는 벨로르에서 뗄루구 빤디뜨로 임명되었다. 그는 자신의 이상을 실현하기 위해 실천 단계를 밟기 시작했으며 제자들을 모았다. 그는 학생들에게 만뜨라 자빠를 전하는 대신에 그들을 가르치는 데 더 많은 시간을 보냈다. 그러나 이마저도 아무런 결실이 없음을 깨닫고서 그는 아루나찰라에서 만뜨라 자빠를 다시 시작하기로 결심했으며, 1907년에 아루나찰라에 도착했다.

그런데 그는 그 모든 학식에도 불구하고 만뜨라 자빠의 함의를 이해할 수가 없었다. 그리고 오랜 세월 자빠를 했음에도 불구하고 이슈따 데바따의 달산을 갖지 못한 데 대해 애석하게 생각했다.

1907년 11월의 끄리띠까이 축제 기간에 명상에 잠겨 있던 가나빠띠는 신이 그를 부르는 음성을 들었다. 눈을 뜨고 보았지만 주위에는 아무도 없었다. 그것은 마치 육체로부터 분리된 음성처럼 들렸다. 그는 속으로 만뜨라 자빠를 하면서 아루나찰레스와라 사원을 향해 걷기 시작했다. 그가 가까이 다가가자 그때까지 움직이지 않던 사원의 수레가 움직이기 시작했다. 가나빠띠는 거기에 엎드려 절했지만 그때에도 신은 달산을 주지 않았다. 가나빠띠의 슬픔은 더욱 커지기만 했다. 그날 오후에 그는 제자의 집에 조용히 앉아 있었는데, 갑자기 브람마나 스와미가 떠올랐다. 그는 참나를 직접 경험한 스와미라면 자빠의 이면에 있는 비밀을 알 것이며 자신의 문제를 해결해 줄 수 있을 것이라고 생각했다.

그는 브람마나 스와미의 처소에 찾아가기로 결심했다. 수끌람바라 다람 슬로까에 대한 그의 해석을 스와미가 아직까지 기억할지는 알 수 없었지만, 어쨌든 스와미의 인도를 구해야겠다고 생각했다. 그는 스와미만이 유일한 의지처라고 결론을 내렸다. 가나빠띠 샤스뜨리는 즉시 자리에서 일어나 한낮의 뜨거운 태양 아래 산을 향해 걷기 시작하였다.

감정이 충만해진 가나빠띠가 비루팍샤 동굴에 이르렀을 때, 스와미는 바위 위에 홀로 앉아 있었다. 가나빠띠는 그의 앞에 엎드려 절하고 두 손으로 그의 발을 감싸며 오열하는 목소리로 말하였다,

"저는 공부해야 할 모든 것을 공부하였습니다. 저는 베단따 샤스뜨라를 완전하게 익혔습니다. 저는 가슴의 만족을 위해 만뜨라 자빠를 하였습니다. 그러나 아직도 따빠스의 진정한 의미가 무엇인지 파악할 수가 없습니다. 그것이 무엇인지 알고 싶습니다. 부디 따빠스의 본질이 무엇인지 저에게 밝혀 주십시오."

스와미는 가나빠띠에게 15분가량 시선을 고정시켰다. 가나빠띠는 간절한 마음으로 대답을 기다리고 있었다. 아무도 두 사람 사이에 끼어들어 방해하지 않았다. 스와미가 따밀어로 말하였다. "만일 그대가 '나-생각'이 일어나는 곳을 탐구하고 관찰한다면, 마음은 그것 속에 용해됩니다. 그것이 따빠스입니다. 만뜨라 자빠를 하는 동안 만뜨라의 소리가 생겨나는 곳을 탐구하고 관찰한다면, 마음은 그것 속에 용해됩니다. 그것이 따빠스입니다."

번민에 시달리던 가나빠띠의 가슴은 즉시 위안을 받고 진정되었다. 그는 이것이 베다 시대 이후에 그 같은 방식으로는 유일한 우빠데사라는 것을 알아차렸다. 해방에 이르는 새로운 길이 여기에서 제시되었다. 어느 누구도 이전에는 이 길을 발견하지 못했었다. 탁월한 요

기인 스와미는 가나빠띠의 오랜 자빠 수행을 높이 평가하여 아루나찰라의 신성한 곳에서 지고의 우빠데사를 설명해 주었다. 그 결과로 이 우빠니샤드는 전 세계에 있는 제자들과 구도자들에게 전해졌다.

목샤(해방)에 이르는 길을 본 사람들은 리쉬들이다. 이 독특한 길을 보여 준 라마나도 역시 마하리쉬(Maharshi)였다.

가나빠띠 샤스뜨리는 몇 시간 동안 거기에 머물렀다. 그리고 브람마나 스와미의 명성을 확인한 후에 '라마나'를 찬미하는 5개의 슬로까를 즉흥적으로 지었다. 그때 샤스뜨리는 과거에 락슈마나 아이어가 소년 벤까따라만을 '라마나'라고 불렀다는 것을 알지 못했다. 가나빠띠는 사용하지 않게 된 이름을 되살리는 도구가 되었다. 다음 날, 가나빠띠는 제자들에게 우빠데사를 주면서 라마나에게 받은 것이라고 말했다. 또한 그들에게 스와미를 바가반 슈리 라마나 마하리쉬로 부르도록 일렀다. 이 이름은 세계적으로 유명해졌다.

전통적으로 다음 속성들을 가진 사람을 리쉬라고 한다. 종교적인 이유로 독신을 지키며 금욕하는 사람, 혹독한 고행을 행하는 사람, 열정들을 완전히 통제하는 사람, 전적으로 진실한 사람, 그리고 베다와 베당가에 능통한 사람.

바가반(Bhagavan)이라는 단어에서 '바가(bhaga)'라는 음절은 번영, 완성, 다르마, 명성, 스레야(선함), 냐나(지식), 바이라기야(초연) 등을 의미한다. 라마나의 경우에는 '리쉬'와 '바가반'이라는 두 단어가 모두 적합했다. 가나빠띠는 여신 우마의 은총으로 자신이 우빠데사를 얻었다고 느꼈다. 감사의 표시로 가나빠띠는 우마사하스람(우마를 찬미하는 천 편의 슬로까)을 3주 만에 써서 우마에게 그 책을 봉헌했다. 마하리쉬의 신성한 현존에 영감을 받은 가나빠띠는 마지막 300편의 슬로까를 구술하며 4명에게 받아 적게 했다. 그때까지 조용히 지켜보고 있던 마하리쉬가 그때 "다 적었습니까?"라고 질문하였다. 까비야 깐따는 모두 적었다고 대답했다. 그 슬로까들은 사실 마하리쉬에 의해 지어진 것이며 그저 가나빠띠의 목소리로 나왔을 뿐이다. 이후에 가나빠띠는 그 작품의 몇몇 슬로까를 수정했지만 마지막 300편의 슬로까에서는 수정할 사항이 하나도 발견되지 않았다.

1908년의 첫 석 달 동안 마하리쉬와 가나빠띠 그리고 다른 제자들은 아루나찰라 산의 기슭에 있는 빠차이암만 꼬빌에 머물렀다. 체류에 관계된 대부분의 비용은 헌신자인 라마스와미 아얀가르가 부담하였다. 그 기간 동안 가나빠띠는 바가반이 가르쳐 준 대로 명상을 하였다. 어느 날 새벽, 눈부신 빛이 생겨나서 마하리쉬의 이마에 여섯 번 닿았다. 가나빠띠는 이것을 알아차렸고 또한 그 빛이 마하리쉬의 머리 주위의 오라 속으로 여섯 개의 별과 같은 형상으로 빨려 들어가는 것을 지켜보았다.

가나빠띠는 마하리쉬의 방법대로 수련을 하였지만 예전부터 품고 있던 이상 실현에 관한 생각들은 그를 떠나지 않았다. 그해 3월 말경에 그는 아루나찰라를 떠나기를 원했다. 그리고 '나-생각'의 근원에 대한 탐구로 그의 이상이 실현될 수 있는지, 또한 만뜨라 자빠도 해야 하는지를 마하리쉬에게 물었다. 마하리쉬는 탐구만으로 충분하다고 대답하였다. 그리고 자신의 의도가 선한 것이냐는 가나빠띠의 질문에 대해 마하리쉬는 다음과 같이 대답하였다. "신에게 모든 것을 맡기십시오. 그대는 짐을 지지 않을 것이며, 신께서 그대의 짐을 질 것입니다. 신은 무엇을 할지 알고 계십니다."

나중에 바가반은 말했다. "신께서 세상이라는 짐을 지고 계시는 동안, 가짜인 에고는 탑 속에 있으면서 탑을 떠받치는 것처럼 조각된 형상처럼 얼굴을 찡그린 채 그 짐을 지고 있는 척하고 있습니다."

— 실재 40송(부록), 17절

—K. 스와미나탄 번역

1908년, 가나빠띠는 마하리쉬의 허락을 받고, 고행을 하기 위해 아루나찰라를 떠나 마드라스 근처의 띠루보띠유르로 갔다. 그는 18일 동안 가네샤 사원에서 고행을 했다. 마지막 날, 고행을 하는 동안에 의문이 생긴 그는 마하리쉬가 달샨을 주면 좋겠다고 느꼈다. 잠이 들었던 그는 확 깨어났다. 갑자기 라마나가 거기에 도착하여 가나빠띠 옆에 앉았다. 놀란 가나빠띠가 일어나려고 했지만 마하리쉬는 그의 머리를 누르며 그를 앉혔다. 가나빠띠는 마치 전류가 그를 지나가는 것처럼 느꼈다. 그는 그것을 손에 의한 입문(하스따 딕샤)으로 여겼다.

1896년 이래 마하리쉬는 아루나찰라를 떠난 적이 없는데, 가나빠띠의 경험에 대해 어느 누가 설명할 수 있겠는가?

약 21년 후인 1920년 10월 17일에 가나빠띠는 마하리쉬에게 그의 경험을 이야기했다. 마하리쉬도 그 일을 확인하면서 말했다. "몇 년 전에 나는 비루팍샤 동굴에서 쉬고 있었습니다. 사마디 상태에 있지는 않았습니다. 그런데 마치 몸이 공중으로 떠오르는 것처럼 느껴졌습니다. 몸은 계속해서 위로 떠올랐고 모든 물질적인 대상들이 시야에서 사라졌으며, 흰빛만이 사방에 가득했습니다. 갑자기 몸이 내려가기 시작했고 대상들이 보였습니다. 나는 초자연적인 능력을 가진 사람들(싯다)이 사라졌다가 다시 나타났다고 하는 말이 이런 것이라고 생각했습니다. 그곳은 띠루보띠유르였고 나는 주 도로를 따라 걸었습니다. 걸으면서 나는 근처에 있는 가네샤 사원을 알아보고 그 안으로 들어갔습니다. 내가 어떻게 했고 무슨 말을 했는지는 기억나지 않습니다. 그러다가 깨어났고 내가 비루빡샤 동굴에서 잠자고 있었다는 것을 알게 되었습니다. 빨라니스와미에게는 그 경험을 얘기했습니다."

이번에는 가나빠띠가 가네샤 사원에 대한 마하리쉬의 묘사가 정확하다고 확인해 주었다.

까비야 깐타는 바가반의 달샨을 받기 위해 때때로 아루나찰라를 방문하곤 했다. 1922년과 1929년 사이에 그는 가족들과 함께 아루나찰라에 머물렀다. 한번은 망고 나무 동굴에 있는 동안에 그의 두개골 뼈들이 느슨해졌다. 그리고 그는 정수리 부위가 부드러워지는 것을 경험했다.

가나빠띠는 냐나의 길을 따르기 위해 아무리 노력해도 참나 안에 머물 수 없었다고 고백했다. 아마 처음 몇 해 동안은 잠재된 경향성들이 극복하기 어려운 장애물들로 나타났을 것이다. 또한 신체 내에서 격렬하게 일어났던 샥띠의 활동을 견딜 수가 없었다. 그럴 때마다 그는 바가반의 도움을 구했고 이겨냈다.

가나빠띠 샤스뜨리는 샥띠에는 두 가지 유형, 즉 마하스(mahas)와 사하스(sahas)가 있다고 말하곤 했다. 전자는 신성하며, 사하스가 마하스로 변형될 때에만 두개골이 느슨해진다. 이 샥띠로 인해 그는 어떠한 금속 물질도 만질 수가 없었고 항상 나무로 된 샌들을 신어야만 했다. 그의 제자들도 그 샥띠를 경험했으며, 손바닥에 구리 동전을 쥐고 있으면 황금빛으로 변했다.

바가반은 가나빠띠 샤스뜨리를 무척 사랑했다. 그의 박식함과 숭고한 생각, 고행의 능력은 그를 바가반에게 사랑받게 하였다. 그러나 또한 가나빠띠의 권유가 없었다면 바가반은 산스끄리뜨와 뗄구루어 시를 짓지 않았을 것이다.

가나빠띠의 제자들과 마찬가지로 바가반도 그를 '나야나'라고 불렀다. 가나빠띠는 비범한 예지력과 말의 힘을 가진 위대한 사람이었다.

어떤 사람은 그가 인간의 형상을 한 비디야다라라고까지 말하기도 한다. 까빨리 샤스뜨리의 《바시슈타 바이바밤》을 읽어 보면 그의 진가를 완전하게 알아볼 수 있다. 그를 구속했던 조국에 대한 이상들과 사랑이 없었다면 가나빠띠는 참나 실현에 이르렀을 것이다.

그는 바가반을 찬미하는 많은 시를 지었다. 그 가운데 하나인 '슈리 라마나 차뜨바림사뜨'는 매일 아침 바가반 앞에서 낭송되었고, 바가반의 성소에서도 여전히 낭송된다.

그의 포부를 실현하기 위해 가나빠띠는 1930년까지 정치와 사회 개혁 활동에 참여했다. 그 후로는 그것들을 그만두고 따빠스에 전념했다. 그는 까락뿌르 근처 님뿌라에 있는 자신의 아쉬람에서 1936년 7월 25일에 몸을 떠났다.

바가반의 가르침을 널리 전하는 데 기여한 가나빠띠의 봉사는 바가반에 대한 직접적인 봉사보다 더욱 컸다. 가나빠띠는 제자들의 질문에 대한 바가반의 대답들을 슬로까로 짓고 편집하여 자신이 지은 책 《슈리 라마나 기따》에 실었다. 이 책은 모든 이들에게 귀중한 안내 서이다. 마찬가지로, 그는 바가반의 《울라두 나르빠두》를 산스끄리뜨 로 번역하여 《삿−달샤남》이라는 제목의 책을 펴냈다. 1903년 초에 가나빠띠 무니는 그의 예지력을 통해 바가반의 위대함을 알아차렸고 세상에 널리 알렸다. 그의 지도 아래 그의 제자 쁘라나바난다와 까빨 리 샤스뜨리는 각각 바가반의 《우빠데사 사람》과 《삿−달샤남》에 대 한 주석을 썼다. 까빨리 샤스뜨리는 또한 바가반의 《아루나찰라 빤차 라뜨나》에 관한 뛰어난 주석서를 지었다. 가나빠띠의 제자들은 또한 모두 바가반의 제자들이었다. 그들은 전국 곳곳에 퍼져 바가반의 메 시지를 널리 전하였다.

23.

라마스와미 아이어
Ramaswami Iyer

1908년 4월, 띠루반나말라이에 있는 공공근로부의 감독관 인 마나바시 라마스와미 아이어가 비루팍샤 동굴에 있는 마하리쉬를 방문하였다. 그와 함께 온 친구는 그 방문이 쓸모없는 일이라고 느꼈다. 그러나 라마스와미 아이어는 다시 한 번 마하리쉬 의 달샨을 갖고 싶었다. 그래서 그는 혼자서 마하리쉬를 다시 방문하 였다. 그때 마하리쉬는 혼자 있었다.

마하리쉬를 보자마자 그는 설명할 수 없는 이유로 감정이 몹시 고 양되었다. 그는 "스와미, 예수와 같은 위대한 영혼들은 죄인들을 구 원하기 위해 지상에 내려오셨습니다. 저에게는 희망이 없을까요?"라 고 마하리쉬에게 물었다. 스와미는 몸을 움직였고 자리에서 일어나 며 영어로 말했다. "그래요 희망은 있습니다, 희망은 있어요, 희망이 있어요." 아이어는 이 말을 일기장에 적었다. 그리고 그때 이후로 기

127
23_라마스와미 아이어

록하는 습관을 길렀다.

아이어는 음악의 전통을 지닌 가문에서 태어났을 뿐만 아니라 그 자신이 작곡가였다. 마하리쉬를 방문했던 그날에 그는 다음과 같은 의미를 지닌 노래를 작곡하였다. "당신은 저의 피난처이십니다. 저는 아무 데도 갈 곳이 없습니다. 당신은 벌들을 끌어들이는 달콤하고 향기로운 꽃다발과 같아서 헌신자들이 당신의 발밑으로 모여듭니다." 그 뒤에 그는 몇 곡의 노래를 작곡했는데 그 중에서 "저는 당신 안에서 안식합니다."라는 후렴구를 가진 노래(사라나가띠 노래)는 매우 아름답고 감동적이다.

그 후로 아이어는 시간이 허락할 때마다 저녁에 마하리쉬를 찾아왔다. 한번은 마하리쉬가 1시간 반 동안 침묵에 잠겨 앉아 있었다. 그러고 나서 아이어를 보았는데, 아이어는 즉시 뜨거운 기운이 자기 안으로 흘러들어 오는 것을 느꼈다. 다른 때에도 비슷한 경험을 했다.

아이어는 소화 불량과 불면증을 겪고 있었다. 이러한 문제들로 인해 그는 두통이 있었고 밤에 잠을 잘 수가 없었다. 마하리쉬는 그에게 무슨 문제가 있는지를 물었다. 그 후 얼마 지나지 않아 아이어는 머리가 평온해짐을 느꼈고 깊은 잠을 잘 수 있었다.

어느 축제일에 한 여성 헌신자가 마하리쉬와 헌신자들을 위해 맛있는 음식을 가져왔다. 소화불량 때문에 아이어는 묽은 죽 이외에는 아무것도 먹을 수가 없었다. 그러나 그날은 마하리쉬의 권유를 받고 맛있고 풍성한 음식을 함께 먹었다. 이상하게도 소화 불량을 겪지 않았고 잠도 깊이 잤다.

이처럼 그는 사소한 육체적인 문제에서도 마하리쉬의 은총을 경험하면서 어떤 불안감도 없이 그에게 의지하게 되었다. 처음에 아이어의 가족들은 그가 이곳에 와서 마하리쉬와 함께 머무는 것을 반대했지만, 그의 소화 불량이 기적적으로 치료된 것을 알고 나서는 더 이상 반대하지 않았으며 동굴로 음식을 보내기 시작했다. 비싼 약물 치료에도 낫지 않던 병들이 마하리쉬를 그저 바라보는 것만으로도 없어졌다. 마하리쉬의 바라봄에 의한 이 딕샤는 접촉에 의한 것보다 더 강력했다.

바가반께서 아이어에게 준 하나의 우빠데사는 "결코 그대의 참나를 잊지 마십시오. 참나를 망각하면 해롭습니다." 였다. 그의 태도를 보여주기 위해서 라마스와미 아이어의 일기 가운데 일부를 인용한다.

"내가 참나를 잊어버릴 때마다 나는 낮아지고 비천해진다. 내가 '참나(I am)'를 의식할 때 거기에는 더 이상 나쁜 본성이 없었다. 내가 "나는 누구인가?"라고 질문하고 두뇌 속으로 들어오는 흐름을 느낄 때 나는 얼마나 행복감을 느끼는지! 질문하는 행위 자체에는 의지의 사용이 포함된다. 의지의 힘이 크면 클수록 행복도 커진다. 역으로도 진실이다. 나는 이 점에 대해 어떤 의심도 없다."

요지는 다음과 같다. 아뜨마의 샥띠는 모든 것보다 뛰어나며 탐구라는 방법을 통해 강화될 수 있다. 그러면 영혼의 고통뿐만 아니라 육체의 고통까지도 제거될 수 있다. 마하리쉬는 항상 참나 안에 거했다. 그의 현존 안에서 모든 나약함들이 사라졌다.

24.

사두들의 괴롭힘

Harassment by Sadhus

옛날에 샹까라는 사두를 사칭하는 가짜 사두들이 너무 많다고 말했다. 경전들도 그들을 비판하고 있지만 그들의 수는 더욱 증가했으며, 오늘날에도 그들을 부양하느라 낭비되는 사회적인 자원이 적지 않다. 그러한 위선자들은 진정한 산야시들에 대한 분노와 두려움을 품고 있다. 그래서 온갖 방법을 동원하여 그들에게 해를 끼친다. 그러나 가짜 사두들의 그러한 행위들에 의해 진실로 고귀한 사람들의 명성은 더욱 높아지고, 가짜들의 진정한 본성이 드러나게 된다.

바가반이 아루나찰라 산에 정착하는 순간부터 위선적인 사두들의 수입은 줄어들기 시작했고 대신에 바가반의 발아래에 부어졌다. 바가반의 위대한 바이라기야(초연함)와 가르침은 수많은 사람들을 매료시키고 있었다. 이것은 위선적인 사두들에게 질투를 불러일으켰다.

그들 중의 한 명인 자따스와미는 얼마간의 고행으로 명성을 얻었고 나름대로 학식도 있는 인물이었다. 사실 바가반은 그를 자주 방문하여 그가 소장하고 있는 책을 빌려 보기도 했다. 자따스와미는 금욕적이었고 검소한 식습관을 지켰지만 그의 커다란 약점은 질투심이었다. 그는 누구든지 진정한 사두가 아루나찰라에 정착하려고 할 때마다 번번이 그들에게 바위를 굴려 떨어뜨리곤 했다. 그러면 그들 중 대부분은 지진이 임박한 것으로 여기고 그곳을 떠나 버렸다. 자따스와미는 바가반에게도 똑같은 계략을 사용했지만 아무런 효과가 없었다. 한번은 그러한 일이 있었을 때 바가반이 위로 올라가서 연장자인 자따스와미를 붙잡았는데, 희한하게도 그는 미안해하는 마음은 조금도 없이 장난으로 그랬다며 웃어넘겼다.

자따스와미의 친구인 발라난다스와미는 브람민이었는데 특이한 인물이었다. 그는 영어, 불어, 마라띠어, 힌디어, 산스끄리뜨 그리고 말라얄람어에 능통했다. 그는 《쁘라스타나 뜨라야》 경전도 공부했다. 겉보기에 총명해 보이는 그는 뚜렷한 이목구비와 좋은 안색을 가지고 있어 매력적인 용모를 하고 있었다. 거기에 말재주도 좋아서 낯선 사람을 만나도 긴 이야기를 늘어놓음으로써 현혹시키는 능력이 있었다. 태양이 떠오르면 어둠이 물러가듯이, 아루나찰라에 스와미가 도착하자 발라난다스와미의 매력도 빛을 잃기 시작했다. 그러나 그는 포기할 사람이 아니었다. 그는 온갖 종류의 속임수를 써서 바가반을 제압하려고 했다. 모든 방문자들에게 젊은 스와미가 그의 제자라고 말했으며, 그의 '제자'에게 먹을 것을 주라고 말했다. 게다가 방문자들이 있는 자리에서 스와미 앞에 많은 음식을 갖다 놓고는 먹으라고 재촉했다.

스와미는 정직하였지만 발라난다스와미의 위선을 쉽게 알아볼 수 있었다. 그러나 그의 위선을 드러내지 않은 것을 보면 악행에 대항할 생각이 없었던 것 같다. 발라난다스와미는 뻔뻔하게도 스와미에게 "나는 자네를 내 제자라고 얘기할 것이고 그것으로 약간의 돈을 벌 걸세. 자네가 손해 볼 일은 없을 테니 그냥 조용히 있게."라고 말했다. 1908년 이후, 배웠건 배우지 못했건, 부유하건 가난하건, 어린이건 어른이건 간에 많은 사람들이 바가반에게 헌신하기 시작했다. 그들은 처음에는 간접적으로, 나중에는 직접적으로 발라난다스와미를 괘씸하게 여기기 시작했다. 발라난다스와미는 자신의 행동이 자신에게 해롭다는 것을 깨닫지 못한 채 스와미의 스승으로 행세하기 시작했다. 어느 날 밤 그는 심지어 비루팍샤 동굴을 떠나기 전에 동굴의 베란다에서 소변을 보기까지 했다. 빨라니스와미는 그런 짓을 할 사람은 발라난다스와미밖에 없다고 짐작하며 그곳을 깨끗이 닦아 냈다. 마하리쉬와 다른 사람들이 멀리 떨어진 저수지로 목욕하러 떠난 뒤, 빨라니스와미는 발라난다스와미의 옷들을 밖으로 던져 버렸는데 그 중에는 꽤 비싼 옷도 있었다. 그는 동굴 문을 잠그고 그곳을 떠나 버렸다. 빨라니스와미는 자신이 그렇게 하지 않았어도 마하리쉬가 발라난다스와미의 행동을 불쾌하게 여겨 중지시켰을 것이라고 생각했다.

이윽고 비루팍샤 동굴로 돌아온 발라난다는 밖에 내던져진 그의 옷들을 보고는 격노하였다. 그리고 "이것은 빨라니의 짓이 틀림없어."라고 고함을 치며 마하리쉬에게 "빨라니는 너무 거만해. 그놈이 내 옷을 어떻게 내던졌는지 보라고. 그놈을 당장 내쫓아 버려."라고 말했다. 마하리쉬는 대꾸하지 않았고, 빨래니는 꿈쩍도 하지 않았다. 발라난다는 분노를 주체하지 못하고 마하리쉬의 얼굴에 침을 뱉었다. 그때에도 마하리쉬는 침묵을 지켰다. 어떤 알 수 없는 이유로 그 자리에 있던 마하리쉬의 헌신자들도 침묵을 지켰다. 다른 동굴에서 살고 있던 무타이하라는 제자가 이 소식을 듣고는 분노하여 나이가 마흔인 발라난다스와미를 몽둥이로 때리려고 했다. 그때 마하리쉬가 끼어들어 그를 막았다. 발라난다스와미는 그의 방식이 성공하지 못할 것임을 깨닫고서 그곳을 떠나야겠다고 결심했지만, 그때까지도 그의 자존심은 그를 떠나지 않았다. 그는 "이 산은 내가 따빠스를 할 만한 곳이 못돼."라고 말하고는 철도역으로 향했다. 그는 일등석 칸에 앉았는데 심지어 거기서도 제대로 처신하지 않았다. 그 칸에는 젊은 커플이 앉아 있었다. 발라난다스와미는 젊은 남자에게 지시를 하기 시작했고, 그 남자는 당연히 그의 명령을 무시했다. 이에 격분한 발라난다가 그에게 소리쳤다. "내 말을 무시해? 넌 나를 모욕했어. 왜 그런지 알아? 네 녀석이 이 창녀에게 홀려서 그런 거야." 이 말을 듣고 젊은 남자는 샌들을 벗어 발라난다를 내리치기 시작했다. 이 일이 있은 후로 발라난다는 아루나찰라에서 사라졌다.

이삼 년이 흐르고 나서 마하리쉬가 망고 나무 동굴에서 거주하고 있을 때, 발라난다가 다시 나타나 동굴 앞에 서서 마하리쉬를 불렀다. 마하리쉬는 발라난다가 개심했다고 여기고 동굴 밖으로 나왔다. 주위에 아무도 없을 때 발라난다는 마하리쉬에게 물었다. "기차역에서 무슨 일이 있었는지 들었나?" 마하리쉬는 들었다는 표시를 했다. 발라난다는 "아마 나에게 그 경험이 필요했던 것 같네. 지난번에 그대의 얼굴에 침을 뱉어서 유감이네. 내가 화가 나서 이성을 잃고 말았다네. 그대가 원한다면 원하는 만큼 내 얼굴에 침을 뱉어도 좋네."라고 하면서 마하리쉬에게로 가까이 다가왔다. 그에게 조금도 원한을 갖고 있지 않았던 마하리쉬는 그 같은 행동을 하지 않았다.

그러나 발라난다는 그의 방식 그대로 바로 다음 날부터 모든 사람들에게 지시를 내리기 시작했다. 당연히 아무도 그의 지시에 관심을 기울이지 않았다. 며칠 후에 그는 망고 나무 동굴로 와서 마하리쉬에게 말했다. "니르비깔빠 사마디에 이르는 법을 자네에게 가르쳐 주겠네." 그러고는 그를 억지로 끌고 동굴 맞은편으로 데려갔다. 그는 바수데바 샤스뜨리와 마하리쉬의 다른 제자들이 모여 있는 곳을 보며 말했다. "윗사람끼리 모이는 자리에 왜 그대들이 있는 것인가? 그대들은 가는 것이 좋겠다." 그리고 마하리쉬를 다시 바라보며 말했다. "내 눈을 들여다보면서 깊은 호흡을 하게." 그는 마하리쉬에게 편안히 하도록 주의를 주었다. 이런 식으로 반시간가량 마하리쉬를 괴롭히더니, 결국 그 자신이 잠들어 버렸다. 마하리쉬와 제자들은 조용히 비루팍샤 동굴로 되돌아왔다.

발라난다의 우스꽝스러운 짓은 거기에서 그치지 않았다. 그는 마하리쉬의 제자인 랑가스와미 아이엥거에게 이를 닦을 만한 작은 가지를 가져오라고 시켰다. 랑가스와미 아이엥거는 큰 가지를 가지고 와서 "연장자님을 위해서는 이 정도가 적당하지 않겠습니까?"라고 말했다. 발라난다는 엽궐련 담배를 피우기 위해 다른 제자에게 불을 가져오라고 시켰다. 그는 대야에 벌건 숯덩이들을 담아서 가져왔다. 그것을 발라난다의 얼굴 가까이에 가져가서는 "어디에 불을 붙일깝쇼?"라고 물었다.

발라난다는 마하리쉬의 제자들이 더 이상 자신을 좋아하지 않는다는 것을 깨달았고, 그들에게 쫓겨나기 전에 그곳을 떠나는 편이 낫겠다고 생각했다. 떠나기 전에 그는 마하리쉬에게 이렇게 말했다. "나 같은 사람에게는 이 산이 적합하지 않네. 게다가 자네의 제자들은 나에게 모욕을 주었어. 자네에게 여러 가지 능력을 준 사람은 바로 나고, 사람들은 그런 능력들을 보고 자네를 존경하지. 이제 나는 자네에게 준 모든 능력을 거두어들이겠네. 그러니 앞으로는 아무도 자네를 존경하지 않을 걸세." 그렇게 말하고서 그는 마을을 향해 떠났다.

그는 단과자 가게 주인에게 가서 자신이 행한 일들에 대해 허풍을 떨었다. 가게 주인은 마하리쉬를 무척 존경하던 사람이었다. 그래서 발라난다의 이야기를 듣고는 그를 마구 때리려고 했다. 그러자 발라난다는 다시 아루나찰라를 떠났다. 후에 한 번 그는 마하리쉬를 찾아와서 몸에 대한 집착이 없다고 말한 뒤, 벌거벗은 채 마하리쉬의 제자들에게 혐오감을 주는 행동을 했다. 그 자리에 있던 모든 사람이 화를 냈지만 마하리쉬는 평소와 다름없이 무관심했다. 이 사건 이후에 발라난다는 영원히 아루나찰라를 떠났다. 아무도 더 이상 그에 대해서 듣지 못했다.

마하리쉬의 스승으로 행세하려던 사두가 한 명 더 있었다. 마하스와미라는 이 사람은 철학의 기초 과정을 배웠다. 그는 만뜨라 자빠를 수행하였고 음악에도 조예가 깊었다. 그는 마하리쉬가 자빠를 행하지 않으면서도 돈을 많이 번다고 여기고는 불쾌해했다. 그는 우체국에 가서 브람마나 스와미(마하리쉬의 다른 이름) 앞으로 온 편지들을 모두 가져가 버리곤 했다. 그의 변명은 자신도 역시 산에 거주하는 브람민 출신 스와미라는 것이었다. 한번은 깔라하스띠로 순례 여행을 다녀온 뒤 마하리쉬에게 말했다. "나는 오직 자네를 위해서 돌아왔네. 자네에게 닷따뜨레야 만뜨라를 가르쳐 주겠네." 마하리쉬는 평소처럼 관심을 보이지 않았다. 그러나 마하스와미는 포기하지 않고 말했다. "신이 내 꿈에 나타나 자네를 가르치라고 명하셨다니까." 마하리쉬가 대답했다. "만일 신이 내 꿈에도 나타나서 나에게 우빠데사를 받으라고 명한다면 그렇게 하겠습니다." 그러자 마하스와미가 말했다. "아니야, 아니야! 이것은 아주 간단한 만뜨라일세. 일어나서 우리 시작해 보세." 마하리쉬는 "나는 자빠를 행하고 싶지 않은데, 이 우빠데사가 무슨 소용이겠습니까?"라고 대답했다.

마하스와미는 화가 났다. 그래서 그는 어떤 방문자들이 마하리쉬를 만나보고 싶다고 말할 때마다 마하리쉬는 위대하지도 않고 가르침을 줄 만큼 학식도 없다면서 그만두도록 말렸다. 마하리쉬는 이런 행위를 전해 들었지만 평소처럼 침묵을 지켰다. 어느 날 마하스와미가 사원 근처에 있는 바나나 숲에서 명상하고 있을 때, 마하리쉬의 모습이 나타나서 "속지 마십시오."라고 말하고는 사라졌다. 마하스와미는 부들부들 떨며 라마나가 보통 사람이 아니고 어떤 능력들을 지니고 있다는 것을 깨달았다. 그 후로 그는 마하리쉬를 함부로 대하지 않기로 결심했다. 그는 마하리쉬에게 달려가서 그의 경험을 말하면서 그러한 비전들을 보여 달라고 마하리쉬에게 간청했다. 마하리쉬는 "내게는 그러한 능력이 없습니다. 그리고 나는 당신을 미워하지 않습니다.”라고 조용히 대답했다. 마하스와미는 이 말을 듣고 평화로워졌으며 그의 길을 갔다.

1916년경, 한 무리의 사두들이 마하리쉬를 납치하려고 계획했다. 그들은 술에 취한 상태로 비루팍샤 동굴에 있던 그를 찾아와서 말했다. “우리는 현자 아가스띠야가 여전히 고행하고 있는 곳인 뽀디가이에서 왔습니다. 그분은 우리에게 우선 당신을 싯다들의 모임이 열리고 있는 슈리랑감으로 데려오고, 다음에는 당신을 그분에게 데려오라고 명령하셨습니다. 그리고 당신이 완전한 싯디를 얻지 못하도록 방해하는 어떤 요소들이 아직 당신의 몸 안에 있으니 당신을 위해 직접 그것들을 없애겠다고 말씀하셨습니다. 또한 당신을 적절한 방법으로 입문시키겠다고 하셨습니다.”

상황은 다급했지만 마하리쉬는 한 마디도 하지 않았다. 그 자리에 있던 뻬루말스와미는 강인하고 재치가 있었다. 그가 나서서 방문자들에게 말했다. “신께서는 이미 우리에게 당신들이 찾아올 것이라고 말씀하셨고, 당신들이 오면 솥에 넣고 기름에 튀기라고 명령하셨습니다. 이 말씀에 대해 할 말이 있습니까?” 그는 동료 제자인 마스딴을 향해 돌아보며 그에게 필요한 준비를 하라고 시켰다. 그의 행동이 효력을 발휘하여 찾아온 사두들은 꽁무니를 빼고 말았다.

교육을 많이 받은 사람들 중에서도 그런 ‘신사’들이 없는 것은 아니었다. 아쉬람이 설립되던 초창기에 마드라스의 몇몇 부유한 신사들은 아쉬람의 관리가 적절히 이루어지지 못하고 있다고 느꼈다. 그들은 아쉬람의 관리를 변화시키되, 만일 변화시키는 데 실패하면 마하리쉬를 마드라스로 데려가려는 목적을 가지고 마드라스에서 버스를 전세

내어 아쉬람에 도착했다. 그들은 바가반이 앉아 있는 홀로 들어갔다. 바가반은 엄숙한 얼굴로 미동도 하지 않고 침묵하고 있었다. 방문자들은 점점 두려워졌으며 아무 말도 하지 못한 채 버스로 돌아가서 마드라스로 떠났다. 마하리쉬는 나중에야 그들이 온 연유를 듣고는 말했다. "나는 그들이 왜 왔는지 모르겠습니다. 그들은 무엇을 향상시키기 위해 여기에 왔습니까? 아쉬람입니까, 자기 자신입니까?"

이 세상에서 살아가는 한, 냐니조차도 위급한 상황에 직면할 수 있다. 그 누구도 쁘라랍다 까르마에서 벗어날 수 없다. 그것이 이런 일화들의 교훈이다.

25.

세샤드리 스와미
Seshadri Swami

아루나찰라의 거주자들에게 마하리쉬가 태양이라면, 세샤드리는 달이었다. 둘 다 독특했으며 자신의 방식이 있었다. 세샤드리는 반다바시 딸룩의 발루르에서 1870년에 아슈따사하스람 브람민으로 태어났다. 그는 어려서 아버지를 여의었으므로 음악가이자 학자인 외삼촌 까마꼬띠 샤스뜨리아르가 그를 데려다 키웠다. 세샤드리는 기억력이 뛰어났고, 성악에 뛰어났으며, 뿌라나에 관한 지식을 가지고 있었다. 어린 나이에 그는 중요한 산스끄리뜨 고전들을 익혔고 산스끄리뜨로 시를 지을 수 있었다.

세샤드리가 가장 좋아하는 신은 깐치뿌람의 여신 까막쉬였다. 그는 까막쉬를 찬미하는 500편의 슬로까인 〈무까빤차사띠〉를 암송하며 밤낮으로 그녀의 성소를 돌았다. 15살에는 샥띠(발라) 만뜨라를 시작했고, 뻬리안다바르 성소 근처의 강가에 있는 묘지 터에서 한밤중에 홀로 영적인 수행을 하였다. 그러다가 여신 샥띠의 환영을 보기도 했다.

그 후 세샤드리는 만뜨라에 관한 지식을 얻기 위해 여러 곳을 돌아다녔고, 결국 1890년에 그의 생애 마지막까지 머무른 아루나찰라에 이르렀다. 그는 다른 사람들의 생각들을 읽을 수 있게 되었으며 천리안과 같은 능력을 얻었다.

세샤드리는 사람들의 무리를 피했으며 사람들에게 돌을 던지는 것과 같은 행동으로 그들을 피했다. 라마나를 보자마자 그는 참나 속에 거하고 있는 깨달은 영혼이라는 것을 알아차렸다. 라마나에 대한 그의 애정은 날이 갈수록 더욱 커져만 갔다.

어느 누구의 초대도 거절하는 세샤드리가 빠발라꾼드루에 머물고 있던 라마나는 자주 방문했으며, 라마나의 헌신자들과 함께 앉아 식사를 하곤 했다. 식사를 하는 동안에 세샤드리는 사방에 밥알을 뿌리곤 했는데 라마나의 헌신자들은 그런 행동을 만류했다. 세샤드리는 그들의 의견에 따랐고 밥알이 땅에 떨어지지 않도록 주의를 기울였다. 그는 또한 초대받지 않고도 에참말의 집에 들르곤 했다. 세샤드리는 마하리쉬의 헌신자들도 사랑했으며 그들에게 마하리쉬를 잘 따르라고 충고하곤 했다.

한번은 벤까따라마 아이어가 마하리쉬를 친견하고 싶었지만 세샤드리 앞에 서서 머뭇거리고 있었다. 그의 생각을 읽은 세샤드리는 "마하리쉬를 친견하면 마음이 정화될 것이다."라고 말하며 친견하도록 격려했다. 마하리쉬의 또 다른 헌신자인 소마순다라 스와미는 몇 가지 이유로 마하리쉬의 아쉬람을 떠나 다른 구루를 찾고 있었는데, 그 점에 관하여 세샤드리의 충고를 구했다. 세샤드리 스와미는 소마순다라 스와미가 묻고자 하는 의중을 파악하고는 "라마나에게 돌아가라."고 말했다. 그러나 소마순다라 스와미는 그렇게 하기를 주저했다. 세샤드리는 그에게 소리치며 말했다, "라마나 스와미에게로 돌아가라, 돌아가." 그 말을 듣고서 소마순다라는 아쉬람으로 즉시 돌아왔는데 그때는 한밤중이었다.

세샤드리는 오직 하나의 길과 한 명의 구루를 따라야 한다고 항상 말했다. 그래서 만일 라마나에 대한 헌신의 마음을 품고 있는 사람이 그에게 오면, 그는 라마나에게 가라고 재촉하곤 했다. 한번은 마하리쉬를 향한 헌신의 마음이 깊은 T.V. 수브라만야 아이어에게 세샤드리가 물었다, "이곳에는 세 개의 링가가 있는데 그대는 알고 있는가?"

아이어   산에는 하나의 링가만이 있습니다. 그것은 죠띠링감입니다.

세샤드리   그렇지 않다. 그대도 알다시피 여기에는 세 개의 링가가 있다.

아이어   저는 모릅니다. 다른 두 개의 링가는 무엇입니까, 스와미님?

세샤드리   그대는 그 두 개의 링가도 알고 있다.

아이어   죄송하지만 저는 모릅니다.

세샤드리   사람들은 그것을 라마나 스와미라고 말한다.

아이어   좋습니다. 세 번째 링가는 무엇입니까?

세샤드리   그대는 그것도 알고 있다.

아이어   저는 모릅니다, 스와미님.

세샤드리   세 번째 링감은 '세샤드리'라고 알려져 있다.

아이어   그것이 스와미님이라고요?

세샤드리   그대는 그것을 알고 있다. 그렇지 않은가?

아이어　저는 모르겠습니다.

세샤드리　그래, 그것은 나다.

세샤드리가 자신은 라마나와 다르지 않다고 말한 적이 몇 번 있었다.

락슈미 암말은 마하리쉬를 섬기기 위해 아루나찰라에 왔고 에참말과 함께 머물렀다. 어느 날 마하리쉬의 아쉬람으로 가던 길에 그녀는 세샤드리 스와미에게 달려가서 마하리쉬를 섬길 수 없을 것 같다며 슬퍼했다. 세샤드리는 그녀의 무언의 생각을 이해하고 그녀의 슬픔을 줄여 주기 위해 말했다. "그곳에서(라마나) 섬기든 여기에서(세샤드리) 섬기든 무슨 상관이 있겠느냐?"

명상을 촉진하기 위해 치담바람 출신의 한 샤스뜨리는 마하리쉬의 만류에도 불구하고 아편에 의지하곤 했었다. 한번은 불순물이 섞인 아편으로 인해 샤스뜨리의 마음이 어지러워지고 온갖 종류의 생각들이 제멋대로 솟아올랐다. 어떻게 해야 할지 모른 채 그는 깜바뚜 일라야나르 성소로 달려가서 세샤드리를 기다리고 있었다. 그는 세샤드리를 보자마자 그의 발 앞에 엎드렸다. 그가 입을 열기도 전에 세샤드리는 "나는 이미 자네에게 아편을 사용하지 말도록 충고를 했지만 자네는 고집하였네."라고 훈계했다. 이것은 세샤드리의 말이 아니라 마하리쉬의 말이었다. 샤스뜨리는 그와 마하리쉬 간에는 차이가 없음을 보여 주기 위해 세샤드리가 그러한 말을 했다는 것을 깨달았다.

띠루발루르 수브라만야 무달리아르는 사업가였는데 더 많이 부유해지고 싶은 욕망으로 인해 소송에 휘말리게 되었다. 세샤드리는 이

점에 대해서 몇 차례 그를 훈계했다. 1910년 세샤드리는 망고 나무 동굴로 갔다가 무달리아르가 마하리쉬 앞에 있는 것을 보고 말했다. "이보게, 내 동생의 소득은 한 달에 만 루삐일세. 내 소득은 한 달에 천 루삐지. 자네는 왜 적어도 백 루삐를 벌기 위해 노력하지 않는 가?" 무달리아르는 세샤드리가 말한 '소득'이 영적인 부유함을 의미 하고 '동생'은 마하리쉬를 의미한다는 것을 이해했다. 그러나 그는 대 답했다. "스와미, 수많은 거래를 처리하느라 여념이 없는 제게 무슨 시간이 있겠습니까?" 세샤드리는 그에게 '아뜨마 비디야'(아뜨마에 대 한 지식)는 쉽지만 쓸모가 없다고 몇 차례 말했다. 한번은 세샤드리가 갑자기 그에게 말했다. "자네는 브람만을 죽인 죄인으로 낙인찍힐 걸 세." 그 말을 듣자 무달리아르는 심장이 멎는 것 같았다. 그는 무척 존경하던 마하리쉬에게 달려가서 세샤드리의 말을 전했다. 마하리쉬 는 "그래요, 그것은 사실입니다. 그대는 자신이 브람만이라는 것을 알고자 하지 않으므로 브람만을 죽이고 있는 셈입니다. 그 말은 틀리 지 않습니다."라고 말하며 그를 위로했다.

세샤드리가 속성을 가진 신을 숭배했는지, 속성이 없는 신을 숭배 했는지는 이 책의 29장인 '기리쁘라닥쉬나'에서 다루고 있다. 그 내 용에 따르면, 그는 속성이 있는 신에게 헌신한 것으로 보인다. 그런데 또한 니르비깔빠 사마디도 증명해 보였다. 그러므로 그가 형상 없는 유일자도 숭배했다고 보는 것이 맞을 것이다.

어느 날, 세샤드리는 아그라하람에서 물소를 보며 서 있었다. V.C. 나라야나 아이어가 다가와서 무엇을 보고 있느냐고 물었다. 세샤드 리는 "이것."이라고 말했다. 나라야나는 물소를 말하는 것이냐고 물었다. 세샤드리는 나라야나를 돌아보며 그것이 무엇인지 자신에게 말해 보라고 했다. 나라야나는 "그것은 물소입니다."라고 말했다. 그러자 세샤드리는 "그것이 물소인가? 짐승 같은 사람아, 그것을 브람만이라고 했다면 좋았을 것이다."라고 말하고 그곳을 떠났다. 이러한 맥락에서 나따나난다에게 준 세샤드리의 우빠데사를 기억해 보라.

세샤드리 스와미는 1929년 1월 14일에 세상을 떠났다.

26.

드라비다 시인
The Dravidian Poet

말, 노래, 문자는 오름차순으로 갈수록 더 안정적이다. 말과 노래는 사람들의 기억에 의해 지속되지만 요즘은 그러한 사람들의 수효가 점점 줄고 있다. 문자로 기록된 말도 인쇄되지 않으면 상실되기 쉽다. 그러한 작품은 언제나 도용될 수 있다. 더욱이 어떤 사람은 거기에 자신의 생각을 뒤섞을 수 있다. 어쨌든 인쇄된 책들이 수없이 많은데, 누가 인쇄되지 않은 책을 수고로이 읽으려 하겠는가?

고대로부터 노래와 운문 시, 산문 작품이 순서대로 발전해 왔지만, 바가반은 보편적으로 받아들여지는 침묵을 택했다. 따라서 그의 저작 활동은 앞에서 언급한 순서를 따르지는 않았다. 가비람 세샤야의 요청으로 《비차라 상그라함》과 《비베까 추다마니》라는 두 가지 산문 작품이 먼저 나왔다.

바가반의 관점에서는 침묵이 가르침을 전하는 탁월한 방법이었다. 그렇지만 그는 침묵의 가르침을 소화하지 못하는 헌신자들을 위해 글을 썼다. 그러므로 그의 저작 양식은 그의 본성을 드러내지는 않지만 그의 가르침을 구하던 사람들의 정신적인 능력과 성숙을 반영한다. 바가반에게 질문했던 사람들 가운데 최초의 제자들은 아이야스와미, 빨라니스와미 그리고 뻬루말스와미였다. 바가반이 이 제자들을 위해 글을 썼다고 해도 과장은 아닐 것이다.

께랄라 출신의 아이야스와미는 1918년부터 마하리쉬를 섬기기 시작했다. 그의 헌신과 봉사 정신이 뛰어났다는 점에 대해서는 모든 이들이 동의했다. 1910년, 아디 샹까라에 의해 설립된 슈링게리 마트에서 큰 행사가 열렸다. 그때 여러 스승들의 책이 전시되고 판매되었는데, 아이야스와미는 샹까라의 저서 몇 권을 샀으며, 후에 마하리쉬에게 그 책들을 말라얄람어로 번역해 달라고 요청하였다. 마하리쉬는 《샹까라 비자얌》의 일부를 번역하였다. 또한 빨라니스와미의 요청을 받아들여 《구루스투티》와 《하스따말라깜》을 따밀어로 번역하였다.

《구루스투티》는 아마루까 왕의 몸 속으로 들어갔다가 나오는 길을 잊어버린 샹까라에게 빠드마빠다와 다른 제자들이 전하는 메시지를 담고 있다. 그 메시지는 샹까라의 가르침 자체의 반복이었다. 《하스따말라깜》은 하스따말라까가 자신에게 누구냐고 묻는 샹까라의 질문에 대답한 내용이 담겨 있다.

이 시들을 쓸 무렵, 마하리쉬는 따밀어 작시법에 능통하지는 않았지만 그런 노래들을 끊임없이 들음으로써 노래의 리듬에 익숙해져 있었다. 마하리쉬는 그 양식으로 시를 썼는데, 그 시들은 따밀어 시 형식에 잘 들어맞았다.

다음에 지은 작품은 《악샤라마나말라이》였다. 바가반의 작품들 중에서 이것은 최고로 여겨진다. 제목은 '결혼 화환'을 의미한다. 악샤라는 불멸을 의미하며, 알파벳도 의미한다. 이 노래는 2행들로 이루어져 있으며, 각각은 따밀어의 알파벳 순서에 따라 글자가 시작된다.

마하리쉬에게 봉사하던 초기에 뻬루말스와미는 다른 아쉬람에서 음식을 얻어 스와미에게 가져다주곤 하였다. 그 아쉬람 관리인은 음식에 대한 대가로 그에게 봉사를 요구했다. 뻬루말스와미는 그렇게 하고 싶지 않아서 직접 음식을 탁발하기 시작했다. 몇몇 헌신자들이 마하리쉬와 제자들을 위해 음식을 가져오곤 했지만, 언제나 충분하지는 않았다. 그래서 몇몇 헌신자들은 마을에 가서 음식을 탁발해야 했다. 탁발을 시작하기 전, 뻬루말스와미와 다른 헌신자들은 사람들의 귀에 익숙한 노래를 부르곤 했다. 사람들은 마하리쉬의 제자들인 그들에게 충분히 보시를 하였다. 이 사실을 알게 된 다른 사람들이 그들을 모방하여 같은 노래를 부르고 황토색 스와미 옷을 입기 시작했다. 그러자 빨라니스와미와 다른 제자들은 탁발하러 나갈 때 마하리쉬의 제자임을 표시할 수 있는 특별한 노래를 지어 부르기를 원했다.

평상시 그들은 탁발하러 나갈 때 후렴구가 "삼바사다쉬바, 삼바사다쉬바, 삼바사다쉬바 하라 하라."인 노래를 불렀다. 처음에 마하리쉬는 후렴구가 "아루나찰라."인 몇 개의 비슷한 시구를 지었지만, 거기에서 멈추었다. 뻬루말스와미는 다음 시구를 기다렸지만 허사였다. 어느 날, 마하리쉬는 혼자 기리 쁘라닥쉬나를 하러 나갔다가 몇 줄의 시구를 더 지었고, 그렇게 해서 노래가 완성되었다.

노래의 이름 자체가 그 의미(바바)를 나타낸다. 신부는 지바(마하리쉬 그 자신)였고, 신랑은 신 아루나찰라였다. 마하리쉬는 신부가 신랑을 연모하는 상황으로 노래를 지었다.

일반적으로 연모하는 연인의 말들은 애처로운 법이지만, 거기에 헌신이 따르면 그 결과는 완벽하다. 신부(마하리쉬)는 자기연민, 수줍음, 성숙함, 그리고 거부당할 때의 상처와 같은 다양한 감정들을 보여준다. 이 모든 감정들은 박띠와 슈링가라의 탁월한 혼합으로 시를 절묘하게 만든다. 우유 속에 녹아든 설탕처럼, 시는 또한 지혜의 가르침들이 풍부하게 담겨 있다. 원래의 언어인 따밀어에서는 단어들이 하나 이상의 의미를 내포하고 있다. 그러므로 그 시를 다른 언어로 적절하게 번역한다는 것은 불가능에 가깝다. 아쉬람에서 노래를 부르고 듣는 사람들은 기쁨으로 가득해진다. 의미가 감미롭고 단어들이 절묘하게 균형을 맞출 때는 사람들의 마음에 기쁨을 주지 않을 수 없다. 이 노래는 자야데바의 기따 고빈다 노래들보다 더 섬세하고 가락이 아름답다. 그것은 모든 헌신자들의 가슴을 평온하게 한다.

《데비깔로따람》으로 불리는 쉬바파의 아가마에는 '냐나차라 비차라 빠딸람'이라는 제목의 장이 있는데, 여기에는 경배와 관련된 수많은 규정들이 상세하게 기술되어 있다. 딴자부르의 꿋뿌스와미 라주는 아가마들의 몇몇 인용문들에 아드바이따를 지지하는 슬로까들이 포함되어 있음을 발견했다. 이것은 쉬바파 싯단티들이 계속해서 아드바이따를 비판한 것과는 대조적이었다. 그는 아드바이따를 지지하는 다른 구절들을 찾아보도록 친구인 야그나라마 딕쉬뜨에게 부탁했다. 이것은 이렇게 해서 얻은 구절 중 하나이다. 한번은 딕쉬뜨가 마하리쉬를 방문한 자리에서 이 문제에 대해 얘기했다. 바가반은 예전에 브릿다찰람의 어느 라마링감이 아가마들의 몇몇 사본을 보여 주었으며, 그 가운데 하나가 이 장이라고 딕쉬뜨에게 말했다.

야그나라마 딕쉬뜨는 즉시 그 가운데 일부를 베끼기 시작했다. 마하리쉬도 베끼기 위해 한 장을 집어 들었지만, 어딘가에 밀쳐 두었다. 《악샤라마나말라이》를 지을 때에도 따밀어 작시법에 대한 마하리쉬의 지식은 불충분하였다. 나중에는 작시법을 배우고서 몇몇 시에 벤바 운율법을 시도하였다. 그렇게 하는 동안 그는 《데비깔로따람》의 아가마 장을 기억해 냈다. 그리하여 그는 원본 없이 기억에 의지하여 번역을 했다. 따밀어 번역은 각 슬로까의 바바를 따르지만, 그것은 글자 그대로의 번역은 아니었다.

비루빡샤 동굴에 머무는 동안, 즉 1916년 이전에 마하리쉬는 아루나찰라에 대해 지은 자신의 시 9편을 한데 묶어 〈나바마니 말라이(아홉 보석의 목걸이)〉라고 이름 붙였다.

첫 번째 시는 아름다운 바바를 가지고 있다. (치담바람에 있는) 사바(Sabha)에서는 쉬바가 샥띠 앞에서 춤을 추었지만, 아루나찰라에서는 쉬바가 자신 안에 샥띠를 지니고 있으며 움직이지 않게 되었다. 두 번째 시에는 아루나찰라가 인격화된 삿-칫-아난다로 간주된다.

어느 날, 마하리쉬가 비루빡샤 동굴에 앉아 있을 때, "은총으로"라는 구절이 마음속에서 계속 되풀이되었다. 그는 그 구절을 무시하고 싶었지만 그것은 떠나지 않았다. 결국 그는 그 구절로 시작되는 시를 짓기로 결심했다. 다음에는 그 시의 마지막 구절이 마음속에 자꾸 떠오르기 시작했다. 그래서 그는 그 구절로 시작하는 또 하나의 시를 썼다. 이런 식으로 11편의 연시가 흐르는 물처럼 이어졌다. 그렇게 해서 〈아루나찰라 빠디깜(슈리 아루나찰라에 대한 11편의 시)〉이 탄생하였다.

이 찬가는 헌신의 정신으로 가득 차 있으며, 신의 은총에 대한 헌신자들의 열망을 묘사하고 있다. 시는 다음과 같다.

1. 이제 당신의 은총으로 당신은 저를 당신의 것이라고 주장하셨으니, 당신을 그리워하며 세상에 시달리다가 길을 잃은 저에게 당신이 모습을 보여 주지 않으시면 저는 어떻게 될까요? 오, 아루나찰라의 형상으로 계신 사랑이시여! 태양을 보지 않고도 연꽃이 피어날 수 있나요? 당신은 태양들 중의 태양이십니다. 당신은 은총이 넘치도록 샘솟아 강물처럼 흐르게 하십니다!

2. 아루나찰라여! 당신은 그 자체로 은총의 형상이십니다! 한번 저를 당신의 것이라고 주장하셨으니, 비록 제게 사랑이 없다 하여도, 이제 당신이 어찌 제가 길을 잃도록 내버려둘 수 있으며 저를 사랑으로 채우지 못하시겠습니까? 그 사랑으로 저는 끊임없이 당신을 연모하며 불꽃 위의 밀랍처럼 녹아내리고 말 것입니다. 오, 헌신자들의 가슴속에서 샘솟는 감로시여! 저의 피난처 중의 피난처시여! 당신의 즐거움이 저의 것이게 하소서. 그것이 제 기쁨의 길이오니, 저의 생명의 신이시여!

3. 저는 당신을 희미하게도 생각하지 않았으나, 당신은 은총의 끈으로 저를 끌어당기시며 저를 완전히 죽이기로 결정하셨습니다. 그런데 어째서 저처럼 약한 자가 당신에게 죄를 범하게 하시며, 당신은 그 과업

을 끝맺지 않으십니까? 어찌하여 당신은 저를 이처럼 고통스럽게 하시며, 그리하여 제가 삶과 죽음 사이를 떠돌게 하십니까? 오, 아루나찰라여! 당신의 소망을 이루시고 제가 홀로 살아남게 하소서, 오, 신이시여!

4. 삼사라 속에서 고투하는 모든 이들 중에서 저를 고르시고, 길 잃은 저의 무력한 자아를 구출하여 저를 당신의 발아래에 두신다고 하여 당신에게 무슨 이득이 있겠습니까? 은총의 바다인 신이시여! 당신을 생각하는 것조차 부끄러운 일이오나, 당신은 영원하소서! 머리 숙여 당신을 찬양합니다!

5. 신이시여! 당신은 살그머니 저를 사로잡으시고 저를 당신의 발아래 두셨습니다. 신이시여! 당신의 본성이 무엇이냐고 물으셨을 때 저는 석상처럼 (벙어리가) 되었고, 부끄러워 고개를 숙이지 않을 수 없었습니다. 신이시여! 올무에 걸린 사슴처럼 버둥거리다 기진맥진한 저를 도와주소서. 오, 아루나찰라 신이시여! 당신의 의지가 무엇일 수 있을까요? 제가 누구기에 당신을 이해할 수 있을까요?

6. 제 생명의 신이시여! 연꽃 줄기에 (달라붙어 있는) 개구리처럼 저는 언제나 당신의 발아래에 있습니다. 대신에 저를 (가슴의 꽃에서) 순수 의식의 달콤한 꿀을 빨아먹는 꿀벌이 되게 해 주십시오. 그러면 저는 해방을 얻을 것입니다. 만일 당신의 연꽃 발에 매달려 있는 동안 저를 잃으신다면, 그것은 당신에게 수치의 기둥일 것입니다. 오, 번쩍이는 빛기둥이신 아루나찰라시여! 오, 에테르보다 더 미묘한 은총의 하늘이시여!

7. 오, 순수한 분이시여! 만일 다섯 원소와 살아 있는 존재들, 모든 나타난 것들이 바로 모든 것을 품으신 당신의 빛이라면, 어떻게 제가 당신에게서 (홀로) 분리될 수 있겠습니까? 이원성이 없는 단일 공간인 가슴 안에서 당신이 빛나고 계시는데, 제가 어떻게 거기에서 구별되어 나타날 수 있겠습니까? 에고가 나올 때 그 머리 위에 발을 딛고 있는 당신을 보여 주소서!

8. 당신께서는 제가 세상에 사는 동안 점차 얻게 된 모든 지식을 앗아가시고 저를 평화롭게 하셨습니다. 그러한 돌보심은 더없이 행복하게 하며 누구에게도 고통스럽지 않습니다. 삶에서의 죽음은 진실로 영광스럽기 때문입니다! 허비하면서 (당신에게) 미쳐 있는 저에게 당신의 발에 매달림이라는 최상의 치료약을 주십시오!

9. 오, 초월자시여! 집착 없이 당신의 발을 껴안는 지고의 지혜를 갖지 못한 자들 중에 첫째가 저입니다. 당신은 저의 짐이 당신에게로 옮겨지고 저의 자유 의지가 없어지도록 명하십니다. (우주의) 유지자에게 과연 그 무엇이 짐이 될 수 있겠습니까? 지고의 신이시여! 저는 당신에게서 분리되어 제 머리 위에 이 세상(의 짐)을 이고 온 (결과를) 충분히 가졌습니다. 아루나찰라, 지고의 참나시여! 더 이상 제가 당신의 발에서 떨어져 있게 하실 생각일랑 하지도 마소서!

10. 새로운 것을 발견했습니다! 생명들을 끌어들이는 이 산은 자기를 생각하는 사람의 움직임을 멈추게 하고 그를 끌어들여 자기와 얼굴을 마주하게 합니다. 그리고 그를 그 자신처럼 움직이지 않도록 고정시키며 그의 영혼을 살찌워 성숙시킵니다. 이 얼마나 경이로운 일인지요! 오, 영혼들이여! 그를 주의하며 살라! 가슴속에서 빛나는 이 숭고한 아루나찰라는 삶들의 파괴자이기 때문이니!

11. 이 산을 지고의 존재라고 생각함으로써 나처럼 몰락한 자들이 얼마나 많은가요? 오, 이 지독한 고통의 삶에 넌더리가 나서 육체를 포기할 방법을 찾는 사람들이여, 그대를 죽이지 않고도 이 산을 생각하는 사람이라면 누구라도 절멸시키는 진귀한 약이 있다오. 그것은 바로 이 아루나찰라라는 것을 아십시오!

– K. 스와미나탄 번역

1916년, 스깐다 아쉬람에서 바가반은 《닥쉬나무르띠 스또뜨람》과 《구루스투띠》를 쉬운 따밀어로 번역하였다. 그 당시 이미 복잡한 긴 시 형태의 다른 번역서가 나와 있었지만, 바가반은 모든 사람이 쉽게 이해할 수 있도록 쉬운 말로 번역하고자 하였다. ('기적들'이라는 제목의 장에서는 마하리쉬가 몇몇 헌신자들에게 닥쉬나무르띠의 형상으로 나타난 예들을 보게 될 것이다.)

다음에 지은 작품은 〈아루나찰라 아슈따깜(아루나찰라에 대한 8연시)〉이었다. 어느 날 마하리쉬가 기리쁘라닥쉬나를 하기 위해 막 출발하려고 했을 때, 빨라니스와미는 바가반과 동행하는 아이야스와미에게 종이와 연필을 주면서 마하리쉬가 시를 지으면 받아 적으라고 부탁했다. 그때 6편의 시가 지어졌고, 아이야스와미는 이를 받아 적었다. 바로 그날 혹은 다음 날에 나라야나 레디라는 이름의 헌신자가 바가반을 방문하여 그 시들을 출판할 것을 제의했다. 마하리쉬는 그것을 아슈따깜으로 만들기 위해 두 편의 시를 더 보태 나라야나 레디에게 주었다.

〈아슈따깜〉에서 마하리쉬는 그의 철학과 거기에 이르게 된 길을 상세히 서술했다. 이 시를 통해 사람들은 그 기간 동안에 마하리쉬가 가지고 있던 견해를 발견하게 될 것이다. 이 시에서 마하리쉬는 집을 떠나고자 했던 이유와 그 후에 보았던 것, 그가 최종적으로 배운 것을 보여 주고 있다. 이 시는 그의 우빠데사와 그 본질을 간결히 표현하고 있다. 시는 다음과 같다.

1. 들으시오, 그것은 생명이 없는 산처럼 서 있습니다. 그것의 행위는 불가사의하며 인간의 이해를 초월합니다. 어린 시절부터 아루나찰라는 빼어나게 장엄한 그 무엇으로 내 마음속에서 빛나고 있었지만, 다른 사람을 통해 그것이 띠루반나말라이에 있는 산과 같다는 것을 알게 되었을 때조차 나는 그것의 의미를 깨닫지 못했습니다. 그것이 내 마음을 고요히 시키며 나를 이끌어 데려왔을 때, 나는 가까이 다가와서야 그것이 움직임 없이 (서) 있는 것을 보았습니다.

2. '보는 자가 누구인가?' 내가 내면을 탐구했을 때, 나는 보는 자의 소멸과 그 뒤에도 남아 있는 것을 지켜보았습니다. '내가 보았다'라는 생각이 전혀 일어나지 않았습니다. 그런데 하물며 '내가 보지 않았다'라

는 생각이 일어날 수 있겠습니까? 당신조차 (닥쉬나무르띠로 나타나서) 고대에 침묵으로만 전달할 수 있었던 이것을 어느 누가 말로 전달할 수 있겠습니까? 당신의 (초월적인) 상태를 오직 침묵으로 전달하기 위해 당신은 천상에서 지상에까지 빛나며 이 산으로 서 계십니다.

3. 제가 당신을 형상을 가진 존재로 여기며 다가갔을 때, 당신은 지상에 산으로 서 계셨습니다. 만일 (보는 자가 마음으로) 당신의 (본질적인) 형상을 형상 없음으로서 찾고 있다면, 그는 (언제나 존재하는) 에테르를 보기 위해 지상을 떠도는 자와 같습니다. 생각이 없이 당신의 (무한한) 본성에 거주하면 설탕 인형이 (감로의) 바다에 닿을 때처럼 자신의 (분리된) 정체성을 잃게 됩니다. 내가 누구인지 깨닫게 될 때, (당신 말고) 다른 무엇이 나의 이 정체성이겠습니까? 오, 우뚝 솟은 아루나 산으로 서 계신 분이시여!

4. 존재와 의식인 당신을 무시하고서 신을 찾는 것은 어둠을 찾기 위해 등불을 들고 가는 것과 같습니다. 오직 당신 자신을 존재와 의식으로 알려지게 하기 위해 당신은 다른 (이름과) 형상들을 하고 다른 종교들 안에서 거주합니다. 만일 (그럼에도 불구하고) 사람들이 당신을 알아보지 못한다면, 그들은 정말로 태양을 알지 못하는 장님입니다. 오, 위대한 아루나찰라여! 비길 데 없는 보석인 당신은 둘이 아닌 하나이며, 저의 참나로서 거하시고 빛나십니다!

5. (목걸이의) 보석들 속에 있는 실처럼, 존재들과 종교들의 모든 다양

성들을 관통하는 것은 당신의 단일성 안에 있는 당신이십니다. 만일 갈고 닦아서 반짝반짝 빛나는 보석처럼 (불순한) 마음이 (순수한) 마음의 바퀴에 갈려서 그 흠들이 없어진다면, 그것은 당신의 은총의 빛을 받을 것이며, 어떤 외부의 대상에 의해 영향을 받지 않는 불을 지닌 루비처럼 빛날 것입니다. 깨끗한 접시가 태양 아래 놓였을 때, 그 접시가 그 뒤에 인상들을 받을 수 있겠습니까? 오, 자애롭고 눈부신 아루나 산이시여! 당신에게서 떨어져 있는 것이 어디에 있겠습니까?

6. 당신은 유일한 존재인 당신 자신이며, 스스로 빛나는 가슴으로서 언제나 알고 계십니다! 당신 안에는 신비한 능력(샥띠)이 있으며, 그것이 없이는 당신은 아무것도 아닙니다. 그것으로부터 마음이라는 환영이 나와서 자기의 잠재되고 미묘하며 어두운 안개들을 내뿜습니다. 그 안개들은 당신의 (의식의) 빛이 반사되어 밝아지며, 쁘라랍다의 소용돌이들 속에서 소용돌이치는 생각들로서 나타나며, 나중에는 사이킥 세계들로 발전하고, 물질세계로서 외부로 투사되어 구체적인 대상들로 변형되며, 그 대상들은 밖으로 향하는 감각들에 확대되고 영화 속의 영상들처럼 돌아다닙니다. 보이건 보이지 않건, 오, 은총의 산이시여! 당신 없이는 그것들은 아무것도 아닙니다!

7. 나-생각이 있기 전에는 다른 어떤 생각도 없을 것입니다. 다른 생각들이 일어나기 전에는, '누구에게'(라고 물으면) '나에게'(라는 대답이 나올 것입니다). '나의 근원이 무엇인가?'라고 물으면서 내면으로 뛰어들며 그 근원을 면밀히 추적하는 사람은 가슴 (안에 있는) 마음의 자리에 도

달하고, 거기에서 우주의 주인이 됩니다. 가슴의 왕궁 안에서 움직임 없이 춤추고 있는, 오, 아루나찰라로 불리는 은총과 광휘의 무한한 바다시여! 거기에는 안과 밖, 옳음과 그름, 태어남과 죽음, 즐거움과 고통, 빛과 어둠 같은 이원성들의 꿈이 더 이상 존재하지 않습니다.

8. 바다에서 물이 올라와 구름이 되었다가 비가 되어 떨어지고, 강물이 되어 바다로 돌아갑니다. 그것들이 근원으로 돌아가지 못하도록 막을 수 있는 것은 아무것도 없습니다. 마찬가지로 당신으로부터 나오는 영혼이 도중에 많은 소용돌이로 변한다 해도 그 영혼이 다시 당신과 합쳐지는 것을 막을 수 있는 것은 아무것도 없습니다. 지상을 떠나 하늘로 솟구쳐 오르는 새는 공중에서 쉴 곳을 발견하지 못하고 다시 지상으로 돌아가야 합니다. 이와 같이 모든 것은 나온 길로 돌아가야 하며, 영혼이 근원으로 돌아가는 길을 발견할 때, 영혼은 가라앉고 당신 안에서 하나 됩니다. 오, 아루나찰라여! 당신은 희열의 바다이십니다!

– K. 스와미나탄 번역

따밀어 학자들은 슈리 라마나의 시 스타일을 뛰어나게 탁월한 것으로 격찬한다. 사용된 언어는 평범한 일상적 언어이지만 경쾌하며 아름답다. 사용된 말들은 다양한 의미를 지니고 있는데, 그 가운데 일부는 표면 아래 감추어진 개념들을 강하게 띠고 있다. 말들은 단순하지만 심오하며 매우 함축적이다. 시의 의미는 독자들의 능력에 따라 이해될 것이다. 바가반의 작품들에 대해 정교한 주석서들이 저술되어 왔다. 바가반의 헌신적인 찬가들은 아름다운 운율을 지니고 있어 누구든지 압도할 수 있는 감동을 전한다. 그것들은 또한 매력적인 간결함을 지니고 있다.

그의 시 작품들로 인해 바가반은 또한 신성한 어머니의 젖을 빨았던 냐나 삼반다르의 화신으로 여겨질 수도 있다.

27.

슈리 라마나 기따
Sri Ramana Gita

1917년 7월, 가나빠띠 무니와 다른 사람들이 바가반 가까이에 앉았다. 대화를 나누는 동안에 가나빠띠 무니는 자신이 만다사에 있을 때 라마나타 브람마차리가 자신에게 슬로까 하나를 보여 주었는데, 그것은 마하리쉬가 지은 '흐리다야 꾸하라 마디에' 슬로까였다고 했다. 그 슬로까의 의미는 다음과 같다.

"가슴 동굴 안에는 브람만이 '나, 나'로서 아뜨만의 형태로 홀로 빛난다. 마음을 탐구함으로 또는 내면으로 깊이 뛰어듦으로 또는 호흡을 통제함으로 가슴속으로 들어가서 아뜨만으로 거하라."[1]

이 슬로까는 다음과 같은 상황에서 지어졌다. 1915년, 마하리쉬는

---

1) 《슈리 라마나 기따》의 모든 영어 번역은 비슈와나타 스와미와 K. 스와미나탄에 의해 이루어졌다(슈리 라마나 기따 – 5판).

스깐다 아쉬람에서 우기를 보냈다. 어느 날 자가디사 샤스뜨리가 손에 종이 한 장을 들고 앉아 있었는데 마하리쉬가 그것에 대해 물었다. 샤스뜨리는 "슬로까를 쓰기 시작했습니다. 첫 구절은 지었는데 더 이상은 쓸 수가 없습니다."라고 대답했다. 바가반은 "흐리다야 꾸하라 마디에"(가슴 동굴 안에는)라는 구절이 적힌 그 종이를 집어 들었다. 그리고 곧 슬로까를 완성했다.

그 무렵 마하리쉬는 아직 산스끄리뜨에 능통하지 않았다. 그러나 가나빠띠 무니 같은 산스끄리뜨 학자들과 자주 만났으므로 몇 가지 산스끄리뜨는 일상적인 대화 중에도 떠올랐으며 침묵 속에 있을 때도 그러했다. 그래서 그는 산스끄리뜨의 '아리야' 같은 운율을 골랐다. 바가반은 이 하나의 슬로까에 그의 철학을 명확하게 설명하여 온 나라에 혜택을 주었다. 그의 모든 이전 작품들은 따밀어로 씌어졌다. 따밀나두의 빛이 인도의 빛이 되는 때가 도래했다. 그러나 그러기 위해서는 산스끄리뜨가 필요했다. 또한 많이 배우지 않은 사람들도 쉽게 이해할 수 있도록 단순하고 분명하게 씌어진 산스끄리뜨 책이 필요했다. 게다가 수행을 하는 동안에 일어나는 의문들도 해소시켜 주어야 했다. 이 생각은 함께 있던 제자들 모두의 마음에 공통적이었다. 그들은 마하리쉬에게 그들의 의문들을 해소해 달라고 요청했으며, 가나빠띠 무니에게는 그런 가르침들을 산스끄리뜨 시로 요약해 달라고 요청했다. 마하리쉬와 무니가 둘 다 동의했다.

1913년 12월, 가나빠띠 무니는 바가반과 함께 비루팍샤 동굴에 머물렀다. 그곳에 머무르는 동안 그의 몇몇 의문들이 바가반에 의해 명확히 해소되었다. 그는 제안 받았던 책의 1장에 수록되는 대화를 완성했다. 2장은 '흐리다야 꾸하라 마디에' 슬로까를 중심으로 엮었다.

실제로 그 슬로까는 책 전체 내용 가운데 바가반이 직접 지은 유일한 시였다. 그 책은 1907년 7월에서 1917년 8월 25일 사이에 바가반과 제자들이 대화한 내용을 편집한 것이다. 그 책의 제목은 《슈리 라마나 기따》로 정해졌다.

《슈리 라마나 기따》는 '흐리다야 꾸하라 마디에' 슬로까에 대한 주석으로 보인다. 각기 흐리다야비디야, 마노니그라호빠야, 박띠로 제목이 붙여진 5장, 6장, 16장은 이를 분명하게 보여 준다. 《슈리 라마나 기따》는 《바가바드 기따》를 보충하는 요가 샤스뜨라이며, 구도자들의 의문을 사라지게 한다. 《슈리 라마나 기따》에서 질문자들의 이름은 각자의 고뜨라(gotra)로만 표시된다. 질문자들 가운데 일부는 다음과 같다.

다이바라타 가자나나. 고까르나에 거주. 바가반을 찬미하는 《비박뜨야슈따깜》을 편집. 베다에 능통하였으며 위대한 헌신자.

바라드와자(까르쉬) 감독관 바이디야나타 아이어. 크리슈나 아이어의 아들.

까빨리 샤스뜨리 《삿 달샨》(영어와 뗄루구어판), 《아루나찰라 빤차라뜨나》, 가나빠띠 무니의 《우마 사하스리》의 주석자. 그의 구루인 가나빠띠 무니의 전기 《바시슈타 바이바밤》의 저자. 한동안 교사로 근무. 가나빠띠 무니의 제자였다가 슈리 라마나의 제자가 되었고, 나중에 슈리 오로빈도의 제자가 됨. 훌륭한 산스끄리뜨 시인.

비살락쉬 가나빠띠 무니의 부인.

바라드와자 바이다르바 옹골레에 거주. 산야시가 되기 전의 이름은 치부꿀

라 벤까따 샤스뜨리였으며, 나중에는 우빠니샤드브라멘드라 사라스
와띠로 개명.

암리따나타 아띤드라 께랄라 출신.

가나빠띠 무니는 《슈리 라마나 기따》를 통해 다음 구절들로 바가반
라마나를 세상에 소개하였다.

i) 인간의 형상으로 있는 까르띠케야이신 마하리쉬 라마나께 (경배합
니다). (1.1)

ii) 오, 브람민이시여! 신께서 주신 눈으로 저는 당신을 브람마니야들
중에서 최고이시며 인간의 형상을 입은 신 수브라만야로 거듭하여 봅니
다. (11.7)

iii) 신이시여! 당신은 지금 스와미말라이에도, 띠루따니 산에도, 벤까
따찰라의 꼭대기에도 거주하지 않으십니다. 진정 당신은 아루나찰라에
계십니다. (11.8)

iv) 오, 신이시여! 당신은 고대에 제자로서 당신을 모셨던 마하리쉬
나라다에게 비밀의 부마 비디야를 가르치셨습니다. (11.9)

v) 베다를 배운 사람들은 당신을 브람마리쉬 사나뜨꾸마라라고 말합
니다. (11.10)

vi) 이름들이 다를 뿐 사람이 다른 것은 아닙니다. 사나뜨꾸마라와 스
깐다는 실제로는 당신을 가리키는 동의어입니다. (11.11)

vii) 이전에 한 번 당신은 최고의 브람민인 꾸마릴라로 태어나 베다에
서 제외된 다르마를 다시 세우셨습니다. (11.12)

viii) 오, 바가반이시여! 자이나교가 다르마에 혼란을 일으킬 때, 당신

은 드라비다데사에서 냐나삼반다르로 내려오셔서 헌신의 길을 세우셨습니다. (11.13)

ix) 오, 영광스러운 분이시여! 경전적인 학식에만 만족하는 사람들에 의해 방해를 받고 있는 브람만에 대한 지식을 보호하기 위하여 지금 당신은 다시 지상으로 내려오셨습니다. (11.14)

슈리 라마나는 아디까라 데바따들 중의 한 분인 까르띠께야이다. 까르띠께야는 사나뜨꾸마라와 꾸마릴라 바따로도 나타나셨다. 그는 필요할 때마다 지상에 오신다. 그는 지금 단순한 경전 지식에 의해 위협받고 있는 브람마냐나를 보호하기 위해 오셨다. 이런 가설에 대해서는 '아바따르의 본성'이라는 장에서 자세히 설명할 것이다.

"이 순수한 갠지스 강인 《라마나 기따》는 장엄한 산인 슈리 라마나로부터 솟아올라 가나빠띠의 시를 통해 흐르며, 모든 단계에서의 불순물을 제거하고 헌신자들의 가슴이라는 바다에 이른다."

스와미 쁘라나바난다의 요청을 받고서 가나빠띠 무니는 '구루기땀'이라 불리는 축복의 시를 지어 끝맺었다. 《라마나 기따》에서 라마나에 대한 묘사는 더없이 훌륭하며 유익하다. 그러나 베다의 리쉬들의 말처럼 탁월한 함축을 내포한 '구루기땀'과 어깨를 나란히 하지는 못한다. '구루기땀'은 베다의 시들과 같고 모든 인류에게 안내자로서 공헌한다.

어느 날, 바가반은 아리야 운율로 "까루나 뿌르나 수다바데이"(은총으로 가득한 감로의 바다)라는 구절로 시작되는 산스끄리뜨 슬로까를 지었다. 그것은 《슈리 라마나 기따》를 끝맺은 직후에 다른 사람들에게 발견되었다. 그래서 가나빠띠 무니는 위 슬로까로 시작하는 다섯 편의 슬로까를 짓도록 바가반에게 요청했다. 다른 슬로까들은 아뜨마의 본성, 비차라, (까르마) 요가와 박띠의 길을 가리킨다. 그렇게 하여 〈아루나찰라 빤차라뜨나(슈리 아루나찰라를 위한 다섯 가지 스딴자)〉가 지어졌다.

28.

산 위의 생활
Life on the Hill

아루나찰라 산에 머물던 초기 시절에 마하리쉬와 제자들은 곤충들과 원숭이들, 그 밖의 동물들에게 괴롭힘을 당했다. 그러나 마하리쉬는 제자들에게 산은 동물들의 영토이며, 자신들은 손님이므로 자기 이익을 위하여 동물들에게 해를 끼치지 않을 의무가 있다고 말했다. 현자들은 사람뿐 아니라 살아 있는 모든 존재들을 보호했다고 전해진다. 마하리쉬는 독을 가진 곤충조차도 보호했다. 독을 지닌 전갈이 독침으로 마하리쉬를 세 번이나 찔렀지만 그에게는 아무 일도 일어나지 않았다.

한번은 코브라가 스깐다 아쉬람으로 슬며시 기어들어 왔다. 바가반의 어머니는 겁이 났지만, 바가반은 코브라를 향해 침착하게 다가갔다. 그러자 코브라는 움츠리고 갈라진 틈으로 들어갔다. 마하리쉬가 그곳까지 코브라를 따라가자, 갑자기 코브라가 뒤돌아서 후드를 치켜들고 바가반을 주시하기 시작했다. 바가반도 코브라를 응시했다. 한동안 이 상태가 계속되었다. 코브라는 마하리쉬에게 적의가 없다는 것을 파악했는지 스스럼없이 그에게 다가왔다. 그러고는 거의 발에 닿을 듯 스쳐 지나갔다. 그 코브라는 바가반이 방문자들과 함께 있을 때에도 바가반을 보기 위해 종종 찾아오곤 했다. 간혹 그 코브라는 바가반의 몸에 기어오르려 했으나, 그는 그런 행위를 권장하지 않았다. 아쉬람에는 두 마리 공작이 있었는데, 어찌된 일인지 그 코브라를 한 번도 공격하지 않았다. 심지어 놀랍게도 이 코브라는 춤을 추고 있는 공작 사이에 끼어들어 함께 춤을 추곤 했다.

다람쥐와 까마귀들 그리고 다른 새들도 마하리쉬를 향한 자연스러운 애정을 보여 주었다. 바가반은 그들에게 먹이를 주곤 했다. 어떤 까마귀는 바가반에게 새끼를 맡기고 밖으로 나가곤 했다. 그들이 음식을 달라고 울어댈 때마다 마하리쉬는 기꺼이 먹이를 주었다.

원숭이들

원숭이와 사람 사이에는 자연스런 친근감이 있는 듯하다. 《라마야나》에서 원숭이들이 슈리 라마를 어떻게 도왔는지 생각해 보라.

바가반은 원숭이와 대화를 나눌 수 있었고, 그들의 방식을 면밀히 관찰한 뒤 그들에게 사회적, 정치적 구조나 계층이 있다는 것을 발견했다. 원숭이들은 자신들의 논쟁거리를 가지고 중재를 부탁하려고 여러 차례 마하리쉬를 찾아오곤 했다. 그럴 때면 마하리쉬는 그들의 얘기를 끈기 있게 듣고서 다투는 무리들이 화해하도록 영향을 미치곤 했다.

원숭이 무리의 우두머리가 한번은 어린 새끼 원숭이를 물어 기절 시켰다. 원숭이 무리는 새끼가 죽은 줄로 알고 새끼를 놓아둔 채 그곳을 떠나 버렸다. 얼마 후 새끼는 의식을 되찾고 바가반의 아쉬람으로 찾아왔다. 원숭이가 다리를 절뚝거리고 있어서 아쉬람 거주자들은 논디(절름발이)라는 이름을 붙여 주었고, 논디의 건강이 회복되도록 보살펴 주었다. 한번은 논디가 속한 원숭이 무리가 아쉬람을 지나치다가 그를 발견하고는 다시 데리고 갔다. 일반적으로 원숭이들은 인간과 접촉한 원숭이를 피했기 때문에 이것은 보기 드문 일이었다. 논디는 아쉬람을 자주 찾아왔는데, 바가반에게 상당히 버릇없이 굴었고 걸핏하면 공격하곤 했다. 한번은 논디가 밥을 바닥에 엎지르자 마하리쉬가 꾸짖었다. 그러자 논디는 곧바로 마하리쉬의 눈 근처를 찰싹 때렸다. 마하리쉬는 그 행동에 대한 벌로 며칠 동안 논디를 냉담하게 대했다. 논디는 잘못을 빌고 다시 마하리쉬의 무릎으로 되돌아갔다.

그 전에도 논디가 못되게 군 적이 있었다. 한번은 마하리쉬가 논디에게 준 우유가 아직 뜨거워서 입으로 불어 식혀 주고 있었는데, 논디는 마하리쉬가 자기의 우유를 마시려는 줄 알고 그의 뺨을 찰싹 때렸다. 그러나 곧 논디는 자기의 잘못을 깨닫고 뉘우쳤다. 바가반은 심하게 다치지 않았으며 논디가 다시 복귀하도록 도왔다. 언젠가 바가반은 논디를 놀리며 "나중에 네가 우두머리가 되면 우리를 잊지 마라."고 말했는데, 신기하게도 논디는 세 마리의 연장자를 건너뛰어 무리의 우두머리가 되었다. 논디는 바가반 앞에서 우두머리로 임명받고 싶어 부하들을 데리고 아쉬람으로 왔다. 그러나 바가반이 자리에 없자 화가 나서 아쉬람의 나무들을 부러뜨리고 망가뜨려 버렸다.

아쉬람으로 돌아온 마하리쉬는 논디와 부하들이 엉망으로 만들어 놓은 광경을 보고서 그들이 왜 그런 짓을 했는지 의아해했다. 다음 날 논디는 아쉬람으로 찾아왔는데, 평소처럼 바가반의 무릎에 올라가는 대신, 나무에 올라가 가지를 흔들었다. 그런 행동은 무리의 우두머리만이 즐길 수 있는 특권이었다. 그 행동을 보고서 마하리쉬는 논디가 우두머리가 되었다고 추측했다. 논디는 나무에서 내려와 마하리쉬의 무릎에 앉았다. 그 후 무리의 전임 우두머리가 다가와서 논디에게 부하의 예를 갖추었다. 이 행동은 바가반의 추측을 확인시켜 주었다. 식사 시간에 논디는 바가반의 옆에 앉았지만 음식에 손도 대지 않고 떠났다. 이를 보고 놀라서 마하리쉬는 논디를 따라갔다. 논디는 무리로 돌아가서 부하들 사이에 앉았으며, 그의 바로 옆에는 왕비들이 앉았다. (원숭이 사회에서는 왕이 바뀌어도 선왕의 왕비들은 그 지위를 계속 유지했다.) 부하들이 음식을 먹지 않으면 논디도 먹지 않으려 한다는 점이 분명해졌다. 그래서 아쉬람 거주자들은 논디를 위해 '왕을 위한 잔치'를 열어 주었다.

얼마 뒤 부하의 음모로 논디는 그의 지위를 잃었고 새끼를 데리고 무리에서 떨어져 나와 살기 시작했다. 두 달 후에 마하리쉬는 스깐다 아쉬람을 떠나 라마나스라맘에 정착하였다. 논디는 마하리쉬를 찾아 2주일마다 방문하곤 했다.

한번은 늙은 우두머리 원숭이가 아프기 시작했다. 그는 무리를 떠나 비루팍샤 동굴 밖에 서 있었다. 이를 알고서 마하리쉬는 그를 보러 밖으로 나갔다. 그는 그 원숭이에게 축출된 두 마리의 이전 우두머리 원숭이들이 근처의 나뭇가지에 앉아 이 우두머리를 위해 몹시 슬퍼하고 있다는 것을 알아차렸다. 마하리쉬는 병든 원숭이를 아쉬람 안으로 데려와서 치료했으나 소용이 없었다. 늙은 원숭이가 막 죽으려 할 때 다른 두 마리가 고통스러워하며 구슬피 울어댔다. 마하리쉬는 산야신을 위한 모든 예법에 맞추어 원숭이의 장례를 치러 주었다.

원숭이는 감사할 줄 모른다고들 말한다. 그러나 다음 사건에서 볼 수 있듯이 마하리쉬의 경험은 달랐다. 마하리쉬와 제자들은 더운 날에 기리쁘라닥쉬나에 나섰다. 한낮에 빠차이암만 꼬빌 근처에 도달했을 즈음, 그들은 피로하고 목말랐다. 이를 알아차린 한 무리의 원숭이들이 과즙이 많은 열매들이 주렁주렁 달린 나무에 올라가서 가지를 흔들었다. 그러자 많은 과일이 바닥에 떨어졌다. 마하리쉬와 제자들이 과일을 먹고 출발하자 원숭이들은 그곳을 떠났다. 아마 이 원숭이 무리는 이전에 마하리쉬의 환대를 받았을 것이며, 그것은 그들의 답례 방식이었을 것이다.

아쉬람 가까이 있는 폭포에 호랑이가 자주 나타났다. 호랑이는 자기가 왔음을 알리기 위해 으르렁거리곤 했다. 마하리쉬는 그것이 우호적인 으르렁거림이라는 것을 알았지만, 그럴 때마다 제자들은 두려움에 떨며 호랑이를 쫓기 위해 소리를 지르고 물건들을 두드리며 큰 소음을 일으켰다.

라마나가 처음 산으로 거처를 옮겼을 때 그의 유일한 인간 동료는 빨라니스와미였다. 여기에 우리에게 잘 알려지지 않은 다른 이들이 합류했다. 그들도 바가반을 섬겼으며 적절히 보답 받았다. 이제 그들에게 관심을 돌릴 텐데, 그들 중 일부는 동물들이다. 바가반에 따르면, 그런 동물도 까르마를 제거하기 위해 아쉬람에서 피난처를 찾던 영혼들이었고, 그래서 인간보다 열등하지 않았다. 마하리쉬는 동물들을 가리켜 '그것'이라고 부르지 않았으며, 사람처럼 '그'나 '그녀'라고 불렀다. 마하리쉬와 함께 머물렀던 인간과 동물들은 모두 그의 '가족'을 이루었다. 따라서 마하리쉬조차도 분명히 '가족에 대한 책임'을 진 것이다. 어느 가족에서나 어린 식구들이 특히 많은 보살핌을 받듯이, 마하리쉬의 '가족'에서도 말을 못하는 식구들이 보살핌을 잘 받았다. 마하리쉬는 이런 '아이'들에게 음식과 목욕, 잠자리를 제공했다. 이런 '아이'들 중 누구라도 아프면 극진히 보살폈다. 또한 어느 동물이든지 출산이나 결혼, 죽음을 당하면 적절한 의식과 절차로 돌보아 주었다.

개들의 가족

암캐 까말라에게서 개들이 태어났고, 나중에는 상당히 큰 가족을 이루었다. 마하리쉬는 이 개 가족을 세대별로 모두 알고 있었고, 한 마리씩 개가 태어날 때마다 이름을 지어 주었다. 까말라의 자손 중에는 닐라, 잭, 로즈가 있었다. 까말라가 죽기 직전, 바가반은 로즈를 불러 까말라에게 가 보라고 말했다. 까말라가 죽자 그는 로즈를 위로했다.

친나 까루빤 이 개는 피부가 검어서 검둥이(까루빤)라고 불리게 되었는데, 성격이 몹시 괴팍스러웠다. 까루빤은 대개 다른 개들과 어울리지 않았고 따로 떨어져 지냈다. 그는 비루팍샤 동굴 가까이에서 지냈으며 주로 덤불 가운데 혼자 있었다. 그가 혼자 지내는 것을 알아차린 아쉬람 거주자들은 그에게서 조금 떨어진 곳에 음식을 놓아두곤 했다. 그러던 어느 날 마하리쉬가 스깐다 아쉬람으로 가고 있는데, 까루빤이 뛰어오더니 마하리쉬의 발에 몸을 비비고는 즐겁게 놀았다. 그 이후로 그는 아쉬람의 일원이 되었다.

까루빤은 영리하고 마음이 넓고 예민했다. 아쉬람에서 그는 자유롭게 다른 구성원들과 섞였고 함께 어울려 놓았다. 심지어 다른 개들에게 으르렁거리는 내성적인 개들과도 어울려 놀려고 할 정도였다.

어느 날 까루빤은 자빠를 행하고 있던 브람민의 근처로 다가갔다. 그렇게 하면 안 된다는 것을 알지 못했던 것이다. 방해를 받은 브람민은 막대기로 개를 때렸고, 그 사건 이후 까루빤은 다시는 아쉬람 안으로 발을 들여 놓지 않았다. 몹시 예민했던 까루빤은 그를 무시한 사람들의 시야에서 완전히 사라졌다.

그 전에도 비슷한 일이 있었다. 비가 내리는 밤에 빨라니스와미가 까루빤을 심하게 대하자 까루빤은 즉시 그곳을 떠나 스깐다 아쉬람에 놓여 있던 석탄 자루 위에 드러누웠다. 그 후 간곡한 초대를 받은 뒤에야 비루빡샤 동굴로 돌아왔다.

빨라니스와미는 다른 강아지도 꾸짖은 적이 있는데, 강아지는 저수지로 뛰어들어 스스로 목숨을 끊어 버렸다. 바로 그날 바가반은 제자들에게 그와 함께 살기 위해 오는 동물들은 까르마를 제거하기 위해 온다고 말하면서 그들을 존중하라고 말했었다. 하지만 때때로 제자들은 그의 권고를 따르지 않았고 한 귀로 듣고 흘리곤 했다.

개들인 까말라와 세굽빤은 새로운 방문자들을 여러 성소들과 저수지로 안내하라는 바가반의 지시를 받고서 그렇게 한 적이 여러 번이다.

잭 이 개는 영리하고 고분고분했다. 어느 날 마하리쉬는 제자들과 함께 산을 가로지르는 짧은 루트로 기리쁘라닥쉬나를 떠났다. 그는 잭에게 산을 내려가 마을로 가라고 말했다. 그러자 잭은 떠났고, 마하리쉬는 잭이 아래로 내려가는 모습을 보았다. 걸어가던 도중에 마하리쉬는 코스를 바꾸어 산을 내려갔다. 산을 내려가던 그들은 마을에 갔다가 돌아오는 잭을 만났다. 마하리쉬는 잭에게 아쉬람으로 돌아가라고 지시했다. 바가반 곁을 떠나기를 꺼렸지만 잭은 지시에 따라 아쉬람으로 돌아갔다. 잭은 부드럽고 금욕적이었다. 그의 매일의 일상은 다음과 같았다. 아침 일찍 그는 데바다시(사원 무용수)의 집에 가서 아침을 먹은 다음 사제의 집으로 가서 구하 나마쉬바야 성지까지 그를 수행한다. 다음에는 비루팍샤로 가서 바가반을 보고 나서 근처에 있는 휴식 장소로 간다. 아침 9시 30분경이면 구하 나마쉬바야 성소로 가서 쁘라사담을 받아먹고 다시 휴식 장소로 되돌아간다. 저녁 무렵에는 음식을 먹기 위해 다시 데바다시의 집에 간다. 저녁을 먹은 뒤에는 사제를 수행하기 위해 마트로 간다. 그러고는 아루나찰레스와라 근처에서 최대한 많은 시간을 보낸다.

1905~1906년에 띠루반나말라이에 전염병이 돌아 주민들이 대부분 마을을 떠났다. 낮에는 표범들이 길거리를 어슬렁거리며 돌아다니기도 했다. 바가반과 몇몇 제자들은 그 기간에 빠차이암만 꼬빌에 머물렀다. 잭은 바가반과 함께 머무르는 대신 구하 나마쉬바야에서 사제와 함께 머물렀다. 얼마 뒤 그는 그곳을 떠났고 다시 보이지 않았다.

마하리쉬는 동물들을 사두에게 대하듯이 대했다. 그리고 다른 아쉬람 거주자들보다 먼저 그들에게 음식을 주도록 했다. 동물들이 죽으면 적절한 장례를 치러 주었고 몇몇 동물들을 위해서는 묘지까지 만들어 주었다.

사람들

빨라니스와미 빨라니스와미의 헌신에 대해서는 이미 언급했다. 자신을 돌보는 이 연로한 이에 대한 마하리쉬의 애정은 무척 깊었다. 바가반이 없는 삶은 빨라니에게 무의미했다. 그는 바가반이 비루팍샤 동굴에 머무르던 1918년에 약 60세의 나이로 마지막 숨을 거두었다.

'푸성귀 노부인' 끼라이 빠띠 1900년에 라마나는 산으로 거처를 옮겼다. 구하 나마쉬바야 성소 근처에 살던 한 노부인이 푸성귀를 따서 그들에게 요리를 해 주곤 했다. 어느 날 이 노부인은 산에 새로 온 스와미를 위해 얼마간의 야채를 가지고 왔다. 스와미는 야채를 같이 먹었고, 그 후로 노부인은 정기적으로 스와미에게 음식을 주기 시작했다. 스와미도 그녀의 집을 자주 찾아갔다. 그뿐만이 아니라 수시로 노부인이 채소를 따는 것과 요리 준비하는 것을 돕곤 했다. 노부인은 어린 스와미를 마치 어머니 같은 애정으로 대했다. 바가반의 헌신자들은 노부인이 라마나스라맘에 머무른 암소 락슈미로 다시 태어났다고 믿었다. 바가반도 다음의 대화에서 보이듯이 그런 견해를 인정하는 듯한 모습을 보이기도 했다. 한번은 헌신자가 바가반에게 인간이 동물로 다시 태어날 수 있느냐고 물었다. 바가반이 대답했다. "왜 안 되겠습니까? 우리에게 락슈미가 있지 않습니까?"

아이야스와미 아이야스와미는 웃단디 나야나르처럼 굉장한 초연함을 부여받은 말라얄람 출신이었다. 순전한 봉사 정신으로는 그와 비길 만한 사람이 없었다. 그는 아쉬람을 돌보았다. 낮 동안 바쁘게 일했으며 아무도 몰래 마을에 가서 조용히 탁발을 하곤 했다. 열심히 봉사하던 이 아쉬람 구성원은 끼라이 빳띠가 세상을 떠난 해에 아직 젊은 나이로 눈을 감았다.

29.

기리쁘라닥쉬나
Giripradakshina

"위대한 이가 무엇을 하든 다른 이들이 그것을 따른다."

– 바가바드 기따

1908년, 세샤드리 스와미는 당시 망고 나무 동굴에 머물던 마하리쉬를 방문했다. 그는 마하리쉬 가까이에 앉아서 그의 마음을 읽으려고 얼마간 노력했다. 하지만 마음을 읽지 못하자 그는 화가 나서 손을 내저으며 마하리쉬가 무엇을 생각하고 있는지 알 수 없다고 말했다. 마하리쉬는 반응하지 않았다. 세샤드리는 "아루나찰레스와라를 숭배하는 것으로 충분해. 그분이 해방을 주실 것이다."라고 말했다.

마하리쉬는 "숭배하는 자는 누구이며 숭배받는 자는 누구입니까?"라고 물었다.

세샤드리는 폭소를 터뜨리며 말했다. "잘 모르겠어요. 그게 유일한 문제란 말이에요." 그러자 바가반은 아드바이따(불이론)의 경험에 관해 길게 설명했고, 세샤드리는 주의 깊게 경청했다. 설명이 끝나자 그는 말했다. "나는 뭐라고 말하지 못하겠어요. 이 모든 말을 하나도 알아듣지 못하겠어요. 백지나 다를 바 없습니다. 나는 신을 숭배하는 것으로 족합니다." 다음에 그는 산 정상을 향해 열다섯 번 엎드려 절하고 그곳을 떠났다. 세샤드리는 산 정상을 전능한 아루나찰레스와라의 상징으로 여기며 숭배하는 것을 더 좋아하는 것 같았다.

대부분 사람들도 비슷한 견해를 가졌다. 그들에게 산은 빛의 기둥인 아루나찰레스와라의 형상이었다. '아루나찰라'라는 이름을 기억하는 것만으로 또는 산을 바라보는 것만으로 모든 집착이 지워질 것이다.

죠띠링가를 나타내는 산을 상기시키기 위하여 매년 끄리띠까이 날에는 아루나찰레스와라 사원에 빛의 기둥이 세워진다. 이 기둥은 산 정상에 불빛이 밝혀지는 순간에 세워진다. 산 정상의 불에는 장뇌와 버터기름을 포함한 재료들을 넣어 활활 타오르게 하며, 이 불은 하늘 높이 치솟아 여러 날 동안 타오른다. 그 불은 꽤 멀리 떨어진 곳에서도 보인다. 빛에서 방사하는 광선은 아루나찰라라는 이름이 왜 적합한지를 보여 준다. 빛의 기둥은 가슴 동굴 안에 있는 빛의 상징이기도 하다. 《스탈라 뿌라나》에서는 아루나찰라를 세계의 중심으로 그리고 남쪽의 바라나시라고 말한다.

쁘라닥쉬나 즉 산의 둘레를 도는 것은 지상의 모든 순례 성지를 방문하는 것과 같다고 여겨진다. 또한 빠람메스와라 그 자신의 쁘라닥쉬나를 상징한다. 전설에 따르면, 비나야까는 이슈와라를 한 바퀴 돎으로써 꾸마라스와미를 이겼다. 기리쁘라닥쉬나의 힘은 그와 같다. 헌신자들에 대한 기리쁘라닥쉬나의 중요성은 아무리 강조해도 지나치지 않다. 마하리쉬도 그 자신의 이익을 위해서가 아니라 헌신자와 제자들에게 본보기가 되기 위해 기리쁘라닥쉬나를 행했다.

산의 둘레에는 도로가 잘 정비되어 있고, 도로 주변에는 성소들과 저수지, 만따빠들과 사마디들이 많이 있다. 길가에는 커다란 나무들이 늘어서 있어 지나가는 사람들에게 그늘을 제공한다. 길 중간 중간에는 쉴 만한 곳들도 있다.

모든 사람은 저마다 자신의 방식으로 쁘라닥쉬나를 행한다. 어떤 사람은 그냥 걷고, 어떤 사람은 차를 타고 돌고, 어떤 사람들은 한 걸음씩 걸을 때마다 멈춘 뒤 아쁘마 쁘라닥쉬나를 하거나 산을 향해 엎드려 절한다. 도보로 하면 일반적으로 세 시간 안에 쁘라닥쉬나를 마치게 된다.

아루나찰라에 도착한 이후 1926년경까지 마하리쉬는 적어도 일주일에 한 번 또는 그 이상 정기적으로 쁘라닥쉬나를 하곤 했다. 그리고 아침에 출발하여 해질녘에 아쉬람으로 돌아오곤 했다. 저녁에 출발하면 새벽녘에 돌아왔다. 때로는 이틀이나 사흘 동안 쁘라닥쉬나를 하곤 했다. 마하리쉬는 경전에서 권유하듯이 느릿느릿 걸었으며, 대부분의 시간 동안 사마디 상태에 잠겨 있었고 몸은 기계적으로 움직였다. 그리고 1마일씩 걸을 때마다 잠시 쉬었다. 만따빠들을 지날 때면 헌신자들은 바가반의 발걸음을 멈추게 한 뒤 음식이나 음료를 대접하였다. 그들은 바가반을 잘 대접하기 위해 서로 경쟁했고, 바가반은 그들 모두에게 은혜를 베풀었다.

바가반을 따르는 사람들의 행동은 사람마다 다양했다. 어떤 사람은 침묵을 지켰고, 어떤 사람은 악기를 연주하거나 황홀경에 잠겨 노래했다. 음악에 조예가 깊은 헌신자들은 박띠의 힘으로 훌륭하게 노래하여 청중들에게 즐거움을 선사했다.

바가반을 동행하곤 했던 가자나나는 거룩한 《바가바따》에 실린 시를 노래하고 춤을 추며 길을 걸었다. 그는 나따라자 신이 바가반을 동행하는 듯한 인상을 주곤 했다. 일부 헌신자들은 바가반의 108가지 이름을 영창하거나, 마하리쉬나 다른 이들이 작곡한 찬가를 노래했다. 헌신자들은 신 그 자신이 그들 가운데 있다고 느꼈으므로 자신을 억제하지 않고 마음을 표현했다.

쁘라닥쉬나 기간 동안 헌신자들은 헌신의 바다에 잠겨 있었으며 냐나의 시원한 바람을 만끽했다. 마하리쉬의 침묵은 매우 깊어서 말을 할 수도 없을 것처럼 느껴졌다. 그러나 그가 입을 열어 말을 할 때는 그 말이 지혜의 맑은 수정 같았다.

바가반은 쁘라닥쉬나를 하면서 여러 가지 찬가를 지었으며, 그 당시 그는 내면의 아까샤 안에 있었다. 거기에는 마음도 없고, 말도 없고, 보는 자도 없고, 보이는 것도 없고, 숭배자도 없으며, 숭배받는 자도 없었다. 오로지 한 분 아뜨마만 있었다.

30.

나따나난다 스와미
Natanananda Swami

참나 지식을 소망하며, 가장으로 사는 삶은 참나 지식에 방해가 된다고 확신한 몇몇 사람들은 구루의 은총을 구하며 가정을 떠난다. 그러나 능가할 수 없는 운명 때문에 또는 아마도 그들에게는 가장으로 사는 단계가 필요하기 때문에 그들은 가장의 역할을 계속해야 한다. 그것은 아마 그들의 과거 까르마 때문이거나 그들이 충분히 준비되지 않았기 때문일 것이다. 나떼사 무달리아르의 경우는 이를 잘 보여 준다.

나떼사 무달리아르는 초등학교 교사였다. 가정을 이룬 지 얼마 지나지 않아 그는 스와미 비베까난다의 《냐나 요가》의 따밀어판인 《냐나띠라뚜》를 보게 되었다. 그 책은 막 혼인 생활을 시작한 무달리아르의 마음속에 초연의 불길이 타오르게 하였다. 그때에 그는 스승 없이는 참나 지식이 불가능하다고 생각했으며 열심히 스승을 찾기 시작했다.

어떤 사람이 그에게 마하리쉬에 대해 알려주었지만, 동시에 말하기를, 마하리쉬는 누구에게도 가르침을 주지 않으므로 스승이 될 수 없다고 주의를 주었다. 그러나 무달리아르는 1918년에 스깐다 아쉬람을 방문했고, 마하리쉬 앞에 여러 시간 동안 앉아 있었다. 하지만 질문을 할 용기는 없었고, 마하리쉬도 그에게 말을 걸지 않았다. 무달리아르는 마하리쉬의 제자가 되는 것이 불가능하다고 믿고는 실망하여 집으로 돌아갔다. 그러나 스승에 대한 추구를 그만둔 것은 아니었다. 그는 몇몇 유명한 사두들을 생각해 보았지만 누구에게도 끌리지 않았다.

그는 묵띠의 성취를 잠시 단념했다. 그러다가 바라나시에서 죽으면 묵띠를 성취한다는 말을 떠올리고서 친구와 함께 그 성스러운 도시로 여행을 떠났다. 슈리 뻬룸부두르에서 그는 또 다른 독신 헌신자를 알게 되었다. 그 헌신자는 그와 함께 살기 위해 부모를 떠나 온 어린 아내를 버리면 되겠느냐고 무달리아르를 타일렀다. 그의 말에 설득되어 무달리아르는 집으로 돌아왔다.

무달리아르는 그 후로도 바라나시로 가려고 두 번 더 시도했지만 어떤 다른 이유들로 성사되지 못했다. 1920년, 무달리아르는 마하리쉬에게 편지를 썼다. "저는 예전에 당신을 찾아가 뵈었지만, 당신은 이 불행한 자에게 은총을 부어 주지 않으셨습니다. 라마크리슈나 빠라마함사는 어떤 사람을 초대하여 그가 즐기던 희열의 감미로움을 함께 나누었습니다. 당신은 묵띠를 성취했습니다. 그런데 삼사라의 사나운 불길에 사로잡힌 저 같은 사람을 우리 운명에 맡기는 것이 온당하겠습니까? 당신께서 계신 자리에 제가 가도 되는지 편지로 알려주시길 부탁드립니다. 즉시 가도록 하겠습니다."

한 달이 지났으나 응답이 없었다. 그래서 무달리아르는 다음과 같은 편지를 써서 등기 우편으로 다시 보냈다. "저는 당신이 현생이 아니라면 다음 생에서라도 저의 피난처임을 확신합니다. 저는 현생이 아니면 다음 생에서라도 당신을 저의 스승으로 삼기로 결심했습니다. 당신은 저를 위해 다시 환생하셔야 합니다."

며칠 후 무달리아르의 꿈에 마하리쉬가 나타나서 말했다. "당신이 나에 대해 명상하는 것이 무슨 소용이 있겠습니까? 황소 난디를 타고 있는 이슈와라에 대해 명상해 보십시오. 그분의 은총을 얻으면 나의 도움이 뒤따를 것입니다." 그 뒤로 무달리아르는 이슈와라에 대해 명상하기 시작했다. 그러는 동안 그는 바가반의 아쉬람에 거주하는 바수데바 샤스뜨리에게서 편지를 받았다. "당신의 편지는 둘 다 우리에게 도착했습니다. 바가반은 누구에게도 답장을 하지 않습니다. 아쉬람에 와서 그분을 뵈어도 좋습니다." 샤스뜨리와 마하리쉬의 관계를 알아본 뒤, 무달리아르는 아루나찰라로 떠났다. 그는 먼저 아루나찰레스와라를 찾아뵈었고 사원 내에서 그날 밤을 보냈다.

무달리아르를 본 한 브람민이 그의 방문 목적을 알게 된 후 이렇게 말했다. "당신이 찾아온 것은 좋지만, 당신에게 나의 경험을 들려주고 싶습니다. 지난 16년간 나는 마하리쉬의 은총을 몹시 열망해 왔지만 행운이 없었습니다. 당신은 더 좋은 경험을 할지 모르겠습니다. 그분은 완전히 초연하며 아무 말도 하지 않습니다. 방문자에게 어떻게 해 주지도 않습니다. 그곳에 가는 것은 순전히 낭비입니다." 무달리아르는 그의 말을 좋아하지 않았지만, 브람민은 계속 말을 이었다. "그러나 이 근처에 세샤드리 스와미라는 마하뜨마가 있습니다. 그분도 누군가가 가까이 오는 것을 허락하지 않으며 그들에게 돌을 던집니다. 그래도 당신은 그에게 가서 그와 함께 할 수 있는 행운이 있는지 시험해 볼 수는 있습니다. 그가 다정하게 응대한다면, 당신에게 기회가 있는 것입니다." 무달리아르는 그의 말을 따르기로 했다.

그러나 세샤드리 스와미를 찾는 것은 결코 쉽지 않았다. 무달리아르와 그의 동료 교사 J.V. 수브라만얀 아이어는 그를 찾기 시작했다. 한낮이 되자 무달리아르는 외부의 태양 열기뿐 아니라 내부의 열기도 느꼈다. 그것은 의심의 열기였다. 아이어는 무달리아르에게 특정 장소에서 기다리라고 요청하고는 혼자서 세샤드리를 찾으러 갔다. 얼마 후 그는 세샤드리 스와미와 함께 무달리아르에게 돌아왔다. 세샤드리 스와미를 보고 무달리아르는 좋은 징조라고 느꼈다.

갑자기 세샤드리가 무달리아르에게 물었다. "당신이 나에게 줄 수 있는 것이 무엇인가?" 즉시 무달리아르는 가지고 있던 잭푸르트 열매 조각을 그의 손바닥에 올려놓았다. 조각들을 먹고서 세샤드리는 시장을 향해 걸어가기 시작했다. 무달리아르와 아이어는 그를 뒤따랐다. 세샤드리는 "나에게 망고를 좀 사다 주지 않겠나?"라고 부탁했다. 이에, 마하뜨마가 그렇게 그에게 대접할 기회를 주는 것이라는 생각에 무달리아르의 열의는 두 배로 강해졌다. 세샤드리는 몇 개의 망고 조각을 먹었고 나머지는 그를 에워싼 사람들에게 나누어 준 다음 물을 청했다. 아이어는 물을 길러 나갔다.

세샤드리는 무달리아르를 향해 몸을 돌리고는 그에게 말했다. "불쌍하구나! 왜 이처럼 고생하는가? 결국, 냐나란 무엇인가? 당신이 모든 것을 일시적인 것으로 보고 마음으로 거절한 뒤에 당신에게 남아 있는 것이 냐나이다. 신이 그것이다. 냐나를 구하려는 희망에 따라 모든 산과 동굴을 방문하는 것은 미친 짓이다. 두려움 없이 가라." 아이어가 물을 가지고 왔을 때 세샤드리는 돌아서서 가버렸다. 1920년 5월 2일이었다.

이것이 다가올 일의 좋은 조짐이 되리라 여기며, 무달리아르와 아이어는 뜨거운 태양 아래 바로 그 오후에 산으로 올랐다. 그들은 다섯 시간 이상을 마하리쉬 앞에 앉았지만, 마하리쉬는 한마디도 말하지 않았다. 저녁 식사 시간이 가까워지고 있었고 바가반은 식사를 하러 떠날 준비를 했다. 그때 아이어가 무달리아르를 가리키며 마하리쉬에게 말했다. "이 사람이 두 통의 편지를 쓴 사람입니다." 마하리쉬는 무달리아르를 두어 번 쳐다보았으나 아무 말 없이 그곳을 떠났다. 무달리아르는 돌아갔다.

그 후에 무달리아르는 매달 아쉬람을 방문했다. 그는 몇몇 방문자들이 마하리쉬에게 질문을 퍼붓는 것을 보았으나 자신은 단 하나의 질문도 할 수가 없었다.

이런 식으로 일 년이 지났다. 한번은 무달리아르가 바가반에게 물었다. "사람들은 바가반의 은총에 관해 여러 가지로 얘기합니다. 저는 그것이 정말 무엇인지 경험하고 싶습니다." 그러자 바가반이 대답했다. "나는 항상 당신에게 은총을 주고 있습니다. 당신이 그것을 이해하지 못한다면 내가 어떻게 할 수 있겠습니까?" 무달리아르는 이 말을 고요한 사마디에 잠겨 있는 바가반의 존재가 그 자체로 사람들을 향한 은총이며, 구도자에게 이상적인 것은 모우나의 상태에 도달하는 것이라는 표시로 해석했다. 그러나 모우나의 상태는 아직까지 그에게 분명치 않았다. 어떤 사람들은 마음이 한 가지에 집중해야 한다고 가르쳤지만, 이것은 따유마누바르의 가르침인 "디야나에는 어떤 목표도 없어야 하며, 마음 그 자체가 사라져야 한다."는 말과 상반되므로 무달리아르의 마음에 와 닿지 않았다.

며칠 후 무달리아르는 꿈을 꾸었는데, 꿈속에서 마하리쉬는 그에게 이 우빠데사를 주었다. "두 눈이 하나의 대상을 바라보듯이 한 가지에만 관심을 집중하십시오. 당신의 관심이 외부나 내부의 다른 어떤 것으로 옮아가지 않도록 하십시오." 무달리아르는 마하리쉬가 육체의 눈에 대해 얘기하는 것이라고 생각하여 그에게 말했다. "이것은 올바른 길이 아닌 것 같습니다. 당신마저 그렇게 말씀하시면, 제가 누구의 안내를 받아야 할까요?" 마하리쉬가 대답했다. "내가 당신에게 말한 것은 정확합니다. 약속합니다. 당신의 의심이 잘못된 것은 아니나, 며칠 간 이 방법대로 행해 보십시오. 아뜨마를 경험하게 될 것입니다." 그래서 무달리아르는 얼마간 그 가르침을 따랐다. 무달리아르는 더 깊어진 경험에 관해 다음과 같이 말했다.

나는 꿈을 꾸었는데, 꿈속에 아버지와 마하리쉬가 둘 다 나왔다. 나의 아버지를 가리키며 마하리쉬는 그가 누구인지를 물었다. 나는 내가 관계의 진정한 본성을 말하고 있지 않다는 것을 의식하면서도 "저의 아버지입니다."라고 대답했다. 마하리쉬는 웃으면서 말했다. "세속적인 관점에서는 그렇지만 절대적인 관점에서는 그렇지 않습니다. 그렇지 않습니까? 내가 나는 몸이 아니라고 말하지 않았습니까?" 이렇게 말씀하시면서 마하리쉬는 나를 끌어당겼고, 내 머리에 손을 얹었으며, 나중에는 내 가슴의 오른쪽을 손가락으로 눌렀다. 나는 약간 통증을 느꼈지만 그것을 은총으로 받아들였다.

즉시는 아닐지라도, 무달리아르는 나중에 마하리쉬가 그에게 몸─의식을 버리기를 원했다는 것을 깨달았으며 머리와 가슴을 만진 것은 하스따 딕샤(손의 만짐을 통한 전수)였다는 것을 알아차렸다.

한번은 그가 마하리쉬 앞에 앉아 있을 때 몇몇 학자들이 마하리쉬와 담화를 나누었다. 그들은 따밀어로 어떤 문제점을 토의하고 있었다. 그는 따밀어에 친숙했지만 토론 내용을 이해할 수 없었다. 그래서 그는 안타까워하며 "나는 저렇게 유식해지지 못할 것 같다. 적어도 다음 생에서는 그렇게 되면 좋겠다."라고 생각했다. 마하리쉬는 그의 마음을 알아차리고는 방문자들이 떠난 이후 그에게 말했다. "왜 그대는 안타까워합니까? 그대가 얻기를 원하는 것은 이미 그대에게 있습니다. 어느 누가 이미 자신에게 있는 것을 요청하겠습니까? 지금은 그대에게 그 사실이 분명하게 느껴지지 않아도, 나중에는 그렇게 되지 않겠습니까? 만일 그대가 그것을 배울 자격이 정말 없다면, 왜 그대는 마하뜨마들을 친견할 소망을 갖는 것입니까?" 그 말을 듣고 무달리아르는 약간 안도했다.

무달리아르는 가장으로서의 삶이 영적인 발전에 방해가 된다고 여기고, 1926년에 바가반에게 출가를 허락해 달라고 요청했다. 마하리쉬는 숲에서도 방해물은 얼마든지 발생할 수 있으며, 아쉬람에 있을 때 그가 가정에 대한 책임을 생각하지 않듯이 집에서도 그런 생각 없이 살아야 한다고 말하며 만류했다. 마하리쉬는 다른 두 가지 경우에도 비슷하게 단념시켰다.

하지만 무달리아르의 열렬한 소원을 마하리쉬가 몰랐던 것은 아니었다. 그래서 그는 무달리아르의 아내와 동생의 꿈에 나타나서, 무달리아르가 그의 은총을 입었으니 그가 목표를 성취하도록 가족들이 도와야 한다고 말했다. 그들도 협조했다. 무달리아르는 먼저 그의 직업을 포기하고 아루나찰라에 머물렀으며, 1929년에는 나따나난다 스와미라는 이름으로 출가했다. 몇 년 뒤, 어떤 발전의 덕택으로 그는 다시 가장의 역할을 맡았다.

마하리쉬를 처음 친견했을 때부터 나따나난다는 그에 관한 노래를 짓기 시작했다. 그것들 가운데 '라마나 사또뜨라 만자리', '라마나 스또뜨라 쇼다샴', '라마나 난 마니말라이', '라마나 사따까'가 있다. 이 모든 찬송에서 나따나난다는 그의 질문과 마하리쉬의 대답을 묘사했다. 그는 또한 다른 제자의 질문에 대한 바가반의 대답도 노래로 지어서 바가반에게 보여 주었다. 이 편집물은 《우빠데사 만자리》라는 제목으로 출판되었다.

31.

알라감마
Alagamma

알라감마가 빠발라꾼드루에 머물던 마하리쉬를 떠난 뒤 얼마 지나지 않은 1900년, 인생의 한창때를 누리던 그녀의 큰아들 나가스와미가 자식 없는 미망인을 남긴 채 세상을 떠났다. 알라감마의 비탄은 이루 말할 수 없었다. 그때까지 그녀는 남편과 큰아들을 잃었다. 둘째 아들은 산야시였고, 셋째 아들은 겨우 14살이었다. 그러나 셋째 아들은 가족 부양의 책임을 지게 되어 띠루벤가두 사원에 사무원으로 들어갔다. 1902년에 그는 아루나찰라에 있는 형을 방문하였고 그를 보자마자 주저앉아 울었다. 그러나 형은 평소처럼 초연했다. 알라감마는 시숙인 넬리압빠 아이어에게 생계를 의존했다.

그녀는 고통스런 시간을 보냈고, 대부분의 시간을 베단따 노래를 부르며 지냈다. 그녀와 동시대를 살았던 일부 여인들과 마찬가지로 그녀는 정식으로 교육을 받지는 않았지만 노래를 잘 부를 수 있었다. 그녀는 위대한 베단따 말씀들인 마하바끼야의 의미를 노부인인 뚤라시에게 배웠다. 그렇게 그녀는 스스로 자신을 위로하며 평화롭게 지냈다.

1913년, 그녀는 바라나시로 순례 여행을 갔고 돌아오는 길에 아루나찰라에 머물렀다.

얼마 후 막내아들 나가순다람은 결혼하여 가정을 꾸렸다. 알라감마는 그의 집에서 함께 살았다. 가정 살림은 넉넉하지 않았고, 1900년에는 빚을 청산하기 위해 띠루출리의 집을 팔아야 했다. 1914년에는 시숙인 넬리압빠 아이어가 세상을 떠났다. 같은 해에 알라감마는 한 번 더 순례 여행을 떠났다. 목적지는 띠루빠띠였다. 돌아오는 길에 그녀는 아루나찰라에 머물던 아들을 방문했는데, 그때 그는 비루팍샤 동굴에서 살고 있었다.

잠시 그곳에 머물던 알라감마는 장티푸스에 걸렸다. 자신의 육체에는 초연했던 마하리쉬가 어머니를 극진히 간호했다. 사실 그는 제자나 방문객이 아플 때도 그렇게 했다.

알라감마는 고열에 시달리며 헛소리를 했다. 그러자 마하리쉬는 아루나찰라에게 탄원하는 네 편의 시를 지었다. 그 시들은 다음과 같다.

1. 반복되는 탄생이라는 질병을 치료하는 제 피난처인 산이시여! 오, 신이시여! 제 어머니의 열을 치료해 주실 분은 당신입니다.

2. 오, 죽음 그 자체를 쳐부수는 신이시여! 저의 유일한 피난처시여! 제 어머니에게 당신의 은총을 베풀어 주시고 죽음에서 보호해 주소서!

찬찬히 살펴본다면 죽음이 무엇입니까?

3. 아루나찰라여! 냐나의 불길로 타오르시는 분이시여! 제 어머니를 당신의 빛으로 감싸 주시고 당신과 하나 되게 해 주소서. 그렇다면 화장할 필요가 어디에 있겠습니까?

4. 아루나찰라여! 당신은 환영을 쫓아내는 분이십니다! 어찌하여 당신께서는 제 어머니의 정신착란을 물리치는 데 그렇게 지체하십니까? 어머니처럼 염려하시며, 간청하는 영혼을 보호하고 운명의 타격을 피하게 하실 수 있는 분이 당신 말고 또 누가 있겠습니까?

– 《저작 모음집》 중에서

마하리쉬가 말했듯이, 냐나의 불길에 몰입하도록 운명지어진 알라감마가 어떻게 화장될 수 있었겠는가?

열병은 가라앉았다. 알라감마는 아쉬람에 짐이 되고 싶지 않았기에 마나마두라이로 돌아갔다. 1915년, 나가순다람의 아내 망가람말은 외동아들인 갓난아기 벤까따라만을 남긴 채 갑자기 세상을 떠났다. 아기를 보살피는 일이 문제가 되었다. 처음에는 넬리압빠 아이어의 부인이 아기를 보살폈으나 점점 연로해지면서 나가순다람은 여동생인 알라멜루에게 소년을 맡겼다.

알라감마는 집에 머물기가 점점 어려워졌다. 그녀는 머물 곳을 알아보았으나 둘째 아들 외에는 몸을 의탁할 사람을 찾을 수가 없었다. 사실 여기에서나 이후에나 그녀의 구원자가 될 사람은 마하리쉬뿐이었다. 1916년에 알라감마는 아루나찰라를 향해 떠났으며 처음에는 에참말의 집에 함께 머물렀다. 그러나 그녀는 아들과 함께 아쉬람에 머무르기를 원했다. 하지만 아쉬람은 그녀까지 숙박하기에는 너무 좁았다. 게다가 마하리쉬의 제자들 중 감비람 세샤야 같은 사람은 만일 마하리쉬가 가까운 친척과 함께 하면 다시 모든 사람 곁을 떠나고 아루나찰라까지 떠날 것이라고 느꼈다. 그래서 그들은 어머니가 아쉬람에 머무르는 것을 반대했다. 다른 대안을 찾을 수 없었기 때문에 알라감마는 집으로 돌아가서 아비야사 요가를 수행했다. 그럼에도 그녀는 그다지 행복하지 않았다.

얼마 후 그녀는 나가순다람과 그의 갓난 아들을 동반하여 다시 띠루빠띠로 순례 여행을 떠났다. 돌아오는 길에 그들은 아루나찰라에 들렀고, 이번에 알라감마는 아쉬람에 머물기로 결심했다. 마하리쉬의 제자들도 마음이 누그러졌다.

어머니가 아쉬람에 도착한 지 얼마 지나지 않아서 스깐다 아쉬람이 준비되어 마하리쉬는 그곳으로 거처를 옮겼다. 알라감마도 그를 따라갔다. 나가순다람과 그의 아들은 띠루벤가두로 돌아갔다.

나가순다람은 어린 시절부터 여러 가지 고초를 겪었다. 유년기에는 여러 가지 질병으로 고생했다. 그의 다른 어려움을 해결하기 위해 많은 빚을 지게 되었다. 더 이상 아들을 키울 수 없었으므로 그는 다른 사람에게 아기를 맡겼다.

그 무렵 아루나찰라의 나라야나 레디가 그를 방문하여, 알라감마가 두 아들을 곁에 두고 싶어 한다는 바람을 전했다. 그래서 나가순다람은 아루나찰라로 왔지만, 형인 마하리쉬가 어떤 사람에게도 특별히 집착하지 않음을 알고서 한동안 감비람 세샤야의 집에 함께 머물며 다른 헌신자처럼 마하리쉬를 계속 방문했다.

1918년, 나가순다람은 출가하여 산야사를 받고 출가자가 입는 황토색 의복을 입었다. 출가자로서 그는 니란자나난다라는 이름을 받았다. 그는 마을에서 음식을 탁발했는데, 마하리쉬의 제자들은 그 행동을 좋게 여기지 않았다. 어쨌든, 헌신자들이 바가반에게 드린 음식을 제자들이 모두 함께 먹는데 마하리쉬의 동생이 밖에 나가서 탁발하는 것은 타당해 보이지 않았다. 그동안 알라감마는 아쉬람에 부엌을 만들었다. 젊은 산야시인 니란자나난다는 그 후로는 음식을 탁발하러 밖에 나가지 않아도 되었다.

이런 면에서 마하리쉬는 일종의 가장이 되었다. 그의 제자는 그의 가족을 구성했고, 그의 친인척은 그와 함께 있었으며, 음식이 조리되는 그의 종신 거주지는 더욱 발전했다.

이 대목에서 세샤드리 스와미가 (바가반을 친견하기 위해) 산으로 올라가도록 허락해 달라는 제자에게 한 말을 상기해 보는 것이 적합할 것이다. 세샤드리는 웃으며 말했다. "가라, 무슨 일이 있어도 가라. 그대는 거기에서 가장을 얻게 될 것이며, 그는 그대에게 달콤함도 줄 것이다." 이 설명은 현실적인 의미와 절대적인 의미를 동시에 지니고 있다.

32.

어머니의 니르바나
The Mother's Nirvana

"그대가 모든 보물과 행복과 즐거움이 가득한
그 세계에서 영원한 거처를 갖기를!"

– 바바부띠

알라감마의 영적 훈련이 시작되었다. 그것은 마치 마하리쉬가 자신에게 육체적 생명을 준 어머니에게 영원한 생명을 주기 위해 의도한 것 같았다. 그러나 해방된 상태가 올라오기 위해서는 모든 잠재적인 경향성이 사라져야 한다는 것은 필수적이다. 알라감마는 불가촉천민과 접촉하면 안 된다거나 순결에 관한 금기 사항 등 몇몇 전통적인 인습들을 지키고 있었다. 그런 금기 사항들은 그다지 중요한 것들은 아니었으나 그것들에 중요성을 부여하는 것은 영적인 발전에 장애가 되었다. 아쉬람에서는 카스트에 대한 차별이 없었으며 모두들 환영받았다. 그녀가 몇 가지 전통적인 금기 사항들에 더 이상 집착하지 않도록 하기 위해 마하리쉬는 필요할 때마다 그녀를 놀리곤 했다. 예를 들어, 음식에 관한 전통을 지키는 브람민 여성들은 양파가 들어간 음식은 입에 대지 않았다. 그래서 마하리쉬는 아쉬람에 있는 몇 개의 양파를 가리키며, 그런 양파들이 그녀의 천국행을 가로막을 수 있다며 농담을 했다. 또한 금기 사항들은 제한된 목적을 가지고 있으며 종교는 이런 금기 사항들에 묶이지 않는다고 말했다. 어머니는 점차 그 상황을 받아들였으며 주어지는 것에 만족해야 한다고 생각하게 되었다. 그녀는 비록 자신이 전통적인 방식을 지키지 못한다 하더라도 마하리쉬의 위대함이 어떻게든 그녀를 보살필 것이라는 점을 깨달았다.

그녀의 또 다른 잠재적인 경향은 아들인 마하리쉬에 대한 강한 집착이었다. 그녀는 그를 사랑했고, 그도 똑같이 그녀를 깊이 사랑해 주기를 기대했다. 이 유대는 없앨 필요가 있었지만 쉽게 없어질 수는 없었다. 그녀가 어떤 행동들로 사랑을 증명하려 할 때마다 마하리쉬는 그녀를 타일렀다. 몇몇 경우에는 마하리쉬가 강하게 제지하여 급기야 그녀가 목 놓아 울기까지 한 적도 있었다. 그러면 마하리쉬는 "더 많이 우세요. 그것이 어머니에게 좋습니다. 어머니께서 더 많이 울수록 저는 더 만족합니다." 그녀는 마하리쉬가 자신에게 왜 그토록 가혹한지 이해할 수가 없었다. 어떤 경우에는 그가 그녀에게는 어떤 대꾸도 하지 않으면서 다른 부인들과는 대화를 나누어 그녀의 마음을 아프게 했다. 그녀는 그가 자신을 일부러 무시한다고 여겼다. 그럴 때 그는 이렇게 말하곤 했다. "모든 여성이 나의 어머니입니다. 어머니에게 무슨 특별함이 있겠습니까?" 이와는 별개로, 항상 허드렛일을 도왔던 마하리쉬는 어머니가 도움을 요청할 때마다 고의로 거절했다. 한번은 그녀가 남인도의 간식인 압빨람 요리를 준비하며 도와 달라고 부탁했다. 마하리쉬는 돕는 대신에 그녀에게 후에 '압빨람 노래'라는 이름으로 유명해진 노래를 들려주었다.

압빨람들을 만들어 보세요.

그것들을 먹으세요. 당신의 갈망이 충족됩니다.

절망하여 세상을 떠돌지 마세요.

말해지지 않은 유일한 말씀에 귀 기울이세요.

실재-의식-희열의 진리를 가르치는

진실한 스승에게 배우세요.

만들어 보세요…… 충족되세요.

1. 5겹의 몸에서 자라는

에고 자아, 검은콩을

"나는 누구인가?"라고 묻는

지혜의 맷돌 속에 넣어 갈고

그것을 가장 미세한 가루로 빻아

만들어 보세요…… 충족되세요.

2. 그 가루를 거룩한 교제인

빠란다이 즙에 넣어 섞으세요.

여기에 마음 제어라는 커민 씨앗

자기 제어라는 후추

무집착이라는 소금

그리고 고결한 성향의 향료인

아위를 첨가하세요.

만들어 보세요…… 충족되세요.

3. 가슴 안에서 절구는 반죽을 만듭니다.

내면으로 향한 마음의 절굿공이를 가지고

그것을 '나' '나'로 세게 치세요.

그리고는 그것을 (실재의) 널빤지 위에 놓고

고요함의 밀대로 평평하게 펴세요.

끈기 있게 꾸준히 즐겁게 부지런히 일하세요.

만들어 보세요…… 충족되세요.

4. 브람만의 버터기름 속에 압빨람을 넣고

무한한 침묵의 프라이팬에 담아

지식의 불길 위에서 튀기세요.

이제 내가 그것으로 변했으니

참나를 참나로서 먹고 맛보며

참나로만 머무세요.

만들어 보세요…… 충족되세요.

— K. 스와미나탄 번역

알라감마는 이런 유형의 행동을 좋게 볼 수 없었고, 적합한 행동이
라고도 생각하지 않았다.

하지만 시간이 지나면서 그녀는 마하리쉬의 행동을 이해할 수 있게 되었고 애착이 타당하지 않다는 것도 알게 되었다. 그녀는 자신이 마하리쉬의 어머니로서가 아니라 영적 지식을 얻기를 열망하는 헌신자로서 아쉬람에 왔다는 것을 깨달았다. 그녀가 그의 은총을 얻는 길은 하나뿐이었는데, 그것은 어떤 욕망도 없이 만족과 초연함으로 하는 봉사였다. 이것을 깨닫고서 그녀의 늙은 육신은 아쉬람 거주자들에게 밤낮으로 봉사하는 수고를 마다하지 않았다. 마침내 그녀는 출가자들이 입는 황토색 의복을 입었고 초연함을 얻었으며, 베단따 주제들에 관한 이야기를 경청했다. 그녀는 마하리쉬에게 자신을 내맡겼으며, 그가 자신의 구원자임을 확신하게 되었다.

그녀의 육체적 삶 중 마지막 두세 달 동안 그녀는 병을 앓았다. 그래서 누군가가 그녀를 돌보아야 했다. 마하리쉬가 맨 먼저 그녀를 돌보았다. 그는 밤낮으로 간호했지만 그 늙고 지친 육신이 얼마나 오래 생존할 수 있었겠는가?

1922년 5월 19일이 그녀의 마지막 날이었다. 모두들 임종이 임박했다는 것을 감지할 수 있었다. 그러나 그들은 결과는 신에게 맡기고 초연한 정신으로 할 수 있는 일이라면 무슨 일이든지 해야 했다. 그녀에게 의식이 있는 동안, 바가반은 그녀에게 영적인 가르침을 주었다. 그녀가 의식을 잃자, 가나빠띠 무니와 다른 이들이 베다 찬가를 부르기 시작했고, 어떤 사람들은 라마-나마를 찬송했다.

호흡이 가빠지기 시작하자, 바가반은 오른손을 그녀의 가슴에 올려놓고 왼손은 머리에 얹었다. 그는 그녀를 유심히 응시했다. 그런 식으로 낮이 지나갔다. 나중에 바가반은 이후에 일어난 일을 이렇게 얘기했다.

미래 탄생의 원인인 잠재적인 경향성들과 생각들이 솟아 나왔다. 그
때 어머니는 외부 세상에 대한 의식을 잃었을 뿐이었다. 그러므로 미묘
한 세상에서 그녀의 미묘한 몸은 일어나는 일을 한 장면 한 장면 지켜보
고 있었다. 이 일련의 경험으로 영혼은 미래의 탄생들을 통과하여 가장
높은 곳으로 여행했다.

그녀가 어떻게 이것을 경험할 수 있었던가? 그녀가 다시 반복하여
태어나지 않고 모든 것을 자신 안에서 경험한 것은 접촉을 통해 전해
진 바가반의 영적 능력의 흐름 때문이었다. 그녀의 영혼의 힘들과 바
가반의 영적 능력 사이에 싸움이 있었고, 그 사이에 그녀의 잠재적인
경향성들은 점차 약해져서 마침내 사라졌다. 바가반은 그녀가 미묘
한 상태에서 목격한 장면들을 실제로 묘사하였다.

밤 8시경에 임종이 평화롭게 왔다. 참석자들 가운데 가나빠띠와 니
란자나난다 스와미는 어머니의 죽음을 암시하는 소리를 들었다.

이런 식으로 어머니의 개별성은 아뜨마, 신 안으로 가라앉았다. 그
녀는 마하니르바나를 얻었다. 그녀는 더 이상 태어나지 않는다. 인간
의 모습을 한 아루나찰라인 아들 덕분에 그녀는 묵띠를 얻었으며 아
뜨마에 자리 잡게 되었다.

어머니의 임종이 다가오자 아쉬람의 누구도 그날은 아무것도 먹지
않았다. 임종 후, 마하리쉬는 일어나서 슬픔의 흔적도 없이 말했다.
"이제 식사를 합시다. 오염은 없습니다." 거룩한 부인이 신과 하나가

된 자리에 그들이 있을 때, 어디에 오염이 있을 수 있겠는가? 그런 육신은 그 자체로 거룩한 성전이다. 아쉬람 거주자들은 조용히 식사를 하였다.

그들은 헌신의 노래를 부르며 밤을 지새웠다. 마나바시 라마나스와미 아이어에 따르면, "바가반은 어떤 슬픔도 갖지 않았다. 오히려 새장에서 풀려난 새처럼 안도하는 모습이었다." 이러한 말은 그의 일기에 기록되어 있다. 그렇다, 왜 그가 슬퍼하겠는가?

어머니는 지고의 상태에 이르렀다. 그 일이 일어난 지 며칠 뒤 누군가가 마하리쉬에게 말했다, "어머니께서 돌아가셨습니다." 바가반은 즉시 그의 말을 정정하였다. "아니오, 어머니는 하나가 되었습니다." 또 다른 경우, 바가반이 어머니에게 묵띠를 주었는지 여부에 관한 논의가 일었을 때, 그는 "예, 어머니의 경우에는 나의 시도가 성공했습니다. 이전에도 빨라니스와미의 경우에 나는 똑같은 시도를 했습니다. 그가 궁극에 도달했다고 생각하고서 나는 손을 거두었는데, 그 순간 그가 눈을 떴습니다. 그리고 쁘라나가 눈을 통해 빠져나갔습니다. 그래서 그때 나의 시도는 실패했습니다."라고 말했다. 또 다른 경우에 바가반은 "어머니가 어디로 갔다는 말입니까? 어머니는 여기에 계십니다."라고 말하였다. 그러므로 알라감마가 어디로 갔는지에 대해서는 의심할 여지가 없다. 마하리쉬의 말은 그녀가 이슈와라와 하나가 되었으며 그와 함께 있다는 것을 의미했다.

어머니가 운명한 그날 밤, 육신을 화장할지 매장할지에 관한 논란이 일어났다. 바가반은 《라마나 기따》의 13장에 따르면 묵띠에 이른 사람의 몸은 화장되지 않고 매장되어야 한다고 지적했다. 제자들은 시신을 매장하기로 결정했다. 다음 날 새벽 동틀 녘에 그들은 시신을 스깐다 아쉬람으로부터 산기슭에 있는 빨리띠르탐 근처로 운반했다. 그 사이에, 여러 곳에서 몇몇 친척들이 와서 화장해야 한다고 주장했지만 받아들여지지 않았다. 어머니의 죽음을 알리지 않으려고 모든 노력을 다했지만, 그 소식은 곧 마을 주변에 퍼졌다. 그 결과, 많은 사람들이 묘지를 찾아왔다.

아슈와타 나무 아래에 구덩이를 파고 시신을 그곳에 내렸다. 구덩이에 장뇌, 비부띠, 소금 및 다른 향료들을 채우고 흙으로 덮었다. 제자들은 벽돌로 묘지를 세웠는데, 우연의 일치로 바로 그때 바라나시에서 쉬바 링가가 도착했다. 그래서 그 링가를 묘지 위에 세우고 마뜨루부떼스와라(성모로 오신 이슈와라)라고 명명했다.

스와미는 조용히 진행 과정을 지켜보기만 했다. 어머니의 사마디가 완성되면서 아들로서의 의무도 끝났다.

1914년, 스와미가 아루나찰라에게 간청했을 때, 어머니는 화장의 불이 아니라 냐나의 불에 의해 소멸되었다.

마하뿌자 날을 위하여 가나빠띠 무니는 〈소운다리얌바 샤뜨깜(소운다리얌바에 대한 여섯 편의 시)〉이라는 제목 하에 여섯 편의 시를 지었다(소운다리얌바는 알라감마와 같은 뜻을 지닌다). 시들의 요지는 다음과 같다.

1. 금요일 밤 상현달, 둔두비 해, 바이샤카 달의 어두운 2주일 중 아흐레에

2. 바라드와자, 빠라사라의 고귀한 혈통에서 태어난 순다람의 아내이며, 구루구하(수브라만야)의 화신으로 태어난 라마나 마하리쉬의 어머

니인 축복 받은 부인

3. 어떠한 애착도 없는 사람, 쉬바에 대한 박띠로 정화된 사람, 구하(라마나 마하리쉬)의 접촉으로 자신의 쁘라나가 붙잡힌 사람, 그 순간 경향성들이 모두 파괴된 사람

4. 그녀, 소운다리얌바는 베단따 바끼야들만이 알 수 있으며 어디에나 편재한 그 빛이 되었으며, 그것은 그녀의 아들에 의해 알려졌다.

5. 라마나 마하리쉬의 연꽃 손바닥에서 솟아난 강물이 소운다리얌바의 사마디에서 새로운 저수지인 아가사마나 띠르타(모든 죄를 씻는 띠르타)가 되었다.

6. 거룩한 라마나의 거룩한 어머니를 찬미하라!

사마디를 찬미하라!

마하리쉬에 의해 신성해진 링가를 찬미하라!

새로운 아가사마나 띠르타를 찬미하라!

나중에 마하리쉬는 흥미로운 어떤 일을 얘기했다. 알라감마의 사후, 그녀의 육신은 새로운 광명을 얻었고 다음 날 사마디 때 아비쉐깜을 할 때까지 지속되었으며, 물을 붓자 곧 사라졌다는 것이다. 더욱이, 모든 경우에 마지막 호흡에서 희미한 소리가 새어나온다. 어머니의 경우, 바가반을 제외한 다른 참석자들은 그것을 알아차렸다.

해마다 기념일을 기리기 위해 마뜨루부떼스와라에서 뿌자를 행한다. 이때는 세계 각지에서 수천 명의 헌신자들이 의식에 참가하기 위해 모인다.

산에서의 마하리쉬의 삶을 다루는 부분은 이 장으로 끝난다. 마하

리쉬에게는 수많은 제자들이 있었으나 저자의 관점에서 볼 때 중요한 의미가 있고 우리에게 본보기가 될 만한 일부 사람들의 이야기만 간단히 기술했다. 빨라니는 순수한 박따였고, 가나빠띠는 뛰어난 혜안을 지닌 탁월한 학자였으며, 에참말은 삼사라의 고통에서 벗어난 경건한 부인이었고, 라마스와미 아이어는 질병에 시달렸으며, 나따나난다는 단순한 동쪽의 삼스까라를 가지고 있었고, 쉬바쁘라까삼은 서쪽의 삼스까라를 지니고 있었으며, 세샤야는 균형이 잡힌 사람이었다. 다른 쪽으로 말하자면, 에참말은 바가반을 찾아올 때까지는 아슈땅가 요가를 통해 사마디 단계에 도달했고, 세샤야는 라마나마, 쁘라나야마의 수행자였으며 요가에도 관심이 있었고, 가나빠띠는 만뜨라 자빠의 거장이었으며, 쉬바쁘라까삼은 전적으로 논리학자였고, 라마스와미 아이어는 전문 분야가 없으며, 험프리즈는 싯다파에 속했고, 나따나난다는 단순한 신자였다. 그토록 다양한 사람들을 한 가지 주제에 초점을 맞추게 하여 그들 모두에게 영적인 혜택을 주는 것은 심오한 은총의 문제이다.

이 책의 뒷부분에서는 아루나찰라 산의 기슭에 자리 잡은 아쉬람에서의 슈리 바가반의 삶을 기술할 것이다.

33·

슈리 라마나스라맘의 시작

Establishment of Sri Ramanasramam

알라감마의 사마디 이후 며칠간 사람들이 곁에 머물렀다. 그들은 빨리띠르탐에서 물을 길어와야 했는데, 그 일은 무척 힘든 일이었다. 이를 지켜보던 바가반이 습기 있는 자리의 땅을 파자 거기에 샘이 있었다. 그래서 사람들은 더 큰 구덩이를 팠고 여러 사람들이 마시기에 충분한 물을 얻을 수 있었다. 이 샘은 라마나띠르탐 또는 아가사마남으로 알려졌다.

매일 마뜨루부떼스와라 링가를 위해 뿌자를 행해야 했다. 사마디는 묘지 한가운데 있었고 밤에는 표범이 배회하는 숲에 인접해 있었다. 이런 사정으로 열흘이 지난 뒤에는 누군가가 사마디 곁에 머물기가 어려워졌다. 그래서 니란자나난다 스와미가 뿌자를 행하기 위해 날마다 스깐다 아쉬람에서 그곳으로 내려오곤 했다. 시간이 지나면서 그는 이렇게 하는 것도 어렵다는 것을 알게 되었다. 며칠 뒤 그는 사마디를 보호하는 초가지붕을 세워 거기에서 머무르기 시작했으며, 몇 달 뒤에는 단다빠니 스와미가 그에게 합류했다. 활기차고 정력적인 단다빠니 스와미는 자금을 모아 나무들을 베어 내고 평평히 기반을 다졌다. 마하리쉬도 매일 그곳을 방문했다. 그러는 사이에 바가반의 자얀띠(생신)가 가까이 다가왔다. 단다빠니는 사마디에서 자얀띠를 기념하고 싶어 했다. 자얀띠 일주일 전, 사마디를 방문한 바가반은 떠나지 않고 그대로 머물렀다. 몇몇 사람들은 산 위에 있는 바가반을 찾아오고 그를 위해 봉사하기가 힘든 점을 고려하여 방문자들을 편하게해 주려는 의도 때문이라고 짐작했지만, 아무도 그 이유를 알지 못했다. 그러나 진짜 이유는 달랐다. 후에 바가반이 들려준 말에 따르면, 어느 날 아침 그가 스깐다 아쉬람에서 나왔을 때 어떤 저항할 수 없는 힘이 그를 산 아래로 내려오게 했으며, 아쉬람 거주자들이 식사 시간이 되어 스깐다 아쉬람에서 그를 기다리고 있다는 사실조차 까맣게 잊어버리고 있었다고 한다. 바가반은 말했다. "내가 나의 자유의지로 여기에 왔을까요? 그렇지 않습니다. 그것은 어떤 다른 것의 의지로 인한 것이었습니다." 과거에 아루나찰라의 힘이 그를 이곳으로 끌어당겼듯이, 이제는 마뜨루부떼스와라에 거주하는 암바(어머니)의 힘이 그런 식으로 작용했을 것이다.

놀랍게도 그날부터 샥띠의 영향이 모든 활동에 분명히 작용했다. 마치 뿌루샤의 현존 안에서 쁘라끄르띠가 그러하듯이 바가반의 현존 안에서 능력이 작용하는 것 같았다. 샥띠의 첫 임무는 아쉬람 그 자체의 얼굴을 변모시키는 것이었다.

처음에는 사마디에 하나의 오두막이 있었으나 1924년에는 두 개의

33_ 슈리 라마나스라맘의 시작

오두막이 세워졌는데, 하나는 사마디 맞은편에 그리고 다른 하나는 그 북쪽에 세워졌다. 목욕을 위해서는 빨리띠르탐의 물이 이용되었고, 뿌자를 위해서는 라마나띠르탐의 물이 사용되었다. 음식의 경우, 마을의 여러 헌신자들이 봉헌물을 가지고 왔으며, 그릇들도 제공되어 아쉬람에서 취사를 할 수 있게 되었다. 사람들은 돈도 기부했다. 《라마나 기따》와 같은 책들은 라마니야 그란탈라야라는 서점에서 판매되어 아쉬람에 수입이 되었다. 단다빠니와 다른 이들은 그릇과 식료품을 사는 데 그 돈을 썼다. 그래서 돈이 모이지는 않았다.

그렇지만 아쉬람에는 어려움들이 있었다. 어떤 날에는 적어도 열 사람이 아쉬람에서 식사를 했다. 이를 보고 어떤 강도 무리는 아쉬람에 돈이 많을 것이라고 짐작했다. 그들은 1924년 6월 26일 밤에 돈을 빼앗으려고 아쉬람에 들이닥쳤다. 이전에도 몇몇 강도들이 뿌자 방에 들어와서 닥치는 대로 훔쳐 도망간 적이 있었다. 그러나 이 강도들은 그들과 달랐다.

마하리쉬는 사마디의 맞은편 오두막에서 자고 있었고 몇몇 제자들은 오두막의 창문 근처에서 자고 있었다. 창문 근처에서 자고 있던 꾼주 스와미와 마스딴은 소음을 듣고 잠에서 깼다. 그들은 바깥에서 "안에 여섯 명이 있어."라고 말하는 소리를 들었다. "밖에 누구요?" 하고 마스딴이 소리쳤다. 그러자 그들은 창문의 유리창을 쳐서 산산조각으로 깨뜨렸다. 제자들은 두려워하며 마하리쉬가 안전한지 확인하기 위해 그에게 다가갔다. 강도들의 목표는 그들을 두렵게 하는 것이었다. 마하리쉬는 동요하지 않았고 침착했다.

꾼주 스와미는 북쪽으로 난 문을 열고 밖으로 나가, 북쪽 오두막에서 자고 있는 라마크리슈나 스와미를 데리고 왔다. 도둑들이 문을 열자 잭과 까루빤이 밖으로 뛰쳐나가 짖기 시작했다. 도둑들은 몽둥이로 개들을 때렸다. 이미 몸이 아픈 상태였던 까루빤은 오두막으로 되돌아갔고, 잭은 어디론가 도망쳐 버렸다.

바가반과 꾼주 스와미가 도둑들에게 말했다. "여기에서는 당신들이 가져갈 것이 별로 없소. 들어와서 원하는 것은 다 가져가시오." 그러나 도둑들은 그렇게 하지 않고, 창문을 떼어 내기 시작했다. 혈기왕성한 청년이었던 꾼주 스와미는 몹시 흥분했다. 그는 밖으로 나가 도둑들과 싸우겠다고 말하고는 남쪽 문으로 다가가기 시작했다. 바가반은 그를 만류하며 말했다. "그들은 그들의 다르마를 행하고 있습니다. 그들이 원하는 대로 하도록 놓아두세요. 우리의 다르마는 용납하는 것입니다. 그것을 저버리면 안 됩니다." 꾼주는 진정되었다. 그런데 아쉬람 거주자들이 더욱 용납할수록 도둑들은 더 난동을 부렸다. 총기를 가지고 있다는 인상을 주기 위해 그들은 폭죽까지 터뜨렸다. 아쉬람 거주자들이 말했다. "꾼주의 말에는 개의치 마시오. 들어와서 원하는 것은 무엇이든 가져가시오." 아쉬람 거주자 중의 한 사람 즉 꾼주의 이름을 알게 되자, 강도들은 꾼주에게 해를 가하겠다며 협박했다. 그러자 꾼주는 도움을 구하기 위해 북쪽 문을 열고 밖으로 나가 마을로 갔다.

라마크리슈나가 강도들에게 말했다. "왜 이렇게 소란을 피우시오? 들어와서 원하는 것을 다 가져가시오." 어리석게도 강도들은 초가지붕에 불을 지르겠다고 협박했다. 그러자 마하리쉬는 그럴 필요가 없으며 그와 제자들이 오두막을 나가겠다고 말했다. 강도들이 원한 것

205

이 바로 그것이어서 강도들도 그 제안에 동의했다. 마하리쉬는 까루빤을 염려하여 라마크리슈나에게 그 개를 안전한 장소로 데려가도록 지시했고 라마크리슈나는 그렇게 했다. 그가 바가반에게 돌아가기 전, 바가반은 마스딴, 탕가벨루 삘라이, 무누스와미 아이어와 함께 북쪽 문을 열고 밖으로 나갔다. 그때 그곳에 서 있던 강도들은 그들이 오두막에서 나올 때마다 몽둥이로 때렸다. 그러자 마하리쉬가 말했다. "당신이 만족하지 못한다면, 다른 쪽 다리도 치십시오." 강도들은 곧바로 때리려 했으나, 그 사이에 라마크리슈나가 돌아와서 그의 손으로 몽둥이를 막았다. 그리고 마하리쉬를 호위하여 천천히 북쪽 오두막으로 걸어갔다. 모든 아쉬람 거주자들이 그곳으로 모였다. 강도들은 그들에게 꼼짝 말고 그곳에 있으라고 명령했다. 바가반은 "홀은 이제 당신들 것입니다. 원하는 대로 하십시오."라고 말했다.

도둑 중 한 사람이 돌아와서 램프를 요구했다. 바가반의 지시를 받아 라마크리슈나가 램프를 주었다. 잠시 후 다른 도둑이 와서 벽장의 열쇠를 요구했다. 그러나 꾼주가 이미 열쇠들을 가지고 떠나 버린 상태였다. 이 사실을 알게 된 도둑들은 벽장문을 부수고 벽장을 열었다. 그들이 얻을 수 있었던 것은 면도칼, 은으로 된 몇 개의 뿌자 도구, 약간의 쌀, 그리고 탕가벨루가 모아 놓은 6루뻬가 전부였다. 실망한 강도들은 그것들을 보여 주었고, 그들 중 하나가 몽둥이를 들어 바가반에게 위협하며 "돈은 어디에 있느냐?"고 물었다. 바가반은 "우리는 가난한 산야시들입니다. 우리는 다른 이들이 주는 것으로 연명합니다. 우리에게는 돈이 없습니다."라고 말했다. 도둑들이 아무리 다그쳐도 그들이 들을 수 있는 대답은 그 말뿐이었다. 도둑들은 실망하여 떠났다.

바가반은 라마크리슈나에게 상처에 바르도록 연고를 갖다 달라고 말했다. 라마크리슈나가 바가반에게 무슨 일이 일어났느냐고 묻자, 바가반은 "나도 뿌자를 받았습니다."라고 대답했다. 그러자 라마크리슈나는 바가반의 허벅다리에 난 상처를 알아차렸다. 그는 격노하여 쇠막대를 들고 밖으로 나가면서 말했다. "제가 가서 그 놈들이 무슨 짓을 하는지 봐야겠습니다." 바가반이 그의 의도를 간파하고는 말했다. "우리가 사두의 다르마를 포기해서는 안 됩니다. 그곳에 가서 그 사람들을 때리면 그 와중에 누군가가 죽을 수도 있습니다. 사람들은 우리를 비난할 것이고, 그것은 당연합니다. 저 도둑들은 무지하여 자신이 무엇을 하고 있는지 모르지만, 다르마와 아다르마를 분간할 수 있는 우리는 다르마를 버리지 않아야 합니다. 밥을 먹다가 우연히 혀를 깨물었다고 해서 모든 이빨을 다 빼 버리겠습니까?" 그렇게 말하며 바가반은 라마크리슈나를 진정시켰다. 새벽 2시 무렵 도둑들은 아쉬람을 떠났다.

그 후 바가반은 북쪽의 오두막에서 제자들과 함께 앉아, 마치 아무 일도 일어나지 않았다는 듯 평화롭게 베단따의 주제들에 대해 토의했다. 잠시 후, 꾼주는 마을의 행정 관리, 라마크리슈나 아이어, 그리고 두 명의 경찰관과 함께 돌아왔다. 경찰관은 강도 사건에 관해 질문을 했다. 바가반은 별 일이 아니라는 듯이 대답했다. "몇몇 무지한 바보들이 많은 것을 털려고 아쉬람에 왔지만 실망하여 빈손으로 돌아갔습니다." 경찰관은 진술을 기록한 뒤 떠났다. 아쉬람에 거주하던 소년 무누스와미가 경찰관을 따라가 도둑들이 바가반을 때렸다고 말했다.

행정 관리도 경찰서에서 진술했다. 다음 날 아침에는 부총경, 경감, 경사, 경장이 사건을 조사하기 위해 아쉬람을 방문했다. 바가반은 자신이 상처 입은 사실을 누구에게도 말하지 않았고, 그때나 그 이후로도 도둑에 관해 심한 말은 단 한마디도 얘기하지 않았으며 그 일을 회상하지도 않았다. 범죄에 가담했던 그 도둑들은 며칠 뒤에 다시 물건을 훔치다가 붙잡혀서 징역형을 선고 받았다.

아쉬람에는 1926년까지 몇 개의 건물이 더 지어졌다. 이처럼 확장하는 사이에 아쉬람의 관리 업무를 누가 맡을지 여부로 제자들 사이에 말다툼이 일었다. 권력을 부리려는 욕망은 돈을 벌고 재산을 소유하려는 욕망만큼이나 강하다는 말은 얼마나 진실한가. 1930년에는 바가반의 자얀띠가 다가오는데도 아무도 관심을 기울이지 않을 정도로 상황이 악화되었고, 아쉬람이 지속될 수 있을지 의심스러울 정도였다. 몇몇 제자들이 모여서 니란자나난다 스와미를 사르바디까리(관리자)로 추대하기로 결정했다. 그러나 일부 다른 이들은 이에 반대해서 법정에 소송을 제기했다. 더 이상 문제가 확대되지 않도록 하기 위해 몇몇 헌신자들은 바가반을 설득해서 니란자나난다 스와미에게 아쉬람 관리 권한을 맡기는 위임장과 아쉬람의 구체적인 관리 방침을 발효시키도록 하였다. 심지어 그 이후에도 아쉬람에 문제를 일으킬 기회를 엿보는 사람들이 없지 않았다.

1930년에 니란자나난다 스와미가 아쉬람 관리인이 된 뒤로 아쉬람에서는 건축이 활발히 이루어졌다. 사무실, 서적 보관소, 창고, 식당, 방문객 숙소, 베다 빠타살라(교실), 외양간과 같은 몇 동의 건물이 신축되었으며, 이 가운데 외양간은 락슈미라는 소를 위해 지어졌다.

시간이 지나면서 방문객들과 아쉬람 거주자들을 위한 편의 시설이 더해졌다. 아쉬람의 길 건너편에 있는 게스트하우스는 모르비의 라자(왕)가 지어 헌납한 것이다.

나라심하 스와미는 수행을 하기 위해 찾아온 사람이었다. 그는 혼자서 아쉬람의 서쪽에 있는 빨라꼬투 숲에 작은 오두막을 지었다. 빨라꼬투에는 끊이지 않고 물이 샘솟는 아가스띠야띠르탐이 있었다.

방갈로르의 오로빈도 보세의 온 가족은 바가반에게 헌신했다. 그들은 아쉬람 가까이에 있는 아루나찰라 기슭에 정착했다. 그들은 넓은 땅을 얻어 그곳에 오두막 네 채를 짓고 그 주거지를 마하스타나라고 명명했다. 그 오두막들은 주로 아쉬람에서 머무르는 데 불편을 겪는 서양인을 위한 것이었다.

마하스타나 부근에 맥아이버가 오두막 세 채를 지었다. 이와 비슷하게 체띠아르 주거지와 고운데르 주거지 등 다른 주거지들이 생겨났으며, 이렇게 하여 라마나나가르가 형성되었다. 아마도 이것은 바가반에 의해 훨씬 이전에 결정되었을 것이다.

바가반의 제자들인 영국인 채드윅과 데바라자 무달리아르는 둘 다 아쉬람 주거지 안에 그들이 머물 방을 만들었다. 그들의 방 근처에 요기 라마이아와 수바라마 레디도 자신의 방을 지었다. 이 네 가지 모두는 바가반이 머무르는 홀의 서쪽에 있는 화단 근처에 있었다.

방문자들과 아쉬람 거주자의 의료적 필요를 위해 화단의 북동쪽에 진료소도 마련되었다. 또한 아쉬람 거주자들은 빨리띠르탐을 수리하는 데 상당한 돈을 썼고, 물까지 내려가는 계단을 축조했다. 다양한 언어로 된 수많은 책들을 보유한 도서관도 역시 설립되었다.

이 모든 건물들을 세우는 데는 많은 자금이 필요했다. 아쉬람 거주자들은 어떠한 기부도 요구하지 않았는데, 처음에는 자본도 없었다. 방문객들의 자발적인 기부와 아쉬람 출판물의 판매로 얻은 금액으로 주요 재원을 충당했다. 수많은 헌신자들은 보답을 바라지 않고 아쉬람에서 봉사했다. 실제로 아쉬람에서 고용한 사람은 몇 명 되지 않았다. 헌신자들이 보답으로 받은 것은 오로지 바가반의 은총뿐이었다. 날마다 새벽 4시부터 밤 11시경까지 일이 계속되곤 했다. 시간이 흐름에 따라, 예기치 않은 방문객들을 위한 음식도 문제없이 제공되게 되었다.

34.

바가반을 따르는 사람들

Followers

슈리 라마나스라맘이 모습을 갖추어 가자 바가반을 따르는 사람들도 늘어났다. 이들은 아쉬람의 활동에도 참가하기 시작했다.

바가반을 따르는 사람들과 아쉬람 거주자들의 수가 늘어나면서 아쉬람 운영을 규제할 필요가 생겼다. 바가반이 연로해짐에 따라 그의 몸도 쉽게 피로해져서 방문객의 방문 시간을 규제해야 했다. 물론 이런 규제들을 싫어하는 사람들도 있었지만, 어떤 규제도 없이 아쉬람을 운영할 수는 없게 되었다.

바가반은 자신에 대한 특별 대우를 결코 허락하지 않았다. 그는 먼저 자신에게 주어지는 것은 무엇이든지 모든 사람에게도 주어지도록 했다. 뿐만 아니라 식사 시간에 음식을 배분하는 사람이 자신에게 더 나은 대우를 하려고 할 때마다 그를 심하게 꾸짖곤 했다. 그는 또한 아쉬람 거주자들이 바이라기야(초연), 박띠(헌신), 세바(봉사)를 완전히 연마하기를 원했다. 그리고 규제라는 명목으로 헌신자들에게 불편을 주는 것에 반대했다. 여기 한 예가 있다. 서양인들은 바닥에 책상다리를 하고 앉기가 어렵다. 한 유럽 여성이 바가반의 면전에서 다리를 쭉 펴고 앉았다. 바가반의 시자들이 그렇게 하지 말라고 주의를 주었다. 그러자 주로 다리를 뻗고 앉아 있던 바가반은 곧바로 다리를 오므려 책상다리를 하고 앉았다. 그러나 그는 류머티즘으로 고생하고 있었기 때문에 그런 자세는 고통스러울 수밖에 없었다. 그는 그 규제는 자기에게도 적용된다고 생각했다. 바가반이 편한 자세로 앉도록 하기 위해 시자들은 그 서양 여성에게 편한 자세로 앉으라고 말해야 했다.

헌신자들의 수가 늘면서 바가반에게 헌신하는 동물의 수는 점점 줄었다. 다음 이야기는 동물들에 대한 짧은 이야기다.

락슈미

모든 아쉬람 거주자들의 사랑을 받은 암소 락슈미는 끼라이 빠띠의 환생으로 여겨졌다. 이 암소는 아쉬람의 마당을 마음대로 뛰어다녔다. 암소는 종종 텃밭에 들어가서 채소들을 뜯어 먹었는데, 누군가가 쫓아내려 하면 마하리쉬가 나서서 "이곳에 울타리를 치지 않은 것은 당신의 잘못입니다. 왜 암소를 탓합니까?" 하고 말했다. 그럴 때면 락슈미는 홀로 걸어 들어가서 마치 자기는 아무 잘못이 없다는 듯이 바가반 가까이 서 있곤 했다. 아무도 락슈미를 제지하지 못했다. 락슈미는 머리가 꽤 좋아서 식사 시간을 알고 있었는데, 이 암소에게 먼저 먹을 것을 주지 않고는 아무도 밥을 먹을 수 없었다. 여름에는 락슈미를 위해 특별히 시원한 물을 받아 놓았다. 락슈미는 과일을 좋아해서 마하리쉬가 과일을 주면 맛있게 먹었다. 그러고는 까칠까칠한 혀로 바가반의 몸을 발개지도록 핥았는데, 바가반의 인내심은 대단했다. 락슈미는 버릇없이 홀에 소변을 보기도 했고 아쉬람에 새로 온 사람에게 다가가며 위협하기도 했다. 물론 그들이 등을 두드려 주거나 어루만져 주면 락슈미는 그들을 친근하게 대했다.

축제가 있는 날이면 락슈미는 특별한 대우를 받았다. 헌신자들은 이 암소에게 목욕을 시키고 축제에 맞게 단장해 주었으며 화환으로 장식해 주었다. 그럴 때면 락슈미는 자신의 아름다움을 자랑이라도 하려는 듯 곧바로 바가반에게 달려가 바가반 앞에 서 있곤 했다. 락슈미는 저녁에 반드시 마하리쉬를 방문하고서야 외양간으로 돌아갔다. 마하리쉬에게 가면 마하리쉬는 락슈미가 돌아가기 전에 바나나를 주곤 했다.

간혹 락슈미는 마치 전생의 기억이라도 난 것처럼 눈물을 글썽이며 마하리쉬 앞에 서 있었다. 그러면 마하리쉬는 락슈미를 위로해 주었고, 락슈미는 천천히 외양간으로 발걸음을 옮겼다.

세월이 흐르면서 락슈미는 마하리쉬의 자얀띠 날에 또는 그의 잔마 낙샤뜨라(뿌나르바수) 날에 새끼들을 낳았다. 락슈미의 새끼들은 아쉬람에서 자랐다.

락슈미는 자신의 중요성을 잘 알고 있었다. 그래서 다양한 과일들이 나오는 계절이면 흔한 바나나에는 입도 대지 않았다.

외양간 준공식이 있던 날, 락슈미는 정해진 시간보다 조금 일찍 마하리쉬 앞에 와서는 그가 일어설 때까지 꼼짝도 않고 서 있었다. 마하리쉬가 "락슈미가 나를 자기의 새 집으로 안내하고 싶은 모양입니다. 그냥 내버려두십시오."라고 말하면서 일어나자, 락슈미는 앞장서서 그를 외양간으로 안내했다. 이 광경을 보고 아쉬람 거주자들은 놀라지 않을 수 없었다.

발리

이 사슴은 성냥 공장 사장이 아쉬람에 기증한 선물이었다. 이 사슴도 아쉬람 거주자들에게 사랑을 받았다. 모든 방문자들이 사슴을 귀엽다고 어루만졌다. 그래서 사슴은 사람들을 전혀 낯설어 하지 않게 되었다.

이 사슴은 어디든지 자유롭게 돌아다녔기 때문에 외부인들의 양들과 섞여서 풀을 뜯어 먹기도 했다. 그래서 여러 번이나 목동들이 사슴을 아쉬람으로 데리고 와야 했다. 한번은 이 사슴이 밀렵자들에게 쫓겨 먼 곳에서 길을 잃고 말았다. 이때 이 사슴이 아쉬람의 사슴이라는 것을 알아본 어떤 사람이 곧바로 사슴을 구해서 아쉬람에 데려왔다. 지극한 보살핌에도 불구하고 이 사슴은 결국 죽고 말았다. 사슴은 아쉬람의 북쪽에 묻혔다.

잭

잭이 죽은 방식은 흥미롭다. 1933년 뽕갈 축제가 시작되기 3주 전쯤 잭은 병에 걸리고 말았다. 병에 걸리기 전에도 잭은 딱딱한 음식을 모두 거부했고 우유만 먹었다. 병에 걸리자 잭은 바가반의 곁을 떠나지 않았다. 죽어가는 개에게서 나는 특유의 역겨운 냄새가 잭에게서는 나지 않았다. 잭은 목숨이 오늘내일 했지만 용케도 축제가 끝날 때까지 살아남았다. 그리고 축제가 끝나자 조용히 죽었다. 잭의 죽음과 마하바라따의 위대한 전사 비슈마의 죽음 간에는 유사한 점이 있었고, 바가반은 그 점을 들려주었다. 잭의 죽음으로 까말라의 자손은 대가 끊겼다.

다람쥐들

한동안 다람쥐들이 아쉬람에서 활발히 돌아다닌 적이 있었다. 바가반은 다람쥐들이 자신의 몸을 타고 기어오르는 것을 좋아했다. 다람쥐들이 몸을 타고 기어오르면 여러 가지 나무열매를 주었다. 하루는 다람쥐 한 마리가 바가반의 몸을 타고 올라갔는데 곧바로 먹을 것을 주지 않자 바가반의 손가락을 깨물기도 했다.

비둘기

1945년 가을, 한 방문객이 바가반의 무릎에 비둘기 두 마리를 내려놓고는 가져가려 하지 않았다. 바가반이 비둘기들을 애정 어리게 쓰다듬자 비둘기들은 눈을 감았고, 마치 사마디에 잠긴 것처럼 고요해졌다.

표범

비슷한 시기에 또 한 사람의 방문객이 표범 새끼 두 마리를 가지고 와서 바가반에게 선물했다. 늘 그렇듯이 바가반은 새끼들을 쓰다듬어 주면서 우유를 먹였다. 두 마리 새끼는 바가반 소파 옆에서 깊은 잠에 빠졌다. 한 헌신자가 이 모습을 보고 사진을 찍었다.

흰공작새

바로다의 마하라니(왕비)가 흰 공작새를 보내 주어 아쉬람의 또 하나의 명물이 되었다.

바가반이 아쉬람에 온 뒤부터 다양한 목적과 열망을 가진 여러 사람들이 바가반을 찾아왔다. 몇몇 사람들은 현대에 위대한 영적 스승을 발견할 수 있는지 궁금해하면서 바가반을 찾아왔고, 또 몇몇 사람들은 그를 신성한 존재로 여기며 찾아왔고, 어떤 사람들은 바가반을 친견함으로써 자신들의 욕망을 채우고 싶은 희망으로 방문했다. 세속적인 삶에 실망한 채 그를 찾아와 그의 발아래서 휴식처를 찾으려는 사람들도 있었다. 많은 사람들이 바가반을 친견하여 삶이 바뀌고 행복을 찾았다. 그런 방문자들은 그들을 향한 바가반의 은총을 여러 가지 방법으로 찬양했다. 어떤 사람들은 따밀어나 뗄루구어로 바가반을 찬양하는 찬미가를 지었다. 그들 중에는 스와미 쁘라나바난다, 무루가나르, 라마스와미 아이어가 있었다. 몇몇 사람들은 산스끄리뜨로 노래를 만들었다. 나라야나스와미 아이어는 마하리쉬의 대화를 편집했다. 락슈마나 사르마는 《마하 요가》라는 책을 지어 바가반의 철학을 설명했다.

어떤 사람들은 바가반의 저작물을 다른 언어로 번역했고, 어떤 사람들은 바가반의 영광을 온 세계에 퍼뜨렸다.

슈리 요기 라마이아

"지식이 없어도 괜찮다. 성실하게 수행에 전념한다면 저절로 결과가 따를 것이다."라는 격언이 있다. 슈리 요기 라마이아의 삶은 이 격언의 본보기다. 그는 넬로르에서 가까운 마을인 모뿌루 출신이었다. 그의 가족은 인자한 성품과 지식에 대한 열망으로 잘 알려져 있었다. 이 가문의 특징이 하나 있었는데, 그것은 각 세대에 사내아이는 한 명씩만 태어났고 아이가 태어난 지 얼마 안 되어 그 아버지가 죽었다는 것이다. 라마이아의 경우에도 똑같은 일이 일어났다. 그래서 이웃 마을에 살던 외삼촌이 그를 키웠다.

젊고 부유하며 미혼이었던 이 미래의 요기는 한동안 버릇없는 젊은이처럼 행동했다. 동시에 그는 라마 신에 대한 헌신의 마음을 품고 있었고, 자신이 슈리 라마의 헌신자들로 유명한 발미끼 같은 헌신자나 까비르 같은 초연한 사람이 될 수 있을지 늘 궁금해했다. 그는 끊임없이 슈리 라마의 이름을 암송했다. 그는 운 좋게도 어린 나이에 슈리 브람마난다 띠르타 스와미라는 사두를 구루로 모시고 따라까 만뜨라 입문을 받았다. 이 구루는 만뜨라를 하루에 5천 번씩 암송하도록 했고, 라마이아는 그 지시를 따랐다. 한번은 그가 완전히 초연한 마음이 되어 바라나시로 떠나려고 하자, 구루는 어머니가 여행을 허락하셨는지 물었다. 라마이아가 허락을 받지 않았다고 하자, 구루는 그들의 집 정원의 조용한 곳에서 자빠를 행하도록 권유하여 그가 여행을 포기하도록 했다. 자빠 외에도 라마이아는 채식을 했으며 다른 사람의 안내 없이 혼자서 쁘라나야마를 수행했다. 얼마 지나지 않아 그는 여러 가지 영적 경험들을 했으나 그러한 경험들은 곧 사라졌다.

어느 날 그는 독특한 경험을 했는데, 모든 것이 하나의 밝은 빛으로 나타나는 경험이었다. 라마이아는 그것이 무엇인지 궁금하여 여러 사람들에게 문의해 보았지만 아무런 소용이 없었다. 그의 구루도 그 때는 이미 세상을 떠난 뒤였다. 이전에 들은 적이 있는 아루나찰라라 는 이름을 떠올린 라마이아는 아루나찰라로 와서 마하리쉬를 통해 의문이 깨끗이 해소되었다. 바가반은 그 현상을 사마디의 결과로 설명했다. 라마이아는 그 설명에 흡족해했다. 그 뒤 곧바로 바가반을 구루로 모시고 아루나찰라에 머물기로 결심했다. 그는 오랫동안 따빠스를 행하면서 망고 나무 동굴에 머물렀다. 그 뒤 어머니가 살던 마을에 아쉬람을 세웠으며, 한동안은 마을에 머물고 한동안은 아루나찰라에 머물기를 반복하며 지냈다.

심지어 독사까지도 포함하여 모든 존재를 향한 그의 선의와 사랑 때문에 어떤 동물도 그를 해치지 않았다. 그는 여러 가지 초자연적인 능력을 지니고 있었다. 폴 브런튼도 그 능력들을 경험한 사람들 가운데 한 명이었으며, 요기 라마이아 때문에 마음의 평화를 경험했다고 말했다. 라마이아의 제자들은 해마다 그의 자얀띠를 기념하고 축하했다.

나라심하 아이어

바가반의 영문 자서전 저자이면서 바가반의 《우빠데사 사람》의 번역자인 그는 살렘 출신이다. 법률가이자 독립투사였던 그는 꽤 유명한 사람이었고, 놀림을 당하면서도 마드라스 국회에서 자신의 언어인 따밀어로 연설한 적이 있었다. 그의 가정생활은 두 아들이 같은 날에 갑자기 죽으면서 예기치 못한 전환을 맞는다. 그 충격으로 그는 영적인 삶으로 방향을 전환했고 1928년에 아루나찰라로 왔다. 그는 약 3년간 아쉬람에 머물렀으며, 많은 시간과 엄청난 노력을 들여 바가반의 생애에 관한 세부적인 사항들을 수집했다. 마침내 그는 여러 사람들의 진술들을 모으고 편집하여 바가반의 전기인 《참나 깨달음》을 세상에 내놓았다. 그는 산스끄리뜨로 된 영적 문헌들은 물론 서양의 심리학까지 공부하여 정통하게 되었다. 그는 바가반의 독실한 헌신자였지만, 전기에서 바가반에 대해 과장하지 않도록 주의를 기울였으며 많은 사람들을 바가반에게 향하도록 하는 데 성공했다. 그는 동양과 서양의 영적 사상을 융화시키는 데 큰 흥미를 가지고 있었다. 그리고 깊은 잠에 빠져 있을 때에도 마음은 존재한다고 믿었다. 이 믿음을 뒷받침하기 위해 그는 마음이 존재하지 않는다면 잠을 자는 동안 경험했던 행복을 기억할 수도 없고 계획한 시간에 잠에서 깨어날 수도 없다는 사실을 언급했다. 그는 깨어 있는 상태의 생각들이 약해져서 그 결과로 마음이 빈 상태, 백일몽, 꿈, 깊은 잠으로 이어진다고 주장했다. 바가반은 깊은 잠을 자는 상태에서는 마음이 정지 상태(라야)에 있을 뿐이고 파괴되지 않으며, 마음은 너무나 약해서 실제로는 존재하지 않는 것으로 여겨질 수 있다는 점을 납득시키려 하였다.

숫다난다 바라띠

바가반의 따밀어 전기의 저자인 그는 매우 젊은 나이에 이미 저널리스트와 작가로 유명한 사람이 되었다. 그의 따밀어 작품 《바라따 샥띠》는 꽤 잘 알려져 있다. 그는 교육을 매우 중요하게 생각하여

V.V.S. 아야르와 협력하여 체란마하데비에 구루꿀라를 설립했다. 자연 요법에도 관심이 있었다. 모든 종교의 본질을 알기 위해 그는 모든 종교 문헌을 폭넓게 연구했다. 자신의 고귀한 이상을 실현하는 데 샥띠가 필요함에 따라 그는 샥띠(샥띠 우빠사나)를 경배하기 시작했으며, 이 목적을 위해 쁘라나야마를 배워 영적인 경험들을 했다.

유명한 자이나교 성지인 스라바나벨라골라에서 자이나교 경전들을 공부하는 동안, 숫다난다는 바가반을 친견하고 싶은 소망을 품게 되었다. 그가 아쉬람에 도착하여 바가반을 보았을 때, 그의 눈에는 바가반의 육체가 보이지 않고 오직 빛기둥만 보였으며 다음에는 쉬바링가로 변했다. 그 다음에야 바가반의 육체적 형상이 보였다. 숫다난다는 바가반 앞에 엎드려 절했고, 다음에는 그 옆에 있던 가나빠띠 무니 앞에 엎드려 절했다. 바가반이 가나빠띠에게 "이 분이 바라따 샥띠의 저자인 숫다난다입니까?" 하고 물었다. 숫다난다는 그 칭찬의 말에 너무나 기뻤다. 바가반이 그에게 식당에 가서 식사를 하라고 말하자, 바라띠는 "알겠습니다. 그렇지만 저는 영적 음식을 위해 여기 왔습니다."라고 대답했다. 숫다난다는 많은 질문을 하지 않았다. 그의 행복은 단지 바가반의 친견을 맛보는 데 있었다. 그때 여러 편의 따밀어 시편들이 그의 마음속에서 샘솟았다.

바라띠는 아루나찰라에서 여섯 달을 보냈다. 신성의 존재 속에서 그의 에고는 파괴되었고 그는 자신을 삼인칭으로 부르기 시작했다. 그는 완전히 내면만을 바라보게 되었다. 샥띠 우빠사나를 계속하기 위해 그는 폰디체리의 슈리 오로빈도 아쉬람으로 떠났다. 바가반에 대한 바라띠의 헌신은 감미로운 시들로 이루어진 《슈리 라마나 비자얌)으로 이어졌다.

이제 아쉬람의 발전에 공헌한 사람들과 바가반의 가르침을 설명할
수 있는 사람들에 대해 언급할 것이다.

비슈와나타 브람마차리

그는 아무에게도 알리지 않고 겨우 19세이던 1923년에 아쉬람에
왔다. 아들이 집을 떠나는 것을 좋아하지 않았던 그의 아버지는 수소
문한 끝에 그가 아루나찰라로 왔을 것이라고 짐작하고는 아들을 찾아
아쉬람으로 왔다. 그의 아버지는 오래 전 마하리쉬가 벤까따라만이던
소년 시절에 그를 알고 있었다. 그러나 새로운 곳에서 마하리쉬를 보
고 놀란 그는 "이 사람은 내가 알던 벤까따라만이 아니다."라고 말했
다. 이 말을 듣고서 바가반은 웃으며 "오, 그 사람은 사라진 지 꽤 되
었습니다."라고 대답했다. 그리고 비슈와나타에 대해 바가반은 "집을
떠날 무렵에 그 아이는 최소한 어느 정도 산스끄리뜨에 대한 지식을
가지고 있었지만, 나는 집을 떠날 때 전혀 모르고 있었습니다."라고
말했다. 비슈와나타 브람마차리는 가나빠띠 무니에 대해 큰 믿음을
가지고 있었고, 그와 교제하면서 그의 모든 작품들을 공부했다.

무나갈라 벤까따라마이아

그는 정부의 고위 관리였다. 1925년 무렵 그는 이 직업을 잃었다.
처음에 그는 가족과 함께 아쉬람에 머물면서 가족 문제와 관련하여
바가반에게 상담을 했다. 어느 날 밤, 그와 그의 어린 자녀들은 홀에
서 잠이 들었다. 자정 무렵 그는 바가반의 "당신은 왜 지금 여기에 왔

습니까? 아이들이 두려워하지 않겠습니까?"라는 말을 들었다.

벤까따라마이아가 눈을 뜨고 주위를 둘러보았을 때, 그는 커다란 뱀이 아이들을 지나 창문으로 빠져나가는 것을 보았다. 그는 이 광경에 놀랐다. 벤까따라마이아의 딸 까막쉬는 아쉬람의 아이였다. 그녀의 남편 라마찬드라 까운디니아도 바가반의 열렬한 헌신자였다.

벤까따라마이아는 바가반의 헌신자들을 많이 도왔다. 그는 헌신자들이 바가반과 대화할 수 있도록 통역사로 활동하면서 대화를 편찬하여 《마하리쉬와의 대화》라는 제목으로 세 권의 책을 냈다. 그리고 《뜨리뿌라 라하샴》을 영어로 번역했다.

순다레사 아이어

띠루반나말라이 토박이인 그는 열 살 때 바가반의 헌신자 모임에 가입했다. 또한 가나빠띠 무니와 교류하면서 만뜨라 샤스뜨라를 배웠다. 영어, 산스끄리뜨, 따밀어에 능통했던 그는 종종 바가반에 대한 논문을 써서 발표했는데, 그러한 능력은 아쉬람 활동에 많은 도움이 되었다. 바가반의 저작 모음집이 《눌 띠랏뚜》(따밀어)라는 제목으로 출판될 때, 바가반은 순다레사에게 서문을 써 달라고 부탁했다. 이 자체가 그의 가치를 보여 주었다.

무루가나르

유명한 학자면서 따밀어 시인이었다. 따밀어에 대한 애정이 깊었던 그는 자신의 이름을 수브라만얀에서 무루가나르로 바꾸었다. 그의 대표작인 《라마나 산니디 무라이》는 고전으로 인정받았으며 따밀어 시인들에게 존경을 받고 있다. 그는 처음에 바가반을 모든 신의 화신으로 숭상했으나 나중에는 무형의 신이라는 개념의 신봉자가 되었다. 그는 확실한 아드바이띤(비이원론자)이었다. 그는 바가반의 따밀어 작품인 《우빠데사 운디야르》와 《울라두 나르빠두》를 책임지고 편찬했다.

라마스와미 삘라이

그는 대학을 나와 곧 아쉬람에 합류했다. 그는 봉사의 화신 같은 사람이었으며 바가반에 대한 헌신이 남달랐다. 따밀어에 대한 지식도 풍부해서 바가반을 찬미하는 따밀어 노래를 즐겨 불렀다. 아쉬람에는 항상 그의 노래가 울려 퍼지곤 했다.

데바라자 무달리아르

그는 칫뜨루르에서 검사로 일하다가 아쉬람으로 왔다. 그의 일기는 《바가반과 함께 한 나날들》이라는 제목으로 아쉬람에 의해 출판되었다.

그릿달루르 나라심하 라오

뗄루구어 저자 중에서 그릿달루르 나라심하 라오는 《아루나찰라 스뚜띠 빤차깜》과 《울라두 나르빠두》를 뗄루구어로 번역하였다. 이 목적을 위해 그는 따밀어를 배웠으며, 바가반은 그의 모든 작품을 읽었다.

굴람 벤까따 숫바라마이아

그도 따밀어를 배웠다. 그는 《라마나 기따》를 뗄루구어와 영어로 번역하였다. 바가반이 《바가바드 기따》에서 몇 개의 슬로까를 뽑아 《슈리 바가바드 기따 라쁘나말리까》(《슈리 바가바드 기따 사람》이라고도 한다)를 지은 것은 그의 요청에 의한 것이었다.

수리 나감마

그녀는 라마나 뿌뜨리라고 불릴 수 있는 여성이다. 그녀는 매우 젊어서 과부가 되어 1941년에 바가반의 현존으로 왔다. 그녀는 1945년부터 1950년 사이에 바가반의 현존 안에서 일어난 대화와 사건들을 편지 형식으로 기록했다. 이 작업을 위해 그녀는 대부분의 시간을 아쉬람에서 보냈다. 이 대화와 사건들은 뗄루구어 책인 《슈리 라마나 아쉬라마 레칼루》라는 제목으로 편집되어 출판되었다. 바가반은 그녀를 각별히 아꼈다.

35.

출판물
Publications

바가반이 라마나스라맘에 정착한 이래 헌신자의 수가 꾸준히 늘어나서, 이제는 모든 헌신자들이 그의 가르침을 직접적으로 듣는 것이 불가능하게 되었다. 따라서 책 출판이 필요하게 되었다. 마하리쉬가 산 아래로 내려왔을 즈음 그의 언어 능력은 아주 좋아져서 따밀어, 뗄루구어, 산스끄리뜨, 말라얄람어로 쉽게 글을 쓸 수 있었다. 다른 사람들이 마하리쉬의 작품을 번역하는 것보다 그가 자신의 말로 직접 가르쳐서 그 가르침의 순수성이 보존되게 하는 편이 더 낫다고 모두들 생각했다. 이밖에도 이제까지는 시의 형태로만 표현된 바가반의 가르침이 이론의 형태로도 표현되어야 한다고 생각했다. 더욱이 바가반의 이론, 수행 방법, 새로운 접근법, 전통적인 경전 문학의 복잡한 문제들에 대한 그의 명쾌한 해석을 알고자 하는 사람들이 많이 있었다. 아드바이따 논쟁의 잘못된 개념들을 논박하고 아드바이따 철학의 굳건한 기초를 놓을 필요가 있었다. 《라마나 기따》는 우빠사나에 관심 있는 사람들과 올바른 수행법을 원하는 사람들을 만족시켰지만, 철학적 논쟁에서의 오류를 체계적으로 충분히 논박하지는 않았다.

이런 이유들 때문에 바가반이 몇몇 책을 저술할 필요성이 있었고, 이런 책들은 귀중한 가치를 갖게 되었다. 바가반이 라마나스라맘에 머무르는 동안 쓴 책들에는 대단히 중요하며 핵심을 찌르는 말들을 담고 있으며, 다른 견해들에 대한 효과적인 논박이 실려 있다.

따밀어 작품들

아루나찰라 마하뜨미얌 아루나찰라의 《스탈라뿌라나》는 매우 두꺼운 책으로 사람들이 쉽게 접근할 수 있는 책이 아니었다. 그래서 바가반은 아루나찰라의 위대함을 표현하고 있는 몇 개의 슬로까를 선택하여 그것들을 따밀어로 번역했으며 《아루나찰라 마하뜨미얌》으로 출간하였다.

사르바냐노타람 이것은 쉬바파의 아가마다. 바가반은 그 중에서 냐나를 다루고 있는 부분인 아뜨마샥샤뜨까라를 따밀어로 번역했다. 이것은 《데비깔로타람》에 추가되는 부분으로 간주될 수 있다.

아뜨마비디야 끼르따나 많은 사람들은 아뜨마비디야의 기법이 너무 심오하고 이해하기 어렵다고 생각했다. 이 견해에 반대하는 사람들 가운데 《라마나 산니디 무라이》의 저자인 위대한 시인 무루가나르가 있었다. 그는 어느 날 다음과 같은 후렴구를 쓴 종이 한 장을 바가반 앞에 내놓았다.

아, 자기 지식은 매우 쉽다네

아, 정말로 매우 쉽다네

이 시를 완성할 수 없었던 그는 이 후렴구에서 더 나아갈 수 없었다. 바가반은 그것을 보고서 그 노래를 직접 완성했다.

우빠데사 사람 무루가나르는 바가반을 쉬바로 여겼다. 그는 스스로 쉬바를 찬양하는 글을 많이 썼다. 그의 시 가운데 하나의 주제는 다루까 숲에서의 쉬바의 릴라(유희)였다. 거기서 쉬바는 리쉬들에게 따뜨바를 가르친다. 무루가나르는 바가반의 가르침을 쉬바의 우빠데사로 통합하기를 희망했다. 그는 쉬바의 릴라에 관해 약 70편의 시를 썼으며, 그 시의 우빠데사 부분을 30편의 시로 완성해 달라고 바가반에게 요청했다.

따밀나두에서는 고대부터 특정한 형식의 마을 무용이 유행했는데, 이 무용에서 스텝의 멈춤을 '운디빠라'라고 한다. 그것을 위한 특정한 운율과 리듬도 정해져 있었다. 바가반은 따밀어로 '우빠데사 운디야르'라는 제목이 붙여진 시를 위해 그 운율을 도입했다. 한 헌신자가 정확히 언급했듯이, 유추법이 가득한 글은 보통 사람들의 마음에는 다가갈 수 있지만, 철학의 깊이를 알고 싶어 하는 사람들에게는 싯단따를 구현하고 있는 문장만이 설득력 있게 다가갈 수 있다. 이 시에서 바가반은 싯단따를 시적 형태로 표현했다.

우선 거기에는 육체나 까르마는 지각이 없으며 까르마의 결과는 신에 의해 주어진다는 문장이 있다(이는 뿌르바 미맘사의 명제에 대한 논박이다). 점차 이 시는 박띠, 요가, 냐나의 길을 건드리면서 아드바이따의 본질을 드러낸다.

바가반은 이 편집물에 산스끄리뜨로 《우빠데사 사람》이라는 제목을 붙이고, 당시 망고 나무 동굴에 머물던 가나빠띠 무니에게 이것을 보내 그의 의견을 물었다. 가나빠띠 무니는 이 시의 아름다움에 감동하여 시를 여러 명의 산스끄리뜨 학자들에게 보여 주면서 말했다. "우리 중 누가 이와 같은 시를 한 편이라도 지을 수 있단 말입니까? 우리 중 누가 이 시구들에 대해 논평할 수 있는 능력을 가지고 있습니까? 그러면서도 우리들은 산스끄리뜨 학자들이라고 주장합니다!" 그러고는 불과 두 시간 반 안에 가나빠띠 무니는 이 시에 대해 간략한 해설을 달았다. 그것은 따밀어로 번역되었다.

라마이아 요기는 이 시를 뗄루구어로 번역해 달라고 바가반에게 요청했고, 바가반은 직접 이 시를 뗄루구어로 썼다. 가나빠띠 무니의 도움을 받아서 스와미 쁘라나바난다는 뗄루구어로 해설을 썼다. 그 뒤 바가반은 직접 말라얄람어로도 시를 번역했다.

울라두 나르빠두 무루가나르는 바가반에게 철학적 문제들에 대해 여러 질문을 했는데, 그 질문에 바가반은 시의 형태로 답했다. 이 시들이 모여서 40편이 되었다(따밀어로 나르빠두는 40이라는 뜻이다). 그리고 가나빠띠 무니의 제안으로 무루가나르는 그 시들을 특정한 순서로 정리했다. 이 시구들은 '지금 있는 것' 또는 '실재'(따밀어로 울라두는 실재라는 뜻이다)에 관한 것이기 때문에 이 시들의 제목은 《울라두 나르빠두》(즉, 실재 40송)라고 붙여졌다. 이 40편의 시와 별개로, 종종 바가반은 따밀어로 번역하여 무루가나르와 그 밖의 사람들에게 답했는데, 일부 시구는 다른 언어에서 가져온 것이었다. 여기에 더하여 바가반이 지은 12편의 시가 있었다. 이 시들을 합해도 40편이 되지 못했다. 이에 크리슈나 빅슈의 요청을 받고서 바가반은 추가로 시를 지어 40편을 채웠다. 이 40편은 《울라두 나르빠두》의 부록으로 알려지게 되었다. 이 부록의 뗄루구어판은 《슈띠 수다》로 알려져 있다.

라마이아 요기의 요청으로 바가반은 《울라두 나르빠두》를 《운나디 날루바디》라는 제목 하에 뗄루구어 산문으로 번역하였다. 뒤에 여러 사람들이 그 글을 시문으로 바꾸었다. 이 책은 풍부한 통찰을 담고 있으며 냐나의 안내서이다. 책에는 아드바이따에 반대하는 견해를 논박하는 논증이 많이 담겨 있다. 그리고 단순한 양식으로 되어 있으며 탁월한 직유로 가득하다.

가나빠띠 무니는 (부록을 제외한) 이 작품을 《삿 달샨》이라는 제목 하에 산스끄리뜨로 번역하였다. 책에 대한 주석은 가나빠띠 무니의 제자인 까빨리 샤스뜨리가 썼다. 까빨리 샤스뜨리는 작품 전체를 영어로 번역했다.

바가반은 또 하나의 산스끄리뜨 시를 썼는데, 이 시에서 네 개의 스탄자는 데함(몸), 나함(나는 ……이 아니다), 꼬함(나는 누구인가?), 소함(나 자신인 그것)이라는 표현으로 시작했다. 이것은 가나빠띠 무니의 요청으로 쓰였다.

이러한 창작품 외에도 바가반은 전통적인 문헌들에서 구절들을 선별하여 한데 묶기도 했고, 그 내용을 따밀어로 번역하기도 했다. 그런 문헌들 가운데 따밀어 작품으로는 《따유마누바르》가 있고, 그 밖에 《비베까 추다마니》, 《쉬바난다 라하리》, 《요가 바시슈타》, 《바가바드 기따》와 같은 작품이 있다. 다른 번역물들은 앞에서 언급한 '부록'에

통합되었다.

그 밖의 시들

바가반은 종종 시를 썼는데, 그 가운데 일부는 다음과 같다.

1. 라마 기따 중에서:

"마법사는 세상 사람들을 속인다 해도 그 자신은 속지 않습니다. 싯
다가 미혹되어 세상을 더욱 미혹에 빠뜨린다면 이는 얼마나 이상한 일
입니까."

– 《저작 모음집》 중에서

2. 가네샤:

어느 날 한 도공이 작은 가네샤 조각상을 가져와 비루팍샤 동굴에 있
는 바가반에게 선물했다. 그러자 바가반은 다음과 같은 시를 지었다.

"당신은 당신을 자식으로 낳으신 분을
거지로 만들었습니다.
당신은 어린아이면서도
당신의 큰 배를 채우기 위해
아무데서나 살았습니다.
나 또한 어린아이입니다.
오, 저 벽감 속에 있는
어린아이 신이시여!
당신 뒤에 태어난 동생을 만나고도

당신의 가슴은 그렇게도 무정합니까?

제발 나를 바라보세요!"

– 《저작 모음집》 중에서

3. 아루나찰라 라마나:

1914-1915년 사이에 암리따난다 야띠는 종이에 시를 써서, 바가반에게 그가 하리(비슈누)인지 쉬바구루(수브라만야)인지 야띠바라(쉬바)인지 바라루치인지 말해 달라고 요청했다. 바가반은 같은 종이에 다음과 같이 답했다.

"비슈누로 시작되는 모든 이들의 연꽃 모양을 한 가슴의 깊숙한 곳에는 아루나찰라 라마나와 동일한 빠람아뜨만이 순수한 지성(절대 의식)으로 빛나고 있습니다. 마음이 그분에 대한 사랑으로 녹아, 그분이 연인으로 거주하는 가슴의 가장 깊숙한 곳에 이르면, 순수 지성의 미묘한 눈이 뜨이고 그분은 자신을 순수 의식으로 드러냅니다."

– 《저작 모음집》 중에서

4. 위장의 불평:

1931년, 어느 축제일에 풍요로운 만찬을 즐긴 뒤 한 헌신자가 따밀의 성자이자 여류 시인인 아브바야르가 지은, 위장에 대해 불평하는 시를 인용했다. "너는 하루도 음식이 없으면 못살고, 그렇다고 한 번에 이틀 분의 음식도 먹지 못하는구나. 너는 내가 너 때문에 어떤 어려움을 겪고 있는지 전혀 모른다. 오, 불쌍한 위여! 너하고 사이좋게 지낼 수가 없구나."

그러자 바가반은 위장에 대한 불평을 에고에 대한 불평으로 개작하여 곧바로 시를 지었다.

"에고여, 너는 나를 한 시간도 쉬지 못하게 하는구나. 날이면 날마다, 시간이면 시간마다 너는 계속 먹기만 하는구나. 너는 내가 얼마나 고생하고 있는지 전혀 모르는구나. 오, 말썽만 일으키는 에고여! 너와 사이 좋게 지낼 수가 없구나!"

- 《저작 모음집》 중에서

5. 쉬바라뜨리:
"아루나찰라의 아주 오래되고 경이로운 링가가 모습을 갖춘 날은 마리가시라 달의 아르드라 성좌입니다. 그리고 비슈누와 데바들이 빛의 형태로 있는 신을 경배한 날은 마하쉬바라뜨리 날입니다."

- 《저작 모음집》 중에서

바가반의 작품들을 발표하기 위해 슈리 라마나스라맘 그란타말라가 설립되었다. 그리하여 바가반의 모든 따밀어 작품과 다른 언어 번역물이 출판되었다.

《참나 깨달음》(영어), 《슈리 라마나 비자얌》(따밀어), 《슈리 라마나 차리땀리뜨》(힌디어) 등 바가반의 전기가 다양한 언어들로 출판되었다. 최근에는 라마나의 많은 작품들이 힌디어, 구자라띠어, 마라띠어, 벵갈어, 깐나다어로도 출판되고 있다. 《삿 달샨》, 《슈리 라마나 기따》, 《삿 달샤나 바슈야》, 《슈리 라마나 찻바림샷》과 같은 산스끄리뜨 작품들도 출판되었다.

바가반의 직접적인 우빠데사, 특히 그의 침묵의 우빠데사는 최고의 가르침이다. 책들에 실린 가르침들은 그 다음이다. 물론 다른 사람들이 라마나에 관해 쓴 많은 작품들도 다양한 언어로 출판되었다.

36.

세상의 빛
Light of the World

> "먼 태양의 에너지처럼 당신의 샥띠는
>
> 나에게로 와 나의 슬픔을 없앱니다."
>
> – 가나빠띠 무니

하늘에서 별 하나가 떠올라 예수가 태어난 곳으로 가는 길을 현자들에게 보여 줄 때 예수의 출현이 알려졌다. 역사적으로 지혜의 빛은 동방에서 떠올라 서방에서 빛났다.

바가반 슈리 라마나의 가르침은 험프리즈에 의해 일찍이 서방으로 전해졌다.

험프리즈

험프리즈에 관한 이야기는 그 자체로 범상하지 않았다. 그는 경찰 부총경으로 임명되어 1911년에 봄베이에 도착했는데, 봄베이에 도착한 뒤 곧 병으로 앓아누웠다. 이미 그는 요가를 수련했으며 육체를 떠나 미묘한 몸으로 어디든지 여행할 수 있었다. 미묘한 몸을 통해 험프리즈는 자신에게 뗼루구어를 가르쳐 줄 수 있는 빤디뜨(문쉬)를 벨로르에서 찾을 수 있었다. 3월 18일에 뗼루구어 빤디뜨 즉 사르베빨리 나라심하(후에 스와미 쁘라나바나다로 개명)가 그에게 왔다.

험프리즈는 철학적인 주제에 대해 문쉬에게 질문하기 시작했다. 그리고 이 선생에게 점성학에 관한 책들을 가져다 달라고 부탁했다. 다음 날 문쉬가 왔을 때 험프리즈는 근처에 마하뜨마가 있는지, 그런 사람을 알고 있는지 물었다. 문쉬는 모른다고 대답했다. 아마 영국인에게 구루에 관해 얘기하면 안 된다고 생각했을 것이다. 다음 날 이 학생은 "문쉬, 당신은 어제 어떤 마하뜨마도 모른다고 했는데 오늘 아침 내 꿈에 당신의 구루가 나타났소. 사실 당신은 내가 이미 봄베이에서 본 첫 번째 벨로르 사람이었소." 하고 말했다. 문쉬는 봄베이에 간 적이 없다고 대답했다. 그러자 이 학생은 요가 수행을 통해 얻은 신비한 능력에 대해 그에게 말해 주었다. 이 선생은 감명을 받았고 학생의 요청대로 그에게 위대한 영혼들의 사진을 몇 장 보여 주었다. 가나빠띠 무니의 사진을 보자 험프리즈는 "이 사람이 오늘 아침 내 꿈에 나타난 그 위대한 사람이오. 이 사람이 당신의 구루 아니오?" 하고 외쳤다. 그러자 문쉬는 가나빠띠 무니가 정말로 자신의 구루라는 것을 인정하지 않을 수 없었다.

2주일 뒤 험프리즈는 다시 병이 들어 오따까문드로 옮겨가야 했다. 그는 문쉬에게 종종 편지를 보냈다. 한번은 텁수룩한 머리에 긴 턱수염을 하고 눈이 빛나는 사람을 보았다는 편지를 보내기도 했다. 또 한번은 쁘라나야마와 디야나 수행을 더 잘 하기 위해 육식을 포기하려 한다고 말했다. 어떤 편지에는 그가 이전에 회원이었던 밀교회에 재가입하는 것이 적절한지 물었다. 오따까문드에서 돌아온 뒤, 험프리즈는 1911년 11월에 문쉬와 가나빠띠 무니를 만나 함께 마하리쉬를 방문하였다. 바가반에게 던진 그의 첫 질문에서 젊은이로서 그의 노력과 높은 이상, 다른 사람들을 돕고 싶다는 바람이 드러났다. 마하리쉬도 영어를 섞어 그에게 말했다.

험프리즈　스와미, 이 세상을 바꾸는 데 제가 일조할 수 있습니까?

마하리쉬　먼저 자기 자신을 바꾸십시오. 그것이 세상을 바꾸는 것만큼 중요합니다.

험프리즈　저는 세상에 뭔가 좋은 일을 하고 싶습니다. 그렇게 할 수 없을까요?

마하리쉬　먼저 자기 자신에게 좋은 일을 하십시오. 결국 당신도 세상의 일부입니다. 그뿐 아니라 당신이 세상이고, 세상이 당신입니다. 그 둘은 별개가 아닙니다.

험프리즈　(잠시 침묵한 뒤) 저도 크리슈나와 예수처럼 기적을 행할 수 있겠습니까?

마하리쉬　그들이 그런 행동을 하는 동안 자신이 기적을 행하고 있다고 생각했을까요?

잠시 후 험프리즈는 그렇지 않았던 것 같다고 대답했다.

마하리쉬는 아마 그러한 능력에 대한 관심이 험프리즈에게 해가 될 것이라 생각했을 것이다. 그래서 오직 구해야 할 것은 아뜨마뿐이며 모든 에너지를 그 목적에 써야 한다고 험프리즈에게 주의를 주었다. 또한 완전한 자기 복종의 자세로 그 목적에 헌신해야 한다고 덧붙였다.

언젠가 바가반은 아루나찰라를 특별한 빛의 산이라고 말했는데, 바가반 자신도 그러했다. 그를 한 번 방문한 사람들은 계속해서 다시 방문했다. 험프리즈가 두 번째로 바가반을 방문했을 때였다. 한낮의 뜨거운 태양 아래서 그는 오토바이를 타고 벨로르에서 띠루반나말라이까지 40마일을 달렸고, 거기서 공공사업 감독관인 라가바차리를 태우고 바가반을 방문했다. 그는 지쳐 있었고 먼지투성이였다. 그를 본 바가반은 음료와 간식을 내놓으며 그를 평온히 진정시켰다. 그때 문시쁘 지구의 크리슈나스와미 아이어도 그 자리에 있었다. 라가바차리와 크리슈나스와미가 통역을 하면서 대화를 진행했다.

험프리즈 스와미, 저는 가르침을 쉽게 잊어버려 마지막 말씀만 제 기억에 남아 있습니다. 어떻게 해야 할까요?

마하리쉬 명상뿐 아니라 당신의 할 일에도 주의를 기울이는 것이 좋습니다.

험프리즈는 세 번째로 바가반을 친견했다. 그 무렵 그는 바가반을 얼마나 존경했던지, 신발을 신고 모자를 쓴 채 산에 오르는 것조차 불경스럽게 여길 정도였다. 그래서 그는 신발과 모자를 벗어 놓고 맨발로 산에 올라 동굴에 이르렀다. 바가반은 외출했다가 동굴로 돌아오던 도중 길 위에 떨어져 있는 험프리즈의 신발과 모자를 보고는 그와 동행하고 있던 빨라니스와미에게 주우라고 했다. 그때 바가반이 험프리즈에게 어떤 가르침을 주었는지는 아무도 알지 못했다.

험프리즈는 영국의 친구에게 보낸 편지에서 바가반을 찾아간 일과 바가반에게 받은 가르침에 대해 상세하게 말했다. 펠릭스 루돌스라는 이 친구는 이 편지 내용을 기사 형식으로 고쳐 〈국제 사이킥 가제트〉에 발표했다. 그 뒤 이 기사는 여러 언어로 번역되었고 여러 나라의 구도자들이 바가반의 가르침을 통해 많은 도움을 받았다. 나중에 험프리즈는 경찰직을 그만두고 로마 가톨릭 교회의 수도사가 되었다.

이처럼 영국인 험프리즈는 바가반의 헌신자가 되고 바가반의 메시지를 전 세계에 퍼뜨리는 데 일조하였다. 이 일은 수십 년 전에 있었으며 많은 구도자들에게 도움이 되었다.

그 구도자들 중 제일 선두에 해리 딕먼이 있었다. 그는 러시아의 서쪽, 발틱 해안에 위치한 나라인 라트비아의 리가 사람이었다.

딕먼

젊은 나이에 그는 요가에 관심을 갖게 되어 하타 요가와 라자 요가를 배웠으며, 하타 요가에서 설명하고 있는 몇 가지 아사나를 수련했다. 그는 요가를 배우러 찾아온 학생들도 가르치고 있었다.

바가반에 대한 딕먼의 헌신과 믿음은 점점 더 커졌으며 그는 바가반을 전적으로 신뢰했다. 그는 《우빠데사 사람》과 《나는 누구인가?》를 모국어로 번역했다. 그리고 그 자신과 학생들이 요가를 수련하면서 마주치는 문제들을 바가반에게 문의하고 바가반의 지도를 따랐다. 그는 금욕에 대해 큰 믿음을 가지고 있었으며 베단따를 높이 평가했다. 또한 자신의 조국과 인도 간에는 지식뿐만 아니라 언어에서 밀접한 관련이 있다고 믿었다. 그는 자신이 살았던 라트비아의 지역이 쿠루지미인데, 이 지명은 꾸루끄쉐뜨라와 같은 뜻이라고 밝혔다. 베단따를 배우기 위해 우선 그는 산스끄리뜨와 영어를 배웠고 힌디어에 대한 지식도 어느 정도 쌓았다. 비베까난다의 작품들을 철저히 공부했으며 그 가르침에 따라 살았다. 그는 바가반에게서 마하바끼야들의 의미를 배우고자 했다. 그리고 영적인 문제에서 아드바이따는 마지막 말이라고 생각했다. 그와 제자들은 매년 정기적으로 바가반의 자얀띠를 기념했다.

폴 브런튼

런던에서 출판되는 저널 〈포럼〉의 도서 평론가인 '브런튼'은 필명이고 그의 실제 이름은 라파엘 허스트였다. 유대인으로 태어났지만 그는 영국 시민이었다. 젊을 때부터 그는 종교적인 경향을 가지고 있었다. 신비한 기법을 습득하기 위해 그는 신지학 협회의 회원이 되어 2년의 세월을 보냈지만 만족할 만한 결과를 얻지 못했다.

동양의 나라들에서는 많은 사람들이 비밀스러운 기법을 잘 알고 있다고 믿은 그는 인도에 와서 사두들과 파끼르들을 만났고, 그 경험들을 바탕으로 《인도 명상기행(A Search in Secret India)》이라는 책을 썼다. 그 책에서 그는 자신이 만난 사람들 중에 바가반은 그 누구와도 비교할 수 없었으며 바가반을 자신의 구루로 여겼다고 하면서 바가반을 칭송했다. 그 책은 잘 씌어졌으므로 곧 인기를 얻었고 많은 서구인들이 바가반을 알게 되었다. 그 책에서 브런튼은 아루찰라에서의 경험을 자세하게 설명했다. 브런튼은 바가반을 찾아가 그 앞에 엎드려 절했으며, 평화롭고 고요한 눈길로 바라보는 바가반 앞에 앉았다. 브런튼은 처음에 그런 눈길이 헌신자들의 관심을 끌기 위한 것이라고 생각했으나 곧 그러한 의심은 사라졌다.

그는 자신의 마음에 점점 변화가 일어나는 것을 알게 되었고, 고요히 흐르는 평화의 강물이 자신을 감싸며 흐르고 그 평화가 그의 존재 속으로 들어와 요동치는 마음을 고요히 가라앉히는 것을 느꼈다. 그는 바가반의 헌신자들이 경험하는 평화와 행복이 자신의 내면에도 있음을 알아차렸다. 문득 그는 마음이 스스로 문제들을 만들어 내고 그 문제들을 해결하려 애쓰면서 스스로를 불행하고 만들고 있다는 것을 깨달았다. 그는 또 자신이 새로 발견한 평화와 지혜는 바가반의 은총 덕분이라는 것을 깨달았다.

그는 마하리쉬가 "꽃이 그 꽃잎에서 향기를 뿜어내듯이 영적 평화의 향기를 뿜어내고 있다."고 느꼈다. 그러나 이 평화는 오래 지속되지 않았다. 그것은 잠시 후 사라지고 마음은 습관적인 근심으로 되돌아갔다.

그는 그 뒤에 마하리쉬에 대해 다음과 같이 말했다.

이 지혜의 태양을 계속해서 방문함으로써 무지의 어둠이 사라질 뿐만 아니라, 또한 그가 침묵에 잠긴 순간에 나를 그의 평화의 세계로 데려간다는 사실을 깨달았다. 바가반의 침묵은 그의 말보다 더 강력하다는 사실이 그러한 순간에 입증되었다. 그의 평온한 침묵 뒤에는 엄청난 힘이 있었다. 이 힘으로 그는 한마디도 하지 않고 손가락 하나도 움직이지 않고서도 다른 사람들을 사로잡을 수 있었다.

때때로 브런튼은 그 힘이 너무 강해서 그러한 순간에는 바가반이 어떠한 명령을 내려도 따를 것 같다고 느꼈다. 그러나 마하리쉬는 결코 제자들을 노예로 만들고자 하지 않았다. 그들에게 완전한 자유를 허용했다. 이러한 점에서 다른 구루들과 바가반 간에는 큰 차이가 있었다. 브런튼은 다음과 같이 썼다.

그는 매우 단순했으며, 그의 현존 안에서 그의 위대함은 명백해 보였다. 그는 결코 다른 사람들을 감동시키기 위해 신비한 능력을 드러내지 않았다. 그는 자신을 신으로 숭배하려는 모든 시도를 용납하지 않았으며 어떤 형태로든 자신을 과시하려 하지 않았다.

우리는 그러한 마하뜨마가 쓸모없는 논쟁에 탐닉하기 위해서가 아니라 우리에게 지혜를 주기 위해 왔다는 것을 받아들이지 않으면 안 된다.

어떤 기적이나 맹목적인 미신에 기대지 않는 마하리쉬의 방법, 그리고 사람들이 따를 만한 그의 본보기와 그의 견해는 나에게 큰 감명을 주었다. 나는 마하리쉬의 영적인 위대함과 절대적으로 과학적인 자기 탐구의 길을 높이 평가한다. 이 길에서는 '신'이라는 말조차 전혀 언급되지 않는다.

그는 개인이 고대의 또는 현대의 어떤 이론이나 믿음들을 가지고 있건 상관없이 실천할 수 있는 자기 분석의 길을 제시하고 있으며, 이 길은 마침내 개인을 진정한 자기 이해로 인도할 것이다.

마하리쉬가 침묵에 잠겨 있어도, 이 방법을 실천할 때 수행자는 마하리쉬에게서 어떤 능력이 나와 수행자를 돕는다고 느낀다. 마하리쉬의 두 눈은 어두운 하늘의 쌍둥이 별처럼 빛난다. 나는 그동안 만난 어떤 사람들의 눈에서도 인도 리쉬들의 이 마지막 후예의 눈만큼 형형하게 빛나는 눈을 본 적이 없다는 사실을 떠올린다. 인간의 눈이 신성한 힘을 반영할 수 있는 한, 현자의 눈도 그러하다는 것이 사실이다.

빅꾸 쁘라냐난다

영국인이면서 옥스포드 대학 출신인 그의 원래 이름은 프레드릭 플레처였다. 그는 여러 가지 유럽 언어를 익혔고 전쟁 중에는 영국군의 지휘관이었다. 전쟁 중의 참혹한 파괴와 인명 손실을 경험하면서 그는 살육에 몸서리쳤고, 아쇼까 황제처럼 군 생활을 포기하고 내면을 들여다보게 되었다. 그리하여 불교를 만나고 마침내 불교 승려가 되었다. 그는 버마와 티베트를 여행하며 불교 승려들과 생활했다. 그리고 미얀마의 랑군에 영국인을 위한 아쉬람을 설립했다.

1932년에는 라마나스라맘에서 두 달 동안 지내면서 개인적으로 바가반의 가르침을 받았다. 가르침의 도움을 크게 받은 그는 바가반을 더욱더 존경하게 되었으며, 돌아간 뒤에도 서신 왕래를 통해 계속 교류하면서 영적 문제에 대한 바가반의 조언을 구했다. 바가반의 신성한 자질들을 칭송하는 편지를 친구들에게 보내기도 했다. 1933년 3월 28일자 선데이 익스프레스 지에 '불로장생약을 가진 사람들'이라는 제목으로 그에 대한 기사가 실렸다.

파스칼리느 말레

또 한 사람의 헌신자는 파스칼리느 말레라는 프랑스 여성으로 그녀는 《동방을 향하여》의 저자다. 조이스 하이딩도 그러했다. 이 헌신자들은 라마나의 철학에 대한 여러 편의 기사와 책을 썼다.

채드윅

알렌 웬트워스 채드윅을 언급하지 않을 수 없다. 그도 군대에서 소령으로 근무했고, 역시 전쟁의 폭력을 견딜 수 없어 평화를 찾으려 했다. 그러다가 철학으로 관심을 돌리게 되었다.

그는 여기저기 돌아다니다 남아프리카에서 한동안 명상을 하며 지냈다. 후에 바가반에 대한 이야기를 전해 듣고 라마나스라맘에 왔으며, 그곳에 눌러 살았다.

바가반에 대한 그의 헌신은 끝이 없었다. 처음에는 기리쁘라닥쉬나를 하곤 했는데, 그 뒤 아루나찰라 산과 바가반 간에는 차이가 없다는 것을 느끼고 바가반이 앉아 있는 홀 주위를 쁘라닥쉬나 하기 시작했다. 그는 아쉬람에서 발행하는 영어 책들의 출판을 도왔다.

그 밖의 헌신자들

많은 서양 헌신자들이 빈번히 찾아와 바가반을 친견했는데, 이 가운데 몇몇 헌신자는 인도에 눌러 살며 바가반의 가르침을 전했다. 그들 중에는 모리스 프리드먼, 코헨, 던컨 그린리스가 있었다.

일단의 독일인 학자들이 바가반의 가르침을 전해 듣고 마음이 끌렸다. 하이델베르크 대학 교수인 H. 짐머 박사는 바가반의 가르침에 깊은 관심을 가지고 있었다. 그는 《나는 누구인가?》, 《울라두 나르빠두》, 《스승의 식탁에서 떨어진 빵 부스러기》와 같은 책을 독일어로 번역했다. 그 뒤 독일이 혼란스러워지자 영국으로 이주해 옥스포드 대학에서 일했다.

바가반에 관한 여러 권의 책이 프랑스어로 번역되었다.

스위스에서는 올게 프로베 케프킨 양이 아름다운 관광지에 명상을 위한 아쉬람을 세우고, 이곳에서 바가반의 자얀띠를 기념하기 시작했다. 그녀는 누군가가 라마나스라맘에서 그곳으로 가서 스승의 역할을 해 주기를 언제나 희망했다. 그러나 라마나스라맘에서는 포교를 목적으로 하지 않았다. 아쉬람에서는 구도자들이 강의를 통해서가 아니라 스스로의 노력을 통해 궁극을 경험해야 한다고 보았다.

37·

현존
The Presence

라마나의 메시지는 전 세계로 전파되었다. 많은 나라에서 온 구도자들이 바가반을 친견하고 그의 현존 안에서 한동안 머물기 위해 모여들었다. 라마나가 육체를 버린 뒤에도 방문객의 수는 줄지 않았다. 무엇이 그의 현존으로 끌어들이는 것일까?

어떤 사람들이 방문한 이유는 그들의 까르마와 전생에 대한 집착이었다. 한번은 한 헌신자가 한탄하며 말했다. "우리는 다음 생에 어디에 있을지, 우리가 다시 당신의 산니디(현존)를 접할 수 있을지 모릅니다." 바가반은 그를 위로하며 말했다. "우리는 전생에서 어떤 관계도 없지만 지금 이렇게 함께 하고 있지 않습니까? 마찬가지로 현재의 만남이 내생에 다시 만나는 데 도움이 되지 않겠습니까?" 그 구도자를 이곳으로 이끈 것도 바가반의 은총이 작용한 것이다. 바가반은 아주 멀리 떨어진 곳에 살던 해리 딕먼을 이끌지 않았던가?

바가반의 현존에 이끌리는 것은 그 자체가 여러 생에서 쌓은 공덕의 결과이며, 따라서 현재의 봉사는 훨씬 더 나은 결과로 이어지지 않겠는가? "여기 오는 그 누구도 헛되이 돌아가지 않습니다. 각자의 삼스까라에 따라 다음에는 보다 높은 단계에 이를 것입니다." 하고 바가반은 말했다.

어떤 헌신자들은 바가반이 직접 그들로 하여금 아쉬람을 방문하도록 영감을 주었다고 말했다.

1933년에 마하라슈뜨라 주의 학교 교사가 아쉬람을 방문했다. 그는 다음과 같은 경험을 들려주었다.

그의 꿈에 스와미가 나타나서 "왜 나를 찾아오지 않습니까?"라고 말했다.

그는 "나는 당신이 누군지 모릅니다."라고 대답했다.

그러자 바가반은 "나는 라마나입니다."라고 말했다.

"나는 당신에 대해 들어 본 적이 없습니다. 당신이 어디에 있는지도 모릅니다."

"마드라스에 와서 물어보세요."

"나는 너무 가난해서 거기까지 갈 수가 없습니다. 그 돈을 어디서 구해야 할까요?"

"가서 (이러이러한) 세뜨에게 부탁하십시오." 바가반은 그 세뜨(인도 카스트의 하나) 사람의 이름을 말해 주었다. 대화가 끝난 뒤 이 교사는 꿈에서 깨어났다.

그는 바가반이 이름을 알려준 세뜨를 전혀 몰랐다. 그러나 이 문제는 말로 끝나지 않았다. 다음 날 아침 학교 가는 길에 교사는 금은방에 바로 그 세뜨가 혼자 앉아 있는 것을 보았다. 교사는 금은방으로 들어가 그에게 전날 밤의 꿈에 대해 이야기했다. 세뜨는 라마나의 이름을 알고 있었지만 그가 어디에 사는지는 몰랐다. 아무 말도 하지 않고 그는 아루나찰라로 여행하는 데 필요한 돈을 교사에게 주었다. 마치 신이 직접 나타나서 돈을 준 것 같았다.

세속적인 문제로 시달리던 사람들은 바가반의 현존으로 와서 위로와 평화를 얻었다.

한 미국 여성이 바가반에게 와서 "스스로 목숨을 끊어도 괜찮나요?" 하고 물었다. 바가반은 "당신에게 샥띠가 있다면 그래도 무방합니다. 그러나 당신이 어떻게 참나를 죽일 수 있겠습니까? 육체를 죽일 수 있을지 몰라도 참나는 죽일 수 없습니다. 참나가 파괴될 수 있는 것이겠습니까? 육체를 죽인다고 하여 무슨 소용이 있겠습니까? 당신의 몸은 불구가 될 수도 있습니다. 그러나 천국과 지옥은 육체가 아니라 육체를 가진 존재가 경험하는 것입니다. 또 하나가 있습니다. 경전들에서는 개인이 죽음을 맞는 순간에 생각하는 것에 따라 내생이 결정된다고 합니다. 마지막 순간에 당신이 악마에 대해 생각한다면 어떻게 되겠습니까? 당신은 악마로 태어날 것입니다. 인간으로 태어나는 것이 악마로 태어나는 것보다 낫지 않습니까? 따라서 당신이 육체를 포기한다 해도 육체와 관계된 고통은 피할 수 없습니다. 최선의 방법은 아함까라(에고)와 참나를 동일시하는 생각을 죽이는 것입니다."

어떤 사람들은 단순히 만족을 위해 라마나스라맘을 방문하였지만, 다른 사람들은 자랑거리로 삼기 위해 방문하였다. 최근에 마하라자(왕)들은 아쉬람을 자주 방문하고 있다. 그 결과로 부자와 상류 사회에서는 아쉬람 방문이 신분을 상징하는 일이 되었다.

어떤 사람들은 아쉬람을 순례지로 여기고 방문했다. 얼마 전에는 한 미국 여성이 미국에서 인도로 와 아쉬람에서 몇 시간을 보낸 뒤 당일 저녁에 다시 미국으로 돌아갔다. 바가반은 "그녀의 헌신을 보았습니까? 그녀는 달샨만으로도 충분하다고 느꼈습니다!"라고 말했다.

어떤 사람들은 자기 종교의 우월성을 주장하기 위해 아쉬람을 방문하였다. 그런 사람 중에 한 무슬림이 있었는데, 그는 처음부터 바가반과 논쟁을 원했다. 그러나 바가반은 그의 질문에 인내심 있게 답했다. 이 방문자는 바가반에게 "신은 형태를 가지고 있습니까?" 하고 물었다.

바가반   신이 형태를 가지고 있다고 누가 말했습니까?

방문자   그렇다면 신에게 형태를 부여해 그의 형상을 경배해야 하는 것 아닙니까?

바가반   신은 내버려두십시오. 당신은 형태를 가지고 있습니까?

방문자   물론입니다. 당신이 보고 있지 않습니까. 그러나 나는 신이 아닙니다.

바가반   그래서 당신은 자신이 살과 뼈와 피로 이루어진 이 몸이라고 말합니다.

방문자   그런 것 같습니다.

바가반   당신은 지금 그 몸을 보고 있기 때문에 그렇게 말합니다. 그러나 깊은 잠에 들어 있을 때는 몸을 보지 않습니다. 그렇다면 당신은 누구입니까?

방문자   그때도 나는 이 몸입니다. 어쨌든 우리는 잠들기 전에도 잠든

후에도 몸을 봅니다.

바가반   죽으면 어떻게 됩니까?

방문자   죽으면 땅에 묻힙니다.

바가반   당신이 땅에 묻히면 그냥 받아들일 겁니까? 왜 몸은 일어나서

묻히는 것에 대해 항의하지 않을까요?

방문자   그렇다면 나는 몸이 아닙니다. 나는 몸 속의 생명입니다.

바가반   그러나 지금까지 당신은 자신이 몸이며 형태를 가졌다고 생

각했습니다. 신이 형태를 가지고 있느냐 아니냐는 논쟁은 이

아냐나(무지)가 계속되는 동안에만 계속됩니다. 당신이 무형

의 '나'를 경험할 수 있을 때만 당신은 무형의 신을 경배할 수

있습니다.

또 한번은 한 가톨릭 선교사가 바가반에게 자신의 종교에 대해 설교하기 시작했다. 바가반은 조용히 침묵했다. 그 사이에 채드윅은 우렁찬 목소리로 성경에 대한 그 선교사의 생각을 반박하기 시작했다. 그러자 그 선교사는 설교를 멈췄다.

이와 같이 자신의 종교에 대해 설교하려는 방문자들은 수박의 겉만 핥을 수 있을 뿐 진정한 단맛은 맛볼 수 없다. 진정으로 감화된 사람들은 홀의 분위기 안에서 넘쳐흐르는 평화를 맛보았으며 정서적인 동요가 가라앉았다. 험프리즈와 폴 브런튼 같은 여러 헌신자들이 경험한 그와 같은 평화의 물결의 능력에 대해서는 이미 언급했다. 사실 그것은 대개 바가반의 은총을 처음 맛볼 때의 경험이다.

감정이 잦아들고 고요가 찾아오면 현존 속에서 특별한 일이 일어난다. 구도자들은 여러 가지 영적 문제에 대한 의문을 가지고 있으나 그 모든 의문들은 그야말로 말끔히 사라진다. 어떤 사람들은 의문을 얘기할 필요조차 없었다. 넬로르 출신의 한 법률가는 자신의 의문들을 조목조목 글로 써서 목록을 만들어 바가반을 찾아왔다. 그러나 바가반을 만나자 그는 한마디도 할 수 없었다. 바가반이 먼저 자비 가득한 목소리로 "얼마든지 물어보세요."라고 말했다.

한번은 또 하나의 특별한 일이 일어났다. 네팔의 교양 있는 영주가 아쉬람을 방문했다. 그는 자신의 하인 구르카를 데리고 왔다. 이 영주는 사무실 앞에 앉아서 바가반에게 물을 질문들을 미리 연습하고 있었다. 그 사이에 이 하인이 바가반에게 달려가서 자기 나라 언어로 그 질문들을 물었다. 바가반은 고요히 그를 바라보기만 했다. 이 하인은 다시 주인에게 달려가 "바가반께서 이렇게 말씀하셨습니다."라고 말하면서 바가반이 준 대답을 들려주었다. 주인은 놀라 그에게 물었다. "바가반이 우리말을 알고 있더냐?" 그러고는 하인의 대답을 기다리지 못하고 직접 바가반에게 가서 자신들의 언어를 알고 있는지 물었다. 홀에 있던 사람들이 웃음을 터뜨렸다. 그 자리에 있던 헌신자 중 한 사람이 나서서, 바가반은 항상 침묵하고 있으며 그의 침묵 자체가 대답이고 이것이 바가반의 지도 방법 중의 하나라고 그 네팔인에게 말해 주었다. 이 침묵의 가르침은 아마 닥쉬나무르띠가 제자들에게 전한 가르침과 비슷할 것이다.

초기에는 바가반 앞에서 베다를 암송하는 관례가 없었다. 그러나 어떤 이유로 베다를 암송하는 것이 시작되었고, 그리하여 새로운 시기가 시작되었다. 침묵이라는 초기의 시기를 경험한 사람들은 그 두 시기 간의 차이를 알아챘을 것이다. 저녁, 특히 어스름이 내리 깔리는 때는 침묵이 아쉬람을 지배한다. 이때는 지바와 브람만이 만나는 때라고 할 수 있다.

침묵은 의도적으로 또는 바가반에게 사소한 논점들을 계속해서 제기하는 몇몇 사람에 의해 중단되기도 했다. 이렇게 하는 이유는 다소 불분명하지만, 그들이 바가반의 측근 집단에 속해 있다는 것을 과시하고 싶거나 바가반에게 직접 답을 듣고 싶어서 그렇게 했을 것이다. 논점들의 일부는 이미 책들에 기록된 바가반의 삶이나 그들 자신의 세속적인 삶과 관련된 것들이었다. 그러나 어떤 사람들은 자신의 박식함을 과시하기 위해 그렇게 했다. 다른 사람들은 바가반 앞에서 자신의 음악적인 재능을 과시했는데, 아마 그것이 모두 봉사라고 생각했던 것 같다.

현존의 힘과 중요성에 대해 까비야 깐타 가나빠띠 무니는 제자들에게 말하기를, "아루나찰라는 그 자체로 불의 끄쉐뜨라(장소)다. 여기의 물은 그 자체로 몸 속에서 열을 발생시킨다. 이 땅은 건조하고 높고 뜨겁다. 바가반은 아그니의 화신이다. 그의 현존 안에 있는 것은 그 자체로 불 가운데 있는 것이다. 바가반의 현존 안에서 자빠를 행하는 자는 자기 안에서 견디기 힘든, 타는 듯한 느낌을 받을 것이다. 신성한 장소에서 행한 행동의 결과는 분명하게 나타날 것이다. 마찬가지로 바가반의 현존 안에서 행한 행동도 그러할 것이다. 자빠를 할 때는 주의해서 하라."고 했다.

바가반의 현존 안에서의 개인의 변형은 항상 강렬하고 신속하게 일어난다. 좋은 경향성을 가지고 있는 사람들은 바가반에 이끌리며 그들의 변화도 빠르게 일어나곤 했다. 이것도 바가반의 은총이 작용한 결과였다.

바가반이 침묵하는 동안에는 그의 은총을 설명하기란 불가능하다. 그의 눈을 보면 그가 주위의 세속적인 일에 얼마나 무관심한지를 알 수 있다. 그에게서 나오는 평화의 물결을 경험할 수 있는 것은 이 순간이다. 또 헌신자들은 어떤 모습을 보거나 소리를 듣기도 하고, 심지어 이름도 없고 형상도 없는 상태를 경험하는 등 다양한 경험을 했는데, 이 모든 경험은 그 현존의 힘에 의한 것이었다. 어떤 경우든 이 모든 것은 순전히 개인적인 경험이기 때문에 그런 경험에 대해 더 이상은 말할 수 없다. 폴 브런튼과 같은 사람들은 그러한 경험을 기록으로 남겼다.

왜 모든 사람이 이러한 경험들을 하지 못했는가 하는 의문이 당연히 일어날 수 있다. 간단히 답하자면, 그것은 개인의 잠재된 경향성에 따라 다르다. 까비야 깐타도 헌신자들에게 바가반의 현존 안에 있을 때는 바가반을 정면으로 마주보고 앉지 말라고 했다고 한다. 가족과의 유대가 갑자기 끊길 수 있기 때문이라는 것이다. 까비야 깐타가 정말 그렇게 말했는지는 확인할 수 없지만, 바가반을 찾아온 사람들 가운데 여럿이 아내를 잃었다. 바가반을 만난 뒤 가까운 친척을 잃고 집착을 버리는 것은 흔한 경험이었다. 이것도 바가반의 은총이 작용한 결과였다.

눈의 접촉에 의한 은총은 드물었다. 바가반의 눈길은 그가 침묵에 잠겨 있을 때 매우 짧은 시간 동안 어떤 헌신자에게 갔다. 그러면 그 헌신자에게 엄청난 힘이 생겼다. 종종 바가반은 그 힘을 어떤 사람에게 집중하곤 했다. 헌신자들이 제기한 질문에 답하기 전에 바가반은 가끔 그 헌신자를 유심히 바라보았다. 그 순간 그 헌신자에게는 마치 바가반이 한 눈으로 보고 있는 것 같았다. 한 줄기 빛이 그의 눈에서 나와 화살처럼 그 헌신자를 관통했다. 그것은 바가반이 내적 존재를 유심히 살핀 뒤에 질문에 대답한다는 뜻이었다. 이 눈길의 광휘는 칠흑 같은 어둠 속의 전깃불 같았다. 그 자비로 우리의 수행을 가로막는 모든 장애물들이 제거되어 수행을 계속할 수 있게 했다. 이것은 그의 가장 큰 은총이라고 할 수 있었다. 이것은 또한 접촉이나 말을 통한 딕샤(입문)보다 더 강력한 바라봄에 의한 입문이라고도 할 수 있었다. 이것을 구루 딕샤라고 한다. 마하라슈뜨라의 꿀까르니와 같은 몇몇 사람들은 접촉에 의해서도 입문을 받았다고 증언했다.

헌신자들은 바가반의 말에 의한 가르침보다 침묵의 현존에 의해 더 큰 혜택을 입었다. 그러나 바가반 자신이 직접 말한 것처럼 단순한 현존은 자유를 주지 않는다. 한번은 한 헌신자가 "삿상으로만 자유를 얻을 수 있다면, 왜 우리가 노력해야 합니까?" 하고 물었다. 바가반은 "그래요? 이 홀의 벽과 지붕은 언제나 여기에 있는데, 그렇다면 그것들이 지금쯤 이미 자유를 얻었어야 하지 않을까요?" 바가반이 의미한 것은 목샤를 얻기 위해서는 구도자의 노력도 필요하다는 것이었다. 바가반은 또 구루의 은총은 수행의 마지막 단계에서만 작동한다고 말했다.

마지막 단계에 있는 수행자에게는 세상이 보이지 않지만, 경향성이 지속되므로 참나는 경험되지 않는다. 그리고 아뜨마의 은총인 구루의 은총이 작동하여 궁극을 주는 것은 바로 이 단계에서다. 그것은 《까토빠니샤드》에도 언급되어 있다. 바가반은 오직 그러한 구루만이 다른 유형의 구루들과 달리 삿구루라고 할 수 있다고 말했다. 그는 이 일을 순식간에 끝내곤 했다.

이제까지의 언급을 통해 바가반의 육체적 현존은 그가 주는 가장 큰 은총이라는 것이 분명할 것이다. 그 몸에서 뿜어져 나오는 평화와 광휘의 진동은 인류에게 커다란 혜택을 주었다. 그런데 그런 진동이 바가반의 의지에 의한 것인지 자동적인 것인지에 대해서는 아직 의문의 여지가 남아 있다.

결과는 헌신자의 쁘라랍다 까르마에 따라 달랐다. 바가반의 자발적인 진동이 헌신자의 몸에 닿기만 해도 좋은 결과를 낳은 경우들이 있었다. 이것은 은총이 그 자신을 나타내는 한 가지 방법이었다.

바가반은 여러 신성한 몸(데바따)들이 싯다 뿌루샤들을 둘러싸고 있으며 그 데바따들이 일들을 이룬다고 말한 적이 있다. 그러나 일부 특수한 상황에서는 바가반이 자신의 샹깔빠로 은총을 주었다.

어느 날 순다레사 아이어는 시를 한 편 썼는데, 이 시에서 그는 "은총이 바가반으로부터 흐른다."라고 썼다. 그러자 바가반은 "그렇지 않습니다. '(바가반이—역주) 은총을 흐르게 한다.'라고 해야 합니다." 하고 말했다. 그러나 어떠한 상황이 그러한 특수한 상황인지 누가 알겠는가? 이것은 바가반의 현존 안에서 여러 가지 병을 치료받은 사람들의 공통적인 경험이었다.

바가반 주위의 모든 것은 바가반의 샥띠를 따라야 했고 모순과 부조화는 있을 수 없었다. 그런 모순들은 제거되었는데, 이것은 신체적

254
슈리 라마나 릴라

인 불균형에도 적용되었으며, 그리하여 질병들이 치료되었다(라마스와미 아이어의 경우를 상기하라). 많은 사람들이 라마나스라맘에 머물면서 건강이 개선되었고 소화력도 향상되었으며, 다른 곳에서는 그런 일이 발생하지 않았다고 증언했다. 현존의 영향력은 땅에까지도 미쳤다.

이제까지의 모든 논의는 구도자들에게는 흥미 있는 논의일 것이다. 그러나 많은 어린이, 다람쥐, 공작새, 개, 그리고 교육을 받지 못한 문맹인들은 철학적인 문제에 관심이 없었다. 그들에게 바가반은 그들이 한껏 즐길 수 있는 희열의 바다였다.

그 매혹적인 미소나 그 눈의 광휘를 어떻게 설명할 수 있겠는가. 그것들은 글로써 설명할 수 있는 게 아니며, 직접 경험하지 않으면 안 된다.

그 현존은 쉬바 샹까라의 거처인 까일라사 같았다.

38.

가르침의 방법
The Method of Teaching

한번은 누가 바가반에게 "왜 바가반께서는 샹까라와 몇몇 사람들이 한 것처럼 다른 곳을 방문하여 사람들을 바른 길로 인도하지 않습니까?" 하고 물었다.

이에 바가반은 대답했다. "육체적으로 살아 있는 것은 그 자체로 마하뜨마들의 은총의 행위입니다. 그들이 침묵을 지킬지라도 그들의 따빠스의 힘에 의해 나오는 진동이 조화와 평화를 퍼뜨립니다."

무엇보다도 이 질문은 우선 부적절했다. 신성한 존재들은 어떤 목적을 가지고 이 세상에 오는데, 그들의 임무를 망각하게 만드는 것은 어느 것도 바람직하지 않다. 마하리쉬의 참나 속의 거주는 단순히 책을 통해 얻은 지식과 분명히 구별되는 경험적 지식의 중요성을 보여주기 위해 의도된 것이었다. 경험적 지혜에 대한 갈망은 개인의 삼스까라에 달려 있으며, 자유를 원하지 않는 사람들을 고무시키는 것은 아무런 소용이 없다. 더욱이 가장 좋은 것은 침묵의 가르침이다. 그 미묘한 힘은 구도자의 미묘한 몸에 접촉하여 그의 삼스까라에 영향을 미친다. 이 좋은 방법을 놓아두고 왜 거친 언어를 찾는가?

다른 때에도 비슷한 질문이 바가반에게 제기되었는데, 바가반은 이에 답하여 "선풍기에게 빛을 내라고 하면 선풍기는 빛을 내지 않습니다. 전깃불에게 바람을 일으키라고 해도 마찬가지입니다."라고 말했다. 사람들은 저마다 주어진 역할이 있다. 바가반이 말하고자 한 것은 그 점이었다.

"만일 내가 다른 곳에 사는 헌신자들을 만나기 위해 길을 떠난다면, 도중에 여러 번 쉬어야 할 것이고 따라서 목적지에 도착하려면 긴 시간이 걸릴 것입니다." 하고 바가반은 말했다. 한 젊은 여성이 바가반에게 자신이 사는 곳을 방문해 달라고 간청하자, 바가반은 대답했다. "만일 당신이 나를 당신이 사는 곳으로 데려가면, 여기 오는 모든 헌신자들이 실망하지 않을까요? 그들도 나를 다른 곳으로 데려가겠다고 하지 않을까요?"

모든 사람들이 자유를 원하는 것 같지는 않다. 많은 사람들이 비탄에 잠겨 바가반을 찾아왔다. 세속적인 일이나 건강 문제로 바가반의 발아래서 안식처를 구하는 사람들에게 가르침이 무슨 소용이겠는가? 설령 그렇다 해도 병들거나 동요된 사람들은 저마다 평화를 얻었으며, 그 평화는 그들에게 위안이 되었다. 그러나 자신들의 박식함을 자랑하기 위해 바가반을 방문한 사람들도 있었다. 그런 경우 바가반은 그냥 침묵을 지킬 뿐이었다. 습기 없이 천둥만 치는 가을날의 구름처럼 그들도 한참 이야기하다 떠나곤 했다.

사실 바가반은 많은 주석서의 저자들이 잘못된 학식을 과시하고 있다고 말했다. 그는 또한 아드바이따를 지지하는 여러 가지 말들이 있지만, 사람들은 그 말들을 바이슈나비즘을 옹호하는 것으로 해석한다고 했다. 예를 들어, 나말와르는 "오, 신이시여! 당신의 진정한 본성을 모르고 저는 당신이 저와 다르다고 생각했습니다. 그러나 당신을 안 뒤에는 오로지 당신만이 남아 있습니다."라고 했다. 간단히 말해서, 바가반에 따르면, 이 말은 아드바이따를 지지하고 있지만 주석자들이 왜곡되게 해석했다고 한다.

어떤 사람들은 너무 게을러서 어떠한 영적 문헌도 전혀 읽지 않았다. 이들은 초보적인 영적 문헌만 읽어도 알 수 있는 단순한 문제를 알기 위해 바가반을 찾아왔다. 이들은 굳이 바가반에게서 직접 답을 듣기를 원했다. 그러나 바가반은 인내심을 가지고 그들의 질문에 응했다. 헌신자들은 몇몇 책에서 언급하고 있는 중요한 사항들에 대해 명확히 알고자 했다. 바가반은 그들이 그 문제를 쉽게 이해할 수 있도록 도왔다. 어떤 헌신자들은 어떠한 토론도 원하지 않았다. 그래서 이들은 여러 가지 수행을 한 뒤에도 거의 발전이 없었다. 이는 그들의 세속적인 욕망 때문이었다. 그 욕망이 줄어들지 않는 한 어떤 영적 탐구도 낭비였다. 욕망을 버리기 위해서는 얼마나 많은 탄생이 필요한 것인가? 바가반은 헌신자들을 낙담시키지 않았다. 그의 견해에 따르면, 욕망으로부터의 완전한 자유는 냐나의 획득을 의미했다. 개인이 참나 속에 머물지 않으면 누구도 완전한 바이라기야를 얻지 못하고 욕망에서 벗어날 수가 없다. 그러나 참나 탐구를 위해서는 어떤 수준의 바이라기야가 필요한 것인가 하는 의문이 종종 생겼다. 나따나난다의 질문에 대한 바가반의 대답은 이 점에 관한 그의 태도를 보여 주었다. "만일 당신이 정말로 부적합하다면, 무엇보다도 왜 마하뜨마들을 방문하려는 욕망이 생겼겠습니까?" 다시 말해, 선한 의도가 생긴 것 자체로 충분히 자격이 있다는 말이었다. 바가반의 견해는 또한 자기 탐구를 통해 바이라기야가 발달할 수 있다는 것이었다.

모든 구도자들이 바이라기야를 필요로 했고 그것을 얻어야만 했다. 그러나 바가반은 결코 욕망과 계속해서 싸워야 한다고 말하지 않았다. 바가반은 "새장 속에 갇힌 새가 새장에서 벗어나려고 발버둥칠수록 자신의 몸만 해칠 뿐입니다. 그러므로 욕망에 관심을 주지 마십시오. 다른 욕망들이 일어나듯이 사악한 욕망도 일어납니다. '네띠 네띠' 기법을 사용하거나, 자기 탐구를 하면서 '이 욕망이 누구에게 일어나는가?'라고 스스로 질문함으로써 악한 욕망을 뿌리 뽑으십시오. 그러면 그런 욕망은 가지와 잎, 꽃, 봉오리들과 함께 떨어질 것입니다."

슈리 라마크리슈나는 자신의 배우자를 우주의 어머니로 섬기고 욕망의 손아귀에서 벗어났다. 마찬가지로 바가반의 달콤한 이름을 맛본 뒤에 어느 누가 다른 것의 달콤함을 찾겠는가?

바가반의 가르침은 간단했다. 그것은 아뜨마를 제외하고 그 어떤 것에도 관심을 두지 말라는 것이었다. 그 누구도 그 효험을 의심할 필요가 없다. 길고 헛된 노력을 계속하다가 바가반에게 내맡김으로써 수렁에서 빠져나온 헌신자들이 많았다.

바이라기야를 강화하는 데는 자빠, 호마, 그리고 마하뜨마들과의 친교인 삿상 같은 다양한 보조 수단들이 있으며 이런 방법들을 규칙적으로 계속하는 것이 좋다고 바가반은 말했다. 그러나 이 모든 방법들은 자기 탐구를 방해하는 것이 아니라 하나의 목적에 이르는 수단들로서 일정한 한계 안에 있어야 한다.

어떤 사람들은 가정생활에서 겪은 고통 때문에 초래된 바이라기야로 인해, 그리고 바가반 자신도 출가했으므로 그들이 출가를 해도 괜찮다는 생각으로 아쉬람을 찾아왔다. 나따나난다는 바가반이 출가에 찬성하지 않은 사람 가운데 한 명이었다. 한번은 어떤 사람이 자신은 바가반의 은총을 받지 못했다고 생각하고 죽을 결심을 했는데, 마지막으로 바가반을 친견하고자 아쉬람에 찾아왔다. 그때 바가반은 어떤 사람과 대화하고 있었다. "나뭇잎 접시를 만드는 데 얼마나 많은 노력이 드는지 생각해 봤습니까? 우선 잎을 모으고, 대나무나 다른 나무의 조각을 말리고, 잎을 깨끗이 씻은 뒤 그것들을 꿰매 이어야 합니다. 그렇게 하고 나서 곧바로 그것을 버리지는 않을 것입니다. 그렇지 않습니까? 식사를 완전히 마친 뒤에야 그 나뭇잎 접시를 버립니다." 여기서 바가반의 가르침은 육체는 운명 지어진 모든 경험을 다 거친 뒤에만 버려질 수 있다는 것이었다.

바가반은 개인의 발전 단계와 바사나들에 따라 삶에서 이상적인 것이 다르다는 것을 분명히 알고 있었다. 따라서 바가반이 형상을 가진 신을 경배해도 좋다고 말한 예들이 있었다. 이를 구실로 샥띠 숭배자들은 바가반이 그들과 같은 가르침을 편다고 여겼다. 비슈누 숭배자들은 바가반의 가르침과 그들의 믿음 간에는 차이가 없다고 생각했다. 마찬가지로 일부 기독교인들도 바가반의 가르침이 그들의 교의와 다르지 않다고 생각했다. 일반적으로 바가반은 어떤 사람이 이미 어느 길을 따르고 있다면 그 길을 버리게 만들려 하지 않았다. 바가반은 어떤 길을 따른다 해도 결국 모든 사람은 형상이 없는 존재를 탐구하는 단계에 이른다고 말했다. 바가반은 어떤 사람에게 다음과 같은 격언을 상기시켜 주었다. "상대방의 관점에 따라 행동하고 그의 마음을 사로잡아라."

바가반은 또한 사람들이 서로 다른 신앙을 놓고 다투는 것을 인정하지 않았다. 그런데 형상을 지닌 신을 숭배하는 한, 이런 갈등을 피하기 어려웠다.

1925년 어느 날, 시인 아루나기리나타르가 신 수브라만야를 찬양하여 쓴 띠루뿌갈 시들을 노래한 유명한 가수인 발리말라이 무루간이 한 무리의 법률가들과 함께 바가반을 찾아왔다. 이들은 모두 그러한 시들을 잘 노래했다. 무루간은 그 시들에 감정을 넣어 뛰어나게 잘 노래했지만 그 의미는 몰랐다. 그래서 바가반이 그에게 그 시의 의미를 설명해 주었다. 무루간은 처음으로 그 시의 의미를 알게 되었으며 띠루뿌갈의 전문가가 되어 강론도 할 수 있게 되었다. 이렇게 바가반은 형상을 지닌 신을 숭배하도록 도와 주었다. 바가반을 찾아온 법률가 중 한 사람이 가야뜨리를 기계적으로 찬송해도 괜찮은지 물었다. 바가반은 그에게 "기계적으로 찬송해도 도움이 됩니다. 특히 '우주의 눈 사비따에게 바치는 경배'라는 마지막 만뜨라를 할 때는 사비따를 명상의 주제를 택해도 됩니다."라고 말했다.

이런 식으로 샥띠의 현신에 대한 명상과 복종은 명상가에게 많은 도움이 된다. 그 샥띠는 명상가에게 좋은 것이 무엇인지를 알고 그에게 준다. 모든 곳에 편재해 있는 그 형상에 대해 계속해서 명상을 하면 그 형상 자체가 사라지게 될 것이다. 그리하여 마지막에는 형상 없는 존재에 대한 경배에 이른다.

고락뿌르에서 온 일단의 순례자들이 바가반을 찾아온 적이 있었다. 그 집단의 지도자는 바가반에게 "당신은 자신이 모든 것이라고 말하는 냐니입니다. 반면에 우리는 자신이 절대자와 다르다고 생각하는 박따들입니다. 서로 다른 우리의 길이 만날 여지는 없는 것입니까?" 하고 물었다. 바가반은 대답했다. "말은 다르지만, 지금 실제로 일어나고 있는 일은 같습니다. 당신의 나마 자빠가 강렬해지면 그 형태는 사라지고 나마만이 남습니다. 그 단계에 이르기까지 당신에게 이상적인 것은 당신이 경배하는 형태입니다. 모든 것에서 그 형태를 볼 수 있다는 것은 큰 발전입니다. 그 단계에서는 '모든 것이 비슈누로 가득합니다'. 그 경배자도 '모든 것'의 한 부분입니다. 비슈누만 볼 수 있다는 것은 그 다음에 오는 큰 발전입니다. 그 다음에 오는 단계에는 떼자스만 있으며, 그 너머에는 근원적인 소리만 있고, 그 너머에는 아까사가 있습니다. 그 너머에 있는 것과 다양성이 있는 곳은 그 다음에 생각할 수 있습니다. 당신은 이상적인 것이 비슈누라고 했습니다. 모든 곳에서 비슈누 나마를 볼 수 있다는 것이 그 성취입니다. 나마는 하나의 생각으로 우리 안에 일어납니다. 다시 말해, 당신이 마음속으로 나마 자빠를 행할 때 그 나마는 생각의 형태를 취합니다. 오직 하나의 생각만을 갖는 것이 마지막 단계입니다. 나는 그것을 '아함'이라고 합니다. 비슈누와 같은 이름은 특징을 묘사하는 반면 '아함'의 경우는 그것마저 부재합니다."

하루는 크리슈나 빅슈가 바가반에 말했다. "바가반이시여! 과거에는 명상하는 동안에 당신의 형태가 제 앞에 나타나곤 했습니다. 그러나 이제 그런 일이 일어나지 않습니다." 바가반이 물었다. "적어도 그 이름은 기억하고 있지요?"

"예, 확실히 기억합니다."

"이름은 형태 너머에 있습니다." 하고 바가반이 말했다.

한 비슈누 숭배자가 바가반에게 매우 정중하게 물었다.

"바가반이시여! 진리는 드바이따(이원성)입니까, 아니면 아드바이따(비이원성)입니까?"

바가반이 되물었다.

"당신은 현재를 말하는 것입니까, 아니면 세계가 없을 때를 말하는 것입니까?"

"현재를 말하는 것입니다."

"지금 이 순간 당신과 나는 여기에 있습니다."

"세계가 가라앉은 뒤에는 어떤 일이 일어납니까?"

"어디로 가라앉는다는 말입니까?"

"빠람아뜨마로요."

"세계가 가라앉은 뒤에는 세계가 없지요, 그렇지 않습니까? 오직 빠람아뜨만만이 있습니다."

"어떻게 그것을 경험합니까?"

"깊은 잠 속에서 당신은 무엇을 경험합니까? 그 속에는 어떤 세계도 없습니다. 당신은 거기서 혼자 있었습니까, 아니면 둘이나 셋으로 있었습니까?" 하고 바가반이 물었다.

이 방문자는 대답을 하지 못했다.

어떤 사람들은 슈리 라마와 같은 아바따라 뿌루샤들을 그들의 신으로 선택했다. 다른 사람들은 샥띠를 선택했다. 그 경우 샥띠의 힘은 우빠사카에게 흘러들어 와서, 그의 마음은 샥띠와 하나가 되었다. 바가반은 그 샥띠 자체가 형상 없는 존재를 명상하도록 구도자에게 힘을 준다고 말한 적이 있다. 바가반은 제자들이 좋아하고 중요시하는 것을 발견한 뒤 그들에게 명상에 적합한 만뜨라를 제안하기도 했다.

바가반은 만뜨라 자빠 수행에 대해 가나빠띠 무니에게 다음과 같이 말했다. "《우빠데사 사람》에서는 자빠 수행에 대해 언급하고 있습니다. 자빠에도 여러 가지 방법이 있습니다. 큰 소리로 할 수도 있고, 낮은 목소리로 할 수도 있고, 마음속으로 침묵을 지키면서 할 수도 있습니다. 세 가지 방법 가운데 뒤로 갈수록 더 낫습니다. 자빠를 행하고 있는 그 사람에게 주의를 기울이는 것을 아자빠라고 합니다."

형상을 가진 신을 경배할 경우, 바가반도 과거의 아차리야들처럼 박띠를 인정했으며, 띄엄띄엄 하는 명상보다는 계속해서 하는 명상이 더 낫다고 말했다.

바가반은 《바가바드 기따》와 마찬가지로 《라마나 기따》에서 쁘라나야마에 대해 자세하게 설명했다. 그러나 바가반은 어떤 방법을 이용하더라도 중요한 것은 참나 깨달음이라는 점을 강조했다.

바가반의 은총은 각각의 구도자를 그의 공덕에 따라 도왔다. 바가반에 관한 한, 모든 사다나 수행은 동등하게 좋았다. 가르침이 제자에 따라 다른들 무엇이 문제겠는가?

요가 수행자는 다양한 모양과 색채의 밝은 빛을 볼 수 있다. 또한 자신이 선택한 신들의 형상들을 볼 수 있으며 모든 종류의 소리도 들을 수 있다. 구도자들이 밝은 빛의 형상을 한 바가반을 보는 것은 흔한 일이었다.

과부인 산땀말이 바가반에게 봉사하기 위해 라마나타뿌람에서 왔다. 그녀는 바가반의 사진을 바라보며 지극한 헌신의 마음으로 예배했고 깨어 있는 동안에는 늘 바가반에 대해 명상했다. 자연히 그녀도 꿈속에서 바가반을 보았다. 간혹 그녀는 눈을 뜨고 있을 때나 감고 있을 때나 바가반의 형상을 밝은 빛으로서 보았는데, 이러한 일은 그녀가 아루나찰라 산에 있을 때도 일어났다. 그녀가 이 경험을 바가반에게 말하자, 바가반은 그렇게 보이는 모습들은 중요하지 않으며 오직 참나를 깨닫는 것만이 중요하다고 말했다. 우리가 깨어 있을 때 보는 거친 형상은 또한 꿈속의 미묘한 마음에 의해 미묘한 형상으로도 보일 수 있다. 그러나 이 모든 것은 단순한 대상들이며, 그보다 더 중요한 주체가 아니다. 그러한 경험들에 기뻐하는 것은 어리석은 일이라고 바가반은 강조했다. 나중에 말하겠지만, 싯디 즉 초자연적인 능력도 마찬가지다.

바가반의 가르침이 무엇이었는지 자세히 설명할 필요는 없다. 지금까지 묘사한 그의 삶 자체가 그의 가르침이고 본보기였다. 비록 바가반이 수많은 방법으로 헌신자들을 돕고 있었지만, 몇몇 헌신자들은 여전히 만족하지 못했다. 그들은 바가반의 제자로 알려지기를 열망했지만, 바가반은 누구도 특별히 입문시키지 않았고, 누구도 특별히 제자로 받아들이지 않았다. 그의 은총을 얻는 것만으로도 충분한 일이었으며, 그는 항상 자신의 현존이나 바라봄을 통해 헌신자들이 영적인 길을 잘 가도록 도와 주었다. 채드윅은 바가반이 접촉으로 입

265

38_ 가르침의 방법

문을 시킨 적이 없는지, 어떤 사람을 제자로 받아들인 적이 없는지 바가반에게 물었다. 바가반은 "그것을 과시할 필요가 있겠습니까? 접촉이 없으면 받아들여졌다는 느낌을 받지 못합니까?" 하고 답하였다. 사실 모든 사람이 자신이 받아들여졌는지 그렇지 않았는지를 내면에서 알았다. 하지만 자신이 바가반의 제자라거나, 자신의 말이 곧 바가반의 견해라고 주장할 수 있는 사람은 아무도 없었다.

헌신자들은 자기들끼리 《울라두 나르빠두》에 대해 토론하고 그 견해들을 여러 가지 방식으로 해석하고는 했지만, 어떤 합의된 해석에는 이르지 못했다. 그럴 때면 그들은 권위 있는 설명을 듣기 위해 바가반에게 왔다. 바가반은 그들의 말을 듣고 간단히 "샹깔빠(의지)를 가지고 씌어진 것은 아무것도 없습니다. 당신들의 해석은 다 괜찮습니다."라고만 말하였다. 사실 헌신자들은 저마다 자신의 삼스까라에 따라 그 시들을 이해하고 있었고, 또한 그들이 이해하는 만큼 혜택을 받았다. 그 이상을 가르친다고 해도 그들에게는 소용없는 일이었다. 한번은 두 헌신자가 서로 다른 해석을 하고 토론에 만족하지 못하여 잡지의 지면을 통해 토론을 계속한 적도 있었다.

일반적으로 우빠데사는 만뜨라를 주는 것 또는 손이나 머리를 접촉하는 것을 의미한다고 알려져 있다. 바가반은 그렇게 하지 않았다. 어떤 사람들은 꿈속에서 바가반이 나타나 그들을 만지는 것을 경험했다. 이것은 아마 어떤 우빠데사의 경우에는 개인적으로 은밀히 할 필요가 있었기 때문일 것이다. 게다가 나따나난다의 경우처럼 꿈을 통해, 혹은 가나빠띠 무니의 경우처럼 바라봄을 통해, 혹은 라마스와미 아이어와 마하라슈뜨라 주 출신의 젊은 여성의 경우처럼 머리를 만짐으로써 입문이 이루어질 수도 있었다. 다양한 헌신자들의 사례를 통해 우리는 바가반이 그들의 꿈속에 나타나 우빠데사를 주었다는 사실을 알게 된다.

샤스뜨라의 내용과 관련하여 일어나는 의문들은 모든 사람에게 유익한 대답들을 이끌어 냈다. 때로는 명확한 설명을 요청하지 않은 경우에도 일반적인 방식으로 설명이 주어지곤 했다.

바가반은 많은 경우 간단한 말만으로 우빠데사를 주었다. 한번은 홀에 있던 어린 소녀가 한 창문에서 다른 창문으로 계속 옮겨가고 있었는데, 그녀가 이동할 때마다 바가반은 무얼 하느냐고 물었다. 소녀는 "아무것도 아니에요." 하고 대답했다. 그러자 바가반은 "저 소녀는 몸이 움직였지 자신은 움직이지 않았다는 것을 알고 있습니다. 어른들은 이 사실을 모릅니다."라고 말하였다.

어느 날 한 헌신자가 말했다. "바가반, 당신은 아무것도 하지 않습니다. 제게 당신의 능력을 주신다면 세상을 위해 좋은 일을 많이 하겠습니다." 바가반은 "그래요?" 하고는 그 자리에 있던 다른 사람들을 향하여 "자기를 먹여 살릴 돈도 없으면서 자선 시설을 운영하고 싶은 사람이 여기 있군요." 하고 말했다. 바가반은 험프리즈에게도 비슷한 대답을 했다.

신문을 손에 든 신사가 바가반에게 물었다. "아뜨마는 어디에나 있다고 하지만 그 어디에도 보이지 않습니다. 그것은 정확히 어디에 있습니까?"

"당신은 신문을 들고 있습니다. 당신은 신문을 볼 때 글자들을 보지 종이는 보지 않습니다. 그렇다고 해서 종이가 없다고 말할 수 있겠습니까?"

음식을 배분하던 헌신자가 어떤 사람의 발에 음식을 조금 엎질렀다. 바가반은 그것을 알아차리고 말하였다. "국자를 쥐는 순간 자신이 대단하다고 생각하는 사람들이 있지만, 그들은 누가 진정으로 위대한지 모릅니다."

어느 제자가 당시 스깐다 아쉬람에 머물고 있던 바가반에게 "욕망이 없는 행위란 무슨 뜻입니까?" 하고 물었다. 바가반은 아무 대답도 하지 않고 침묵했다. 조금 뒤 바가반은 질문한 제자와 다른 사람들을 데리고 산책을 나갔다. 바가반은 바닥에 떨어진 나뭇가지를 발견하고 한 시간 동안 칼로 깎고 다듬어 멋진 산책용 지팡이를 만들었다. 그때 나이 많은 양치기가 지팡이도 없이 느릿느릿 힘겹게 걸어 왔다. 바가반은 방금 만든 지팡이를 그에게 주면서 말했다. "이와 같은 행위가 욕망이 없는 행위입니다." 그 구절이 의미하는 바를 그렇게 보여 주었다.

바가반의 말에는 우빠데사가 가득 담겨 있었다. 그것을 받아들이는 것은 듣는 사람에게 달려 있다. 우리가 본받아야 할 것은 바가반의 삶의 방식이었다. 그의 모든 행위는 완벽했으며, 사람들이 따라야 할 본보기였다.

슈리 라마나 릴라

39.

일상생활
Daily Routine

한신자가 한번은 바가반에게 "스와미께서는 잠을 주무십니까?" 하고 물었다.

바가반이 대답했다. "내가 지금 깨어 있습니까?"

헌신자가 물었다. "예, 그렇지 않으면 어떻게 말할 수 있겠습니까?"

바가반이 대답했다. "깨어 있다는 것은 잠에서 깨어나 있다는 뜻이겠지요?"

그러자 세 가지 상태를 초월한 사람이 어떻게 깊은 잠을 경험할 수 있느냐는 의문이 제기되었다. 그 의문에 대한 바가반의 대답은 "잠을 자거나 깨어나는 것은 육체입니다. '나'는 보는 자로 언제나 있습니다."였다.

한번은 벤까떼스와라 샤르마가 물었다. "바가반께서는 수많은 행위를 하면서도 아무것도 하지 않는다고 말씀하십니다. 어떻게 그럴 수 있습니까?"

바가반이 대답했다. "말해 준다고 해서 당신이 이해할 수 있겠습니까? 깊이 숙고해 보십시오."

조금 있다가 바가반이 말을 이었다. "아함까라가 사라진 사람의 행위는 그의 의지에서 비롯된 행위가 아닙니다. 그 행위는 다른 사람에 의해서만 인식됩니다."

바가반의 일상을 이해하려면 위의 내용을 염두에 두어야 한다. 이 장의 목적은 그저 현존 안에서 일어난 일을 이야기하려는 것뿐이다.

아쉬람의 규모가 작았던 초기에는 바가반이 아쉬람의 모든 일에 관여하였다. 그 당시에 바가반은 새벽 2시 30분이나 3시쯤에 일어나서 목욕을 하고 부엌으로 가서 제자들과 함께 채소를 썰고 다듬었다. 또한 아침 식사를 준비하고 이들리와 곁들여 먹을 반찬도 만들었다. 바가반은 항상 노동의 존엄성을 강조했으며 제자들에게 요리법도 가르쳤다. 그는 요리를 잘하지 못하는 사람은 제대로 배웠다고 주장할 수도 없다고까지 말했다.

아침 5시 무렵이면 홀의 문들이 열리고, 여러 띠르탐들로 가려는 헌신자들과 기리 쁘라닥쉬나를 하거나 목욕을 하러 가려는 헌신자들이 들어와서 바가반 앞에 엎드려 절했다. 베다 학자들은 우빠니샤드를 암송했다.

어떤 사람들은 앉아서 명상을 했다. 다른 사람들은 무루가나르의 찬가를 불렀다. 다누르마사(12월–1월) 기간에는 안달의 '띠룹빠바이'를 불렀다. 5시 30분쯤이면 베다 학교 학생들이 들어와서 《슈리 라마나 찻바림삿》과 《따이띠리야 우빠니샤드》를 암송했다. 그때쯤이면 마을에서 전날 밤을 보낸 여자 헌신자들이 도착했다(여자 헌신자들은 밤에 아쉬람에 머무는 것이 금지되어 있었다).

6시 30분 무렵이면 바가반은 목욕을 한 후 식당으로 가서 아침 식사를 했다. 그 후 바가반이 산으로 올라가면 아쉬람 거주자들은 각자 맡은 일을 했다. 정원에서 꽃을 따서 화환을 만들거나, 창고에서 여러 가지 물건을 가져오거나, 그 물건들로 요리 준비를 하거나, 요리를 하거나, 외양간에 있는 가축을 보살피는 등 다양한 일들이 있었다. 어떤 사람들은 아쉬람 사무실이나 도서관으로 일하러 갔다. 베다 학교에 있는 사람들은 의무적으로 하루에 세 번 마뜨루부떼스와라 성소, 스깐다와 가네샤의 신상이나 바가반의 사진 앞에서 예배를 해야 했다. 특별한 날에는 특별한 뿌자를 드렸다.

약 8시 무렵이면 바가반은 홀에 있는 소파로 돌아왔다. 그러면 헌신자들과 방문자들, 제자들도 홀로 들어왔다. 대개는 조용히 명상을 했다. 그러나 바가반을 신으로 보는 사람들은 침묵을 지키지 않고 그들이 쓴 스또뜨라들을 암송하거나 바가반에게 그들이 지은 시를 보여주었다. 노래를 부르기도 했다. 어떤 사람들은 바가반에게 가정적인 문제들을 털어놓기도 했다.

아쉬람에 와서 논쟁을 즐기며 박식함을 과시하는 사람들도 있었다. 그럴 때 바가반은 대개 침묵을 지켰으며, 자신에게 주어진 질문이 아닌 경우에는 아무 말도 하지 않았다. 한번은 한 신지학자가 바가반에게 "성자(위대한 영혼)들은 눈에 보이지 않는 형상으로 존재한다고 하는데, 어떻게 하면 그들을 볼 수 있습니까?" 하고 물었다.

바가반이 대답했다. "눈에 보이지 않는 사람들을 어떻게 볼 수 있을까요?"

방문자가 말했다. "냐나로 볼 수 있겠지요."

바가반이 대답했다. "냐니에게는 '다른 것'이 없습니다."

한 아쉬람 거주자가 바가반에게 물었다. "바가반께서는 세상이 환영이라고 말씀하시는데, 우리는 그렇게 말하지 않습니다. 이것이 우리의 유일한 차이점이 아닐까요?"

바가반이 대답했다. "그렇지 않습니다. 우리는 유일한 진리는 아뜨마이며, 세상은 오직 아뜨마라고 말합니다. 세상, 참나, 이슈와라는 진리라고 말함으로써 당신은 진리의 1/3만을 이슈와라에게 할당하고 있습니다."

기독교 선교사가 바가반에게 물었다. "이슈와라는 사람입니까?"

바가반이 대답했다. "그렇습니다. 그는 첫 번째 사람 혹은 일인칭인 '아함'입니다. 당신이 세상을 중요하게 생각하면, 그는 이인칭의 지위도 얻지 못하고 삼인칭의 지위에 머물게 될 뿐입니다. 성경에 따르면 그는 모세에게 자신의 이름이 '스스로 있는 자(I am, 아함 아스미)'라고 했습니다."

사람들이 바가반과 대화하는 도중에 종종 한계를 벗어나는 경우가 있었다. 명상이나 자기 탐구를 위해 바가반을 찾아온 사람들은 그런 행동을 훼방으로 여겼고, 그 가운데 몇몇 사람들은 그 결과를 곧바로 느꼈다. 그렇다면 왜 정도를 벗어난 일이 발생했는가? 바가반의 샥띠에 닿음으로써 몇몇 방문자들의 마음이 휘저어지고 그들의 잠재된 경향성들이 표면으로 드러났기 때문이다. 세 가지 구나가 이것들 속으로 스며들어 불경한 행동들로 드러냈던 것이다.

어떤 사람들은 바가반의 작품을 손보느라 바빴다. 바가반은 그들의 일을 도왔다. 초기에는 바가반이 직접 꽤 많은 사본을 쓰고 교정을 보곤 하였다. 책을 제본하기도 했다.

바가반의 자비로움은 널리 알려져 있었다. 학대받는 자들에 대한 그의 관심은 놀라웠다. 그의 자비로움은 방문자의 고통에 정비례했다. 또 갓난아이에게 보내는 환영의 미소는 학식 있는 학자에게 보내는 미소보다 더 따뜻했다. 마찬가지로, 글을 모르는 사람에 대한 그의 대답은 학자들에 대한 대답보다 더 상세했다. 가난한 사람들에 대한 그의 따뜻함은 부자들에 대한 것보다 더 따뜻했다.

오래된 헌신자들과 바가반의 성품을 아는 사람들은 그에게 가까이 가는 것을 주저했지만 새 방문자들은 달랐다. 그들은 자신을 미소로 따뜻이 맞이하는 바가반에게 곧바로 다가갔다.

아쉬람에서는 사람들이 바가반을 만지지 못하도록 금지했다. 그러나 그러한 제한은 바가반의 무릎 위에 앉아 있는 다람쥐나 비둘기에게는 적용되지 않았다. 바가반은 소와 개들을 쓰다듬어 주었다. 그는 유식한 학자들이 쓴 학술 작품들을 받는 것보다는 어린이들이 사서 가져오는 책이나 장난감, 껌을 받는 데 더 큰 흥미를 보였다.

오전 9시 무렵이면 모우니는 그날의 우편물을 가지고 왔다. 바가반은 한 시간가량 편지들을 훑어보았고, 그 뒤로 11시까지는 평소대로 지냈다. 11시쯤에는 점심 식사를 위해 자리에서 일어났고, 오후 2시까지는 방문자들이 그를 방해하지 않았다. 이 시간에 바가반은 신문을 훑어보거나 휴식을 취했다.

그 시간 이후에는 홀이 언제나처럼 사람들로 가득 찼다. 이때는 박애주의자들과 시인들이 대화하는 시간이었고, 박따들은 노래하며 학자들은 철학적 토론을 시작하는 시간이었다. 이때는 또 바가반이 절대적인 침묵에 들어가는 시간이기도 했다. 어떻게 이러한 일이 가능하냐는 물음에 그는 "기본음에만 관심을 기울이고 다른 음에는 관심을 주지 않으면, 마음은 라가에 몰입되지 않겠습니까?" 하고 대답하였다. 그는 또 "참나에 관심을 기울이면 다른 대상들이 당신을 끌어당기지 못할 것입니다." 하고 말하였다.

그 뒤에는 편지를 읽었다. 모우니는 받은 편지에 대한 답장을 준비하여 바가반에게 보여드렸다. 바가반은 답장들을 훑어보고 필요한 곳을 수정하였다.

오후 4시 30분쯤이면 바가반은 아루나찰라로 산책을 나갔다.

오후 5시 30분 무렵에는 명상이 시작되었다. 그때는 제자들이 간절히 기다리는 시간이었다. 평화의 기운이 사방에 퍼져 나갔다. 어둠이 내려 아루나찰라를 감싸면 마치 삶 자체가 무지에 둘러싸여 있는 것 같았다. 조금 뒤에는 베다 학교의 학생들이 도착하여 루드람, 뿌루샤 숙탐, 슈리숙탐, 우빠데사 사람을 암송했다. 이 낭랑한 음성들은 산기슭으로 울려 퍼졌다. 30분가량 침묵의 시간이 지나면 바가반의 여러 작품들의 암송이 시작되었다. 그때쯤이면 마뜨루부떼스와라 성소에서 행하는 뿌자가 끝났다. 그 뒤 여성들은 저녁을 먹고 아쉬람에서 나가 마을로 가서 밤을 보냈다.

오후 8시 30분쯤에는 저녁 식사를 마친 제자들이 바가반 주위로 모여들었다. 이때는 모든 사람들이 바가반의 현존 안에서 휴식을 취하는 시간이었다. 얼마 뒤 모든 사람들이 바가반에게 절을 드리고 홀을 나갔다. 그러면 홀의 문들이 닫혔다. 이것이 평상시 아쉬람의 일상이었다.

1년 중 3일은 특별한 날이었다. 이런 날에는 수천 명의 방문객들이 아쉬람에 모여들었고 그들 모두는 식사를 제공받았다. 이 특별한 3일은 각각 끄리띠까이 날, 라마나의 자얀띠(탄신일), 그리고 마뜨루부떼스와라 성소에서 하는 마하뿌자 날이었다. 끄리띠까이 날은 이미 언급되었다. 라마나의 자얀띠는 아르드라 달샨의 다음 날이었다. 자얀띠 의식은 바가반이 비루팍샤 동굴에 머무르던 1912년에 감비람 세샤야에 의해 시작되었다. 바가반은 그 제안을 승낙하지 않으면서 당시 두 편의 따밀어 시를 썼다.

1. 생일을 축하하고자 하는 그대여, 먼저 태어난 자가 누구인지 탐구하라. 진정한 생일은 탄생도 죽음도 없이 영원히 빛나는 불멸의 존재 속으로 들어가는 날이다.

2. 모든 날들 중 생일에는 (삼사라로의) 추락을 슬퍼해야 한다. 그것을 축제일로 축하하는 것은 시체를 장식하고 찬미하는 것과 같다. 참나를 찾아 합일되는 것이 지혜이다.

– 《저작 모음집》 중에서

그러나 제자들은 자얀띠를 기념하는 것은 그들 자신의 유익을 위한 것이며, 바가반이 그들을 영적으로 향상시키기 위해 그들 속으로 오신 것을 감사하는 표시로 필요하다고 고집했다. 그들이 계속 고집을 부리자 바가반은 그들이 하는 대로 내버려두었다. 그때 이래로 바가반의 탄신일(자얀띠)은 오늘날까지 열렬히 축하되고 있다.

바가반의 생전에는 경축 행사가 다음과 같이 거행되었다.

마뜨루부떼스와라 성소의 맞은편에 있는 홀이 장식되었고, 성소에서 뿌자가 시작될 때 바가반이 도착하여 의자에 앉았다. 나다스와람과 다른 악기들이 연주되고 바가반에게 아라띠가 바쳐졌다. 그 뒤 헌신자들은 바가반 앞에 엎드려 절했다. 오전 11시경에는 가난한 사람들에게 음식이 제공되었고 헌신자들을 위한 연회가 열렸다. 가난한 사람들에 대한 음식의 제공은 오후 3시까지 계속되었다. 가난한 사람들에게 음식을 주는 것은 성소에 마뜨루부떼스와라로서 봉안되어 있는 어머니를 특히 기쁘게 하는 일이었다.

아쉬람에서 열리는 다른 중요한 기념일은 어머니의 사마디를 기리는 마하뿌자 날이었다.

아쉬람에서 행해지는 모든 의식은 마음을 정화하고 자유를 주는 신에게 바치는 봉헌으로 행해졌다. 아쉬람 거주자들도 모든 행위는 욕망 없이 행해져야 하며 행위가 말보다 중요하다고 믿었다. '음식'을 달라고 외치는 것만으로 배고픔이 달래지지 않듯이 철학에서도 마찬가지였다. 필요한 것은 오직 수행이었으며, 때가 되면 모든 것이 열매를 맺었다. 이 철학적 탐구에는 이정표가 없었다. 이처럼 욕망 없는 행위와 끊임없는 수행만이 일상생활을 신성하고 순수하게 했다.

바가반은 아쉬람에 묵는 모든 사람들이 잠들어 있을 때 아쉬람 주위를 돌아보곤 했다. 아마 아버지는 자녀들이 모두 잠들어 있는 동안에도 그들을 지켜 주기를 원했을 것이다.

40.

현현을 거두어들임
Withdrawal of the Manifestation

예참말

때는 1945년 12월 27일 저녁이었다. 바가반은 밝고 신비로운 빛에 싸여 있었는데, 이 빛을 정면으로 바라볼 수도 없었다. 일반적으로 이러한 빛은 자얀띠와 마하뿌자 날에 제자들이 뿌자를 마친 뒤 바가반 앞에 엎드려 절할 때 바가반을 감쌌다. 그러나 그날은 그런 날이 아니었기 때문에 제자들은 그 빛을 이상하게 여겼다.

그날 밤 에참말은 바가반과 합일되어 있었다. 아마 바가반이 자신의 빛을 강하게 한 것은 그 때문이었을 것이다. 몇몇 사람들은 에참말이 이삼 일 전부터 바가반에게 드릴 음식을 가져오지 않는다는 것을 눈치채고 있었지만, 많은 사람들은 그녀가 아프다는 사실조차 몰랐다.

다음 날 10시 무렵, 로깜마가 바가반에게 와서 에참말이 죽었다는 소식을 알렸다. 몹시 크고 감정이 가득 담긴 목소리로 바가반은 말했다. "예, 그래요. 나도 가기를 고대하고 있지만 아직 때가 오지 않았습니다." 이 말씀을 들은 사람들은 모두 어리둥절했다. "그것이 죽음의 시작이었을까? 아니라면 바가반께서 왜 그런 말씀을 하셨을까?" 하고 그들은 궁금해했다.

바가반께서 평소의 상태가 된 것은 저녁 무렵이었다. 그제야 그는 에참말의 장례식을 어떻게 치렀는지 물어보았다. 그는 그녀의 육신을 화장했다는 대답을 들었다. 그 뒤 사람들은 화장을 하고 남은 재를 그녀의 자리로 가져가서 뿌리고 그 위에 뚤시를 심었다.

크리슈나 아바따라의 죽음이 가까워 오자 브람마와 다른 신들이 그에게 다가와서 "당신의 아바따라의 목적은 실현되었고, 이제 당신의 자리로 돌아가는 것을 생각할 때입니다."라고 말했다. 크리슈나는 "아직 할 일이 조금 남았습니다. 나는 스스로 돕지 못하는 야다바들을 도와야 합니다." 하고 대답했다. 아마 바가반도 자신이 떠나기 전에 그와 가까운 사람들을 하늘나라로 보내 주는 것이 좋겠다고 생각했던 모양이다.

에참말은 말년에 극심한 가난에 시달렸으나 여전히 바가반을 섬기는 것을 포기하지 않았다. 바가반은 그녀를 설득하면서 "전에 우리는 먹을 것이 많이 없었지만 지금은 그때보다 상황이 많이 나아졌습니다. 이제 이런 봉사를 그만두고 우리와 함께 여기서 식사를 하는 것이 어떻겠습니까?" 하고 말하였다. 하지만 그녀는 바가반의 말을 듣지 않았다. 그래서 그녀를 기쁘게 하기 위해 바가반은 그녀가 가져온 음식을 조금 맛보곤 했다. 그는 에참말이 가져온 음식을 맛보기 전에는 식당으로 가려 하지 않았다. 그녀가 죽자 그녀의 친척들이 전처럼 바가반에게 음식을 가져오겠다고 했지만 그는 허락하지 않았다. 봉사의 특권은 에참말에게만 특별히 주어진 것이었다. 그녀가 죽은 뒤 바가반은 "무달리아르 빳띠는 여전히 나의 책임입니다."라고 말했다고 한다.

마다바 스와미

그 다음으로 죽은 사람은 마다바 스와미였다. 마다바 스와미는 라마나스라맘이 세워진 뒤 5~6년 사이에 빨가뜨 근처의 마을에서 라마나스라맘으로 온 매우 조용한 성격의 말라얄람 사람이었다. 그에게는 바가반을 시중드는 일이 맡겨졌다. 독신자였던 그의 바가반에 대한 헌신과 보살핌은 따라갈 사람이 없었다. 바가반이 가는 곳마다 마다바 스와미는 물그릇을 들고 따라 갔다.

이 헌신자는 놀랍게도 몸 전체에서 뭐라고 설명할 수 없는 타는 듯한 느낌을 경험하기 시작했다. 아마 그의 몸은 그가 접촉하는 바가반의 힘의 강도를 견디기 어려웠을 것이다. 그는 그 뒤 바가반의 충고에도 불구하고 아쉬람을 떠나 다른 곳을 떠돌기 시작했다. 그러나 어디에서도 평화를 찾을 수 없었다.

아쉬람에 있는 동안 기쁨에 잠겨 있던 마다바 스와미는 슬픔에 빠지게 되었고, 마침내 1946년 7월에 꿈바꼬남에 있는 마트에 합류했다. 그는 죽기 전에 아루나찰라에 돌아가고 싶었지만 다시 밖으로 나갈 수 있는 허락을 받지 못할 것이라고 생각하여 망설였다. 죽기 직전 그는 이질에 걸렸다. 그 후 그는 1946년 7월 7일에 연화좌 자세로 앉은 채 마지막 숨을 거두었다. 라마나스라맘에서 꾼주 스와미가 와서 그의 장례를 치렀다.

마다바는 축복받은 존재였으며, 바가반의 그림자 같은 사람이었다. 그랬던 그가 왜 바가반을 떠났을까? 왜 그는 다른 곳에서 죽음을 맞이했을까? 사람들 사이에는 싯다 뿌루샤를 섬긴 자의 영혼은 마하뜨마에게 끌린다는 믿음과 만일 그가 마하뜨마 곁을 떠나면 그 몸은 오래 살아남지 못한다는 믿음이 있다. 계속 폰디체리로 갈 것을 요청받고도 가지 않은 슈리 오로빈도의 아내의 사례에서 이와 비슷한 사례를 찾을 수 있다. 그녀는 스승이 폰디체리로 옮겨간 뒤 얼마 지나지 않아 죽었다. 싯다 뿌루샤들이 끌어들이는 힘은 강력하다. 몸이 그것에 맞서면 당연히 소멸되게 된다.

라마나타 브람마차리

그는 바가반이 비루팍샤 동굴에 머물던 시기에 바가반에게 왔다. 독신자이면서 매우 훌륭한 인품을 가진 그는 따밀 문학에 박식했다. 그는 몸이 허약했고 외모가 볼품없었으며 매우 가난했다. 그의 훌륭한 점들은 쉽게 눈에 띄지 않았다. 그는 마을 사람들의 집에서 뿌자를 행해 주고 그곳에서 식사를 해결하곤 했다. 신발을 살 돈이 없어서, 뜨거운 태양 아래를 걸을 때는 굵은 삼베 조각들로 발을 감싸고 걸었다. 그래서 그의 걸음걸이는 이상했다. 바가반은 농담으로 "라마나타, 당신이 걸어가는 것을 보면 사람들은 당신이 내 걸음걸이를 흉내 내고 있다고 말할 겁니다."라고 말하곤 했다. 그는 병이 들자 치료를 위해 마드라스에 갔는데, 거기서 1946년 12월 19일에 죽었다.

라마나타는 훌륭한 시인이었다. 그의 시 '라마나르 아누부띠'와 그의 노래 '띠루출리나탄 깐데 네'는 매우 뛰어나다. 이 노래는 바가반이 함께 한 어느 날 저녁에 그가 치담바람의 나따라자와 바가반의 유사성에 대해 세 시간 동안 얘기한 내용의 요지를 담고 있다. 이 노래는 말한다. "나는 띠루출리의 신을 보고 떠나올 수가 없어 계속 머물렀네. 가련한 자들의 구원자로 온 바로 그 신이 치담바람에서 춤을 추네. 그 신은 연민의 바다로서 아루나찰라의 비루팍샤 동굴에 머무네. 그는 거기서 신으로 현현하셨네." 이 노래에서 라마나타는 반복해서 바가반을 안다바네(신)라고 하고 있는데, 그가 안다바네라는 별명을 얻은 것은 그 때문이었다.

락슈미

그 다음으로 1948년에 암소 락슈미가 바가반의 곁을 떠났다. 바가반이 그 암소에게 보여 준 사랑과 애정에 대해서는 이미 이야기했다. 암소 락슈미는 20년 이상이나 아쉬람에서 살았다. 잠시 병을 앓은 뒤 1948년 6월 18일에 자유를 얻었다. 그날 아침 9시 45분쯤 바가반은 외양간으로 가서 락슈미 옆에 앉아 그녀의 머리를 자신의 무릎 위에 올려놓았다. 바가반은 그녀의 몸을 쓰다듬으면서 "암마", "나야나" 등 애정 어린 말들로 불렀다. 그날 오후 락슈미는 마지막 숨을 거뒀다.

저녁 6시 30분 무렵 그녀의 몸은 장례를 치르기 위해 수레에 실려, 평소 바가반이 앉아 있던 홀의 북쪽으로 옮겨졌다. 바가반이 자리한 가운데 브람민 빤디뜨들은 아비쉐깜을 행하면서 여러 만뜨라를 낭송했다. 바가반은 락슈미를 칭송하는 말을 하였다. 그는 락슈미가 전생에 좋은 수행자였을 수 있으며, 이 생에는 자유를 얻기 위해 아쉬람에 왔을 것이라고 하였다. "어머니를 위해 행해진 모든 의식들이 락슈미를 위해 행해지고 있습니다."라고 바가반은 어떤 사람에게 말하였다. 사람들은 락슈미의 몸에 심황뿌리 가루와 백단향 반죽을 바르고, 목에는 재스민 화환을 두르고 붉은 천으로 감쌌다. 락슈미 앞에서 장뇌 등불을 흔든 뒤 그녀를 땅에 묻었다.

남인도에서는 위대한 사두가 죽으면 비석에 비문을 새겨 무덤 위에 세우는 관습이 있다. 락슈미가 죽자 바가반은 직접 따밀어로 비문을 썼다. 바가반은 비문에 락슈미가 묵띠를 이루었다고 말하였다. 이 때문에 바가반이 락슈미에게 자유를 주었다는 견해가 있었다. 데바라자 무달리아르가 이 점에 대해 질문하자 바가반은 비묵띠는 묵띠를 의미한다고 설명했다고 한다. 바가반은 이 말을 부정하지 않았다.

《라마야나》에 따르면, 슈리 라마는 새 자따유에게 자유를 주었다. 그는 자따유에게 "그대는 나의 축복으로 위대하고 경건한 영혼들이 가는 축복받은 천상의 세계로 갈 것이다."라고 말하였다. 아마 락슈미도 비슷한 여행을 했을 것이다.

비문의 내용은 다음과 같다.

"사르바다리 해에 아니의 다섯째 날, 토요일, 차오르는 달의 12번째 날에 비사카 성좌 아래, 암소 락슈미가 묵띠에 이르렀다."

– 《저작 모음집》 중에서

바가반은 나중에 이 시를 뗄루구어로 번역했는데 따밀어 운율을 사용했다. 바가반은 이 운율(벤바)을 뗄루구어에 도입했다.

락슈미가 죽은 날 바가반의 몸은 매우 허약해져서 몇 발자국을 떼는 데도 몹시 힘들어하였다.

무달리아르 빳띠(무달리아르 할머니)

그녀는 (딴자부르 지역의) 인지꼴라이에 속한 무달리아르 집안에서 태어났다. 1908년, 그녀는 구루의 제안을 받아들여 아들과 며느리를 데리고 성지 순례를 하면서 띠루반나말라이를 방문했다. 그들은 비루팍샤 동굴에서 바가반을 친견했다. 그 친견의 영향 때문인지 무달리아르 할머니는 띠루반나말라이에 머물기로 결심하였다. 어머니를 설득하여 집으로 모시고 갈 수 없었던 아들 수브라만야 무달리아르는 아내 까막쉬를 떠나 어머니를 돌보다가 다시 돌아갔다. 에참말처럼 무달리아르 빳띠도 바가반에게 음식을 갖다 드리기 시작했다.

얼마 뒤 아들도 바가반의 끌어당기는 힘에 이끌려 아루나찰라로 다시 돌아와 바가반에게 봉사를 하였다. 그 뒤 그는 속세와 인연을 끊고 쉬바파의 성자인 냐나 삼반다르가 눈부신 빛과 합일되어 사라진 곳인 아찰라뿌람에 있는 마트의 우두머리가 되었다.

무달리아르 할머니와 그녀의 며느리는 바가반을 모시는 데 남은 평생을 헌신했다. 세월이 흘러 며느리가 세상을 떠났지만, 이 할머니는 연로해지는데도 불구하고 바가반에게 계속 봉사했다. 그녀가 아무런 도움도 받지 못한 채 헌신하는 것을 보고 바가반은 "누구든지 그녀를 돕는 사람은 나를 돕는 것과 같습니다."라고 말하였다.

무달리아르 할머니는 매우 독립적이어서 남의 도움을 받지 않고 계속 바가반을 모시겠다고 고집했다. 그녀도 바가반의 뜻을 고려하지 않고 자신이 원하는 대로 하곤 했다. 한번은 그녀가 평소보다 많은 양의 음식을 가져와서 바가반에게 드리자 바가반이 곤란해하였다. 할머니는 돌아서서 "모든 것이 마음 안에 있습니다." 하고 말했다. 바가반은 웃으면서 "그녀가 나의 가르침으로 다시 나를 가르치고 있습니다." 하고 말하였다.

세상을 떠난 뒤 그녀의 몸은 고운데르 주거지에 묻혔다. 장례식은 여성 출가자를 위한 장례 절차에 따라 치러졌다. 많은 사람들이 장지에 모였는데, 이는 그녀가 살아 있는 동안 사람들에게서 얻은 존경과 사랑을 보여 주는 것이었다.

이렇게 가까운 동료들을 떠나보내면서 이제는 마치 바가반이 떠날 준비를 하려는 것 같았다. 이제까지 바가반의 곁을 떠난 헌신자들 가운데 몇 명에 관한 이야기를 했다. 여기에 소개하지 않은 다른 헌신자들도 역시 바가반에게 소중하였다.

결국 신 크리슈나도 가장 절친한 아르주나와 웃다바를 남겨 두고 먼저 떠나지 않았던가?

41.

사명을 마침
Conclusion of the Mission

바가반이 떠나기 전에 행한 마지막 행동들 중의 첫 번째는 마뜨루부떼스와라 성소의 꿈바비쉐깜(헌당)이었다. 이 성소는 1939년에 처음 지어졌는데, 사마디(묘지)와 링가만 있고 초가 지붕을 얹은 작은 건물이었다. 이는 많은 사람에게 만족스럽지 않은 것이었고, 그래서 헌신자들은 그곳에 대리석으로 성소를 짓기를 소망했다. 그러나 모든 일에는 돈과 사람들의 협동, 그리고 무엇보다 신의 뜻이 반드시 필요한 법이다.

사원은 항상 바가반의 삶에서 중요한 역할을 했다. 띠루출리에 있는 사원들은 의심할 여지 없이 분명히 그러했고, 마두라이와 아루나찰라의 사원들은 그의 영적 성장의 중심이었다. 바가반이 현재 아쉬람 터로 자신을 데려온 샥띠가 그곳에서 헌신자들에게 계속 축복을 베풀어 주어야 한다고 느낀 것은 자연스러운 일이었다. 그러나 그는 성금을 모으는 일에 있어서 매우 엄격하여 누구든지 바가반의 이름으로 돈을 모으는 것을 금하였으며, "나는 나 자신을 위해 돈을 요구한 적이 없습니다. 다른 건물들이 지어진 것처럼 이 건물도 그렇게 지어지게 하십시오."라고 강조하였다. 제자들이 원했던 것은 바가반이 그 제안을 승인해 주는 것이었다. 반응은 다양했다. 아쉬람 관리자인 니란자나난다 스와미는 어머니를 위한 사원을 짓고 싶어 했다. 어떤 헌신자들은 묘지에 지어지는 사원이 매우 강력한 힘을 발휘할 것으로 생각하고 그 제안을 바가반을 낳은 분에게 경의를 표하는 행위로 환영했지만, 몇몇 사람들은 '현대'에 사원이 필요하며 적절한지 회의하는 사람도 있었다. 어쨌든 여러 사람들이 협조하기 시작했고, 돈과 자재가 모이기 시작했다.

사원에서 경배된 성상들은 마뜨루부뻬스와라(즉, 성모로 오신 이슈와라) 요감바와 슈리 차끄라의 성상들이었다. 돌 위에 슈리 차끄라가 새겨졌는데, 그 바닥에는 금으로 만들어진 또 하나의 슈리 차끄라가 고정되었다.

전체 공사는 서쪽 지방에서 데리고 온 건축가의 감독 아래 아가마 샤스뜨라에 따라 진행되었다. 바가반이 앉을 수 있는 별도의 홀도 사원의 바로 앞에 건축되었다. 바가반이 앉아 있던 옛 홀은 늘어난 방문자들을 다 수용할 수 없게 되었기 때문이었다. 아직 새 홀이 지어지기 전인 1946년에 바가반의 띠루반나말라이 도착 50주년을 축하하는 50년제가 성대하게 거행되었다. 방문자들을 수용하기 위해 초가지붕을 인 '50년제 홀'이 세워졌다. 축하 행사들이 끝난 뒤에도 바가반은 계속 거기에 앉아 달샨을 주었다. 그러나 그곳은 장마철은 물론 뜨거운 여름철에도 불편했다. 니란자나난다 스와미는 바가반이 사용하기에 알맞은 대형 홀을 지어야 한다고 생각했다. 그것을 위해 선택한 장소는 어머니를 위한 사원 바로 앞이었다. 1945년 1월 25일에는 홀의 토대가 놓였고, 공사는 1946년 5월 16일에 시작되었으며, 사원과 함께 완공되었다. 바가반이 앉을 커다란 화강암 의자도 만들어졌다.

1949년 2월 무렵에는 모든 일이 거의 끝났고, 헌당식 날짜가 1949년 3월 17일로 정해졌다. 이에 따라 다른 곳에 있던 링감 등을 가져와 새 장소에 배치했고, 샤스뜨라에서 정하고 있는 절차에 따라 아비쉐깜이 진행되었다. 모든 의식이 사흘에 걸쳐 진행되었다. 뿌리의 샹까라차리야도 이 행사에 참여했다. 그의 신분에 맞추어 별도로 높은 좌석을 그에게 제공했지만, 그는 그 자리를 거부하고 바가반 옆의 바닥에 놓인 사슴 가죽 위에 앉았다. 바가반과 대화 중에 그는 특정한 경전 내용을 설명해 줄 것을 부탁했다. 바가반이 대답을 마치자 샹까라차리야는 여전히 요지를 이해할 수 없다고 말했다. 그러자 바가반은 그를 쳐다보고 약 반 시간 동안 은총을 베풀었다. 샹까라차리야는 눈을 감았고 눈물을 흘리며 바가반에게 절하면서 무슨 말인지 이해했다고 말했다. 슈리 차끄라가 성소에 안치되어야 했고 또 그가 그런 절차에 능숙하므로 샹까라차리야는 자신이 직접 그 일을 주관하겠다고 자청했다.

바가반은 가까이 앉아서 진행 과정을 축복했다. 후에는 새 홀의 문을 최초로 열어 줄 것을 부탁받았다. 그러나 자물쇠를 열 힘도 없었기 때문에 조각가가 문 여는 것을 도와 주었다. 그리고 바가반은 성소에 들어가 슈리 차끄라를 만지며 축복을 내렸다. 그 다음에는 방석이 놓

287

인 돌 의자로 걸어가서 자리에 앉은 뒤 방문자들에게 달샨을 주었다.

둘째 날에는 많은 헌신자들이 모인 가운데 음악회가 열렸다. 17일째 날 아침에는 꿈바비쉐깜이 거행되었다. 그 시간 내내 열광적이었고 환희가 넘쳤다.

이 기간 동안 바가반을 지켜본 사람들은 바가반이 슈리 차끄라와 다른 것들에게 자신의 상서롭고 초자연적인 힘을 주고 있다고 생각했다. 비록 그의 육체적 힘은 쇠퇴해 있었지만 그는 고된 일을 계속했다. 마치 자신의 모든 힘을 그것들에게 전해 주고 있는 것 같았다.

이곳을 주재하는 신, 즉 메루 슈리 차끄라에 대해 좀 더 자세히 얘기해도 좋을 듯하다. 이 메루 슈리 차끄라는 2제곱피트 넓이의 바닥에 고정되어 있으며 높이가 적당하다. 슈리 바가반은 메루 슈리 차끄라가 설치되는 동안 그곳에서 밤을 지냈다. 그는 금속을 녹여 다시 적절히 고정시키는 데 사용하는 용광로의 열을 견디며 거기 앉아 있었다. 바가반은 금으로 된 슈리 차끄라를 직접 메루 밑에 놓았다.

꿈바비쉐깜이 끝난 뒤로는 날마다 성소에서 뿌자를 거행했다. 그러나 메루 차끄라에서는 어떤 특별한 뿌자를 하지 않았기 때문에 여기에서도 뿌자를 하는 것이 적절한 것으로 여겨졌다. 이 뿌자는 1953년에 시작되었다. 특별 뿌자는 매주 금요일과 보름날을 포함하여 매월 6회 실시된다. 이 특별 뿌자는 세밀한 과정들이 많아서 몇 시간 이상 계속된다.

바가반이 함께 한 자리에서 모든 뿌자 계획이 완료되자, 한 수행원이 "이 뿌자들이 영원히 계속되면 얼마나 좋겠습니까?" 하고 말했다. 바가반은 그 말에 동의하며 물었다. "그렇지만 누가 이 수고를 감수하겠습니까?" 사두 아루나찰라(채드윅)가 그 수고를 감수하겠노라며 나섰다. 그 이후 모든 일이 매우 규칙적으로 진행되었다. 아쉬람과 관련된 모든 문제들이 서서히 해결된 것은 뿌자들의 영향 때문일 수도 있었다.

책들

1945년 이후 바가반은 글을 쓰지 않았다. 그렇지만 산재해 있는 자신의 작품들을 수정하는 데는 관심을 보였다. 그는 또 아래와 같은 소품들도 몇 편 썼다.

싯다의 특징 《바가바따》에는 싯다의 특징을 설명하고 있는 함사기따(백조의 노래)라는 부분이 있다. 1946년의 대화 과정에서 이 작품이 바가반의 눈에 띄었다. 바가반은 자비롭게도 그 요지를 따밀어로, 나중에는 뗄루구어로 번역했다.

뜨리술라뿌라 마하뜨얌 1946년 2월, 바가반은 비슈와나타 브람마차리에게 이 산스끄리뜨 작품을 따밀어로 번역해 달라고 요청했으며, 나중에 자신이 수정했다. 뜨리술라뿌라는 띠루출리를 의미한다.

빠라뜨마 뿌자 아디 샹까라는 빠라 뿌자와 아뜨마 뿌자라는 두 작품을 썼다. 바가반은 이들을 통합하여 빠라뜨마 뿌자를 썼다. 여기에는 쁘라닥쉬나의 철학이 담겨 있다.

남인도에서는 이와 관련된 다음과 같은 이야기가 있다. 쉬바는 손에 과일 하나를 들고 있었는데, 비나야까와 구하가 둘 다 이 과일을 원했다. 쉬바는 로까들을 돌아 먼저 도착하는 이에게 과일을 주겠다고 말했다. 구하는 곧바로 공작새를 타고 출발했지만, 더 영리했던 비나야까는 부모님의 주위를 돌고는(쁘라닥쉬나) 과일을 달라고 했다. 모든 로까들은 마헤슈와라 안에 있었다. 따라서 마헤슈와라 주위를 한 바퀴 도는 것은 모든 로까들을 한 바퀴 도는 것과 같았다. 마헤슈와라를 마음속에서 도는 것은 빠라 뿌자를 하는 것과 같을 것이다.

냐네슈와라와 빗또보의 대화 마누 수베다르는 마하라슈뜨라에서 매우 유명했다. 그는 성자 냐네슈와라가 마라띠어로 쓴 《바가바드 기따》의 주석을 영어로 번역했다. 마누 수베다르가 한번은 바가반에게 "거의 모든 책들이 싯다들에 관한 것인데, 사다까들에 대한 책은 없습니까?" 하고 물었다. 바가반은 "따밀어 작품 《박따 비자얌》에 싯다와 사다까 간의 대화가 있습니다. 그것은 빗또바와 냐네슈와라의 대화입니다."라고 답하였다. 그 뒤 바가반은 이 내용을 영어로 번역하게 하여 마누 수베다르에게 보냈다. 이 《대화》의 뗄구루어 번역은 수리 나감마가 했다.

에깜 악샤람(하나의 글자) 많은 사람들은 위대한 사람에게 종이에 서명이나 뭔가를 써 달라고 부탁하고는 그것을 귀중한 물건으로 아끼며 보관하는 버릇이 있다. 그러나 사람들이 바가반에게 와서 그런 것을 부탁하면, 그는 대개 "내 이름이 무엇입니까? 그대는 나를 라마나라고 합니다. 그러나 내게 어떤 이름도 없는데, 내가 뭐라고 쓸 수 있겠습니까?” 하고 말하며 서명하기를 피하였다. 그러나 소마순드라 스와미의 계속되는 요청에 바가반은 자신이 뗄루구어로 번역한 슬로까를 그에게 써 주었고, 무루가나르의 요청을 받아들여 산스끄리뜨로 번역했다. 아래 시가 그것이다.

“하나의 글자가 가슴속에서 스스로 영원히 빛나고 있다. 어느 누가 그것을 글로 쓰기를 바랄 수 있겠는가?”

― 《저작 모음집》 중에서

디빠발리(빛의 축제) 몇몇 헌신자들은 흩어져 있는 바가반의 시를 모아 책으로 묶어 내기를 희망했다. 이러한 노력의 과정에서 그들은 몇 편의 시가 씌어 있는 오래된 공책을 우연히 발견했다. 그 시들 중에는 무루가나르의 요청으로 바가반이 쓴 디빠발리에 대한 시들도 있었다. 그 시는 다음과 같다.

‘나라까―나(거짓 나)’가 어디에서 일어나 ‘나라까―세상(거짓 세상)’을 지배하는지를 묻는 지혜의 탐구로 나라야나가 ‘나라까―자아(거짓 자아)’를 부수어 죽음에 이르게 하는 날, 그날이 바로 빛의 축제날인 ‘나라까―차뚜르다시(나라까 열 나흘날)’라네.
자신이 ‘나라까―형상’, 즉 거짓된 몸이라는 생각으로 인해 타락한 죄인인 ‘나라까―자아’를 찾아내 죽여 진정한 참나로서 빛나는 것이 진정한 디빠발리라네.

― 《저작 모음집》 중에서

닥쉬나무르띠의 현현 아디 샹까라의 《닥쉬나무르띠 스또뜨라》에 대한 자신의 따밀어 번역본 서론에서 바가반은 다음과 같이 말했다.

> 브람마(네 개의 얼굴을 가진 창조의 신)는 생각의 힘으로 사나까, 사난다, 사나뜨수자따, 사나뜨꾸마라 등 네 아들을 낳았다. 그는 그 아들들에게 세상을 창조하고 세상을 유지하는 일 등을 하라고 말했다. 그러나 그들은 그 일에 관심이 없었고 완전히 초연했다. 이들은 평화와 고요를 찾아 여기저기 돌아다녔다. 이들이 마음이 고요해져 (영적 가르침을 받아들일) 준비가 되었을 때, 위대한 자비의 신 쉬바가 반얀 나무 아래의 닥쉬나무르띠(남쪽을 향하고 있는 신)라는 인간의 형상으로 그들 앞에 나타났다. 그는 자신 안에 고요히 몰입되어 앉아 있었고, 오른손은 친무드라를 하고 있었다. 이 네 명의 구도자는 마치 쇳조각이 자석에 이끌리듯이 그에게 이끌렸다.
>
> 이들은 닥쉬나무르띠의 앞에 앉아 그처럼 참나에 합일되었다. 영적으로 높은 경지의 구도자라 해도 이런 침묵의 상태를 쉽게 이해할 수 없다. 세상, 보는 자, 그리고 그것이 인지되게 하는 자각이 그들의 길에 장애물로 존재한다. 그러나 자체를 이 세 가지로 현현하고 다시 그것들을 자신에게로 거두어들이는 것은 하나의 힘(샥띠)이므로 모든 것은 참나인 그 힘이다. 샹까라차리야는 이 진리를 이 찬가 안에 표현하였다.
>
> – 《저작 모음집》 중에서

이 짧은 노트는 바가반의 간결한 표현 능력을 보여 주는 하나의 예다. 이 이야기는 따밀어로 된 《쉬바라하시야》에 '닥쉬나무르띠의 현현'이라는 제목 하에 실려 있다.

가슴과 사하스라라

비루팍샤 동굴에 머무는 동안, 바가반과 가나빠띠 무니는 흐리다야(가슴)와 사하스라라에 대해 토론하고 있었다. 아루나찰라라는 이름의 헌신자가 옆에 앉아 있다가 그 토론 내용을 영어로 요약했다. 이 요약 내용을 다시 바가반이 따밀어로 번역했다.

띠루출리

슈리 나감마의 요청에 따라 바가반은 자신의 따밀어 작품인 띠루출리에 대한 세 가지 노래를 뗄루구어로 번역했다.

에까뜨마 빤차깜

역시 나감마의 요청에 따라 바가반은 따밀어 운율인 벤바를 차용하여 '에까뜨마 빤차깜'을 뗄루구어로 지었다. 그 뒤에 직접 따밀어로 번역했다. 샹까라차리야의 작품인 '아뜨마 빤차깜'이 이미 있었기에 바가반은 자신의 작품을 '에까뜨마 빤차깜'이라 부르기로 했다. 그 시는 다음과 같다.

참나에 대한 다섯 편의 시

1. 참나를 잊은 채 몸을 자기 자신이라 생각하며 무수한 탄생을 거쳐 마침내 참나를 기억하고 참나가 될 때, 그는 이것이 꿈속에서 온 세상을 떠돌다가 깨어나는 것과 같다는 것을 알게 된다.

2. 자신은 늘 참나이다. "나는 누구이며 어디에 있는가?"라고 스스로 묻는 것은 술에 취한 사람이 "나는 누구인가?", "나는 어디에 있는가?"라고 묻는 것과 같다.

3. 몸은 참나 안에 있다. 그런데도 자신이 둔한 몸 안에 있다고 생각한다면, 그는 필름이 투사되는 스크린이 영상 안에 있다고 생각하는 영화 관객과 같다.

4. 금 장신구가 금과 별개로 존재하는가? 몸이 참나와 별개로 존재할 수 있는가?

무지한 사람은 "나는 몸이다."라고 생각하며, 깨달은 사람은 "나는 참나다."라는 것을 안다.

5. 오직 참나만이, 유일한 실재만이 영원히 존재하고 있다. 옛날에 스승 중의 첫 번째 스승이 영원한 침묵으로 그 진리를 밝혔을진대, 어느 누가 언어로 그 진리를 밝힐 수 있겠는가?

– K. 스와미나탄 번역

마찬가지로 바가반은 '아루나찰라 빤차라뜨나'와 자신의 생일에 관한 시를 뗄루구어로 번역했다. 이 모든 번역은 뗄루구 언어에는 없던 벤바 운율로 되어 있다.

소속 불명의 시

바가반은 따밀어 작품 '쁘라부 링가 릴라'에 다음과 같이 자신의 생
각을 써 넣었다.

"음식을 먹은 뒤 그 잎 접시를 버리듯이, 보는 자는 그의 몸을 버리네."

– 《저작 모음집》 중에서

비차라 마니 말라

사두 니스찰라다스는 힌디어로 《비차라 사가르》라는 책을 썼는데,
이 책은 그 뒤 유명해졌다. 이 책은 따밀어와 뗄루구어로 번역되었는
데 내용이 방대하였다. 그래서 아루나찰라 무달리아르는 따밀어판
책의 요약판을 써 달라고 바가반에게 요청했다. 이 책은 꽤 오래 전에
출판되었지만 저자 이름이 바가반으로 되어 있지 않다. 몇몇 뗄루
구 헌신자들의 요청에 따라 바가반은 그 책을 《비차라 마니 말라》라
는 제목 아래 뗄루구어로 번역했다.

42.

황혼
The Dusk

어둠이 대지를 감싸기 훨씬 전에 태양빛이 잦아들고 태양은 세상의 슬픔 쪽으로 진다.

비루팍샤 시절, 스깐다 아쉬람 시절, 그리고 라마나스라맘 초기 시절 바가반의 몸은 밝게 빛났다. 그 뒤 디빰 축제일, 마하뿌자, 그리고 바가반의 자얀띠 날을 제외하고 그 빛은 사라졌다. 그 이유에 대해 여러 가지 해석이 있었다. 죽음이 가까워 오고 있다는 징표라는 말도 있었고, 바가반의 몸이 노쇠했기 때문이라는 말도 있었다.

점성가들은 죽음이 가까워 오고 있다고 말했다. 나디 그란타에 따르면, 라마나 릴라는 바가반이 80세가 될 때까지 계속될 것이라고 했다. 이런 방면에 조예가 깊은 사람들은 행성들이 냐니에게 영향을 미치는지 여부를 질문했다. 몇몇 사람들은 "라마의 아누그라하(은총)가 있다면 그라하(행성)들이 뭐가 문제인가?"라고 한 성자이자 작가인 띠야가라야의 말을 인용했다. 그 외의 사람들은 "바가반께서 육체에 전적으로 무관심하기 때문에 행성들이 영향을 미칠 것이다."라는 말을 받아들이지 않았다.

바가반은 수차례에 걸쳐 "이것(몸)은 여러분의 열망에 따라 생겨나게 되었습니다."라고 말했다. 이는 헌신자들의 열망을 가리켰다. 그는 또한 "그것은 여러분에게 필요하지 않을 때 가게 될 것입니다."라고 덧붙였다. 이 말은 바가반의 생명이 전적으로 다른 사람들의 열망에 달려 있다는 의미였다. 만일 그렇다면 또 다른 의문이 생긴다. 즉 "몸의 일이 더 이상 필요하지 않다고 말하는 자는 누구인가?" 그 물음에는 답이 있을 수 없다.

젊은 시절 몸을 보살피지 않은 결과가 1945년부터 나타나기 시작했다. 에참말의 죽음(1945년)과 더불어 그 결과들은 보다 명백해졌다. 그 전부터도 바가반은 천식을 앓았고 겨울에는 관절 부위에 통증이 있었다. 그래서 그는 종종 단것과 버터밀크를 삼갔다. 누구도 영원히 살 수 없다고 한다. 그런데 만일 몸이 태어나는 이유가 있다면, 몸이 죽는 이유도 있어야 할 것이다.

바가반의 경우 아바따르의 목적이 완전히 이루어졌다고 말하는 것이 보다 적절할 것이다. 가나빠띠 무니가 《라마나 기따》에서 말했듯이, 그 목적은 참나와 자유 안에 거주할 수 있다는 것을 세상에 입증해 보이는 것이었다. 바가반은 이것을 반세기 이상 동안 입증해 주었다. 바가반의 발아래에서 봉사하기 위해 멀리서 구도자들이 찾아왔고, 그의 메시지는 먼 나라까지 퍼져 나갔다. 그의 은총은 그들이 공덕에 따라 헌신자들, 요기들, 냐니들, 제자들에 의해 경험되었다. "여기 오는 사람은 누구도 빈손으로 가지 않았습니다."

"바가반은 헌신자들의 까르마의 결과를 책임지고 있으며, 그것은 그가 많은 육체적 질병으로 고통 받은 이유이다." 누가 이 말에 반박할 수 있겠는가? 바가반이 헌신자들의 고통을 책임진 것은 사실이다. 크리슈나무르티라는 이름의 헌신자가 집게손가락이 아파 고통 받고 있었지만 아픔을 감추고 바가반이 자리한 가운데 조용히 앉아 있었다. 갑자기 바가반이 자신의 집게손가락을 문지르기 시작했다. 다음 순간 그 헌신자의 고통은 사라졌다.

1947년 이후 바가반의 건강이 눈에 띄게 쇠약해지자 헌신자들은 근심을 하였다. 류머티즘으로 인한 그의 고통은 허리와 등으로 확대되었다. 쇠약해지는 몸을 위해서는 보다 영양가 있는 음식을 섭취해야 했을지 모르지만, 바가반은 자신에게 어떠한 특별한 대접도 허락하지 않았다. 게다가 그는 말하곤 했다. "몸 자체가 병입니다. 우리는 이 병(몸)이 일으키는 병의 영향을 줄이는 방법을 찾을 것이 아니라 이 병의 근원을 탐구해야 합니다." 이렇게 바가반은 약을 가져오는 사람들을 놀리곤 하였다.

방갈로르 출신의 아유르베다 의사인 라마찬드라 라오가 한번은 아유르베다 약을 조제하는 데 필요한 약품 목록을 가지고 와서 바가반에게 보여 주었다. 바가반은 그 목록을 한 번 훑어보고는 약품 하나하나가 좋은 약품이라고 칭찬하였다. 그러자 라마찬드라 라오는 바가반에게 "약을 조제하도록 허락해 주시겠습니까?" 하고 물었다.

바가반은 "약이라고요? 누가 먹을 약 말입니까?" 하고 되물었다.

라마찬드라가 "바가반께서 드실 약입니다."라고 대답하자,

바가반은 "왜 내가 약을 먹어야 합니까? 나는 괜찮습니다. 당신이 나보다 더 약해 보입니다. 당신이 약을 먹는 게 낫겠습니다."라고 말했다.

다른 헌신자도 바가반이 강장제를 먹어야 한다고 주장했다. 이 말에 바가반은 "내가 강장제를 먹을 만큼 부자입니까? 종이 울리면 식당으로 가서 내 몫의 음식을 먹는 것이 고작입니다."라고 대답하였다.

어느 헌신자가 바가반에게 "슈리 오로빈도는 우유와 과일과 아몬드를 먹습니다."(바가반도 그 정도는 먹어야 한다고 암시하며)라고 말했다. 바가반의 대답은 "당연히 그는 그 정도는 먹을 수 있습니다. 그는 꽤 부자입니다. 그런데 나는 뭘 가졌습니까?"였다.

바가반은 항상 헌신자가 아프면 가장 먼저 달려가 그를 돌보았다. 그는 그의 은총으로 헌신자들의 병을 치료할 수 있었지만, 수많은 헌신자들이 계속해서 그의 은총을 경험할 수 있도록 스스로를 치료하려고 생각하지 않은 것은 헌신자들의 불운이었다.

아쉬람 관리자들은 바가반에게 그들 자신을 위해 스스로를 치료해 달라고 요청하지는 않았다. 대신에 그들은 의사를 보내 약을 처방하고 보통 사람의 몸에게 하듯이 바가반을 수술했다. 그들이 진실을 알았을 때는 이미 때가 너무 늦었다.

이전에 바가반은 여러 번 황달과 같은 병을 스스로 치료하였다. 그때 의사의 약은 효과가 없었다. 딸꾹질이 멈추지 않고 계속될 때도 그랬다. 바가반이 다리와 등에 습진을 앓은 적도 있었다. 의사인 멜꼬떼는 두 달 동안 여러 가지 약을 처방했지만 모두 실패였다. 마침내 눈에 눈물이 어린 채 목멘 소리로 바가반에게 스스로를 치료해 달라고 간청했다. 이틀도 안 되어 바가반은 스스로를 치료하였다. 바가반은 생사의 윤회라는 질병을 고치는 의사가 아니던가?

바가반의 죽음이 가까워진 상황에서 바가반께서 그들과 함께 할 수 있도록 하는 유일한 방법은 어쩌면 바가반께 복종하는 것이라는 것을 헌신자들은 알아차리지 못했을 것이다.

1949년 2월, 작은 종기가 바가반의 왼쪽 팔뚝에 나타났는데 바가반은 이를 무시했다. 그러나 의사들은 그냥 넘기지 않았다.

의사들은 수술을 하여 곧바로 그 종기를 제거하지 않으면 문제가 생길 수 있다고 생각했다. 1949년 2월 9일 저녁, 의사 샹까라 라오는 역시 의사인 슈리니바사 라오의 도움을 받아 바가반의 욕실에서 그 종기를 제거했다. 수술 전 바가반은 "나뭇잎 몇 장으로 종기를 감싸고 묶어 두면 종기가 없어지지 않을까요?" 하고 물었다. 그러나 의사들은 "사르바디까리도 우리의 제안에 동의했습니다."라고 말했다. 그 뒤로 바가반은 침묵을 지켰다. 붕대를 감은 지 일주일 뒤 상처는 치료되었고 붕대는 벗겨 내었다.

이 종기는 다시 생겼고, 한 달도 되지 않아 커져서 사람들을 걱정하게 했다. 그러자 마드라스에 있는 유명한 의사인 라가바차리 박사를 불렀다. 이 의사는 국부 마취를 한 후 1949년 3월 27일에 종양 수술을 했다. 이 종기는 신경 위에 생겼기 때문에 환부를 깊게 잘라 내야 했다. 생체 검사를 하고 조사를 의뢰했다. 환부는 낫지 않고 오히려 더 퍼졌다. 생체 검사의 결과가 4월 중순에 나왔는데, 육종으로 진단되었다. 그래서 라듐 치료를 했지만, 종기는 치료되지 않고 오히려 피가 나기 시작했다. 수혈이 4월 30일에 실시되었다. 마침내 라가바차리 박사는 팔뚝 절단 수술을 제안했지만, 바가반은 "내 일은 내가 알아서 하겠습니다."라고 말하면서 분명하게 수술을 거절하였다. 후에 그는 이렇게 말하였다. "종기가 머리에 나면 그들은 아마 머리를 자르라고 할 것입니다." 바가반의 팔뚝을 자르는 것은 상상할 수도 없는 헌신자들은 자신의 몸은 자신이 알아서 한다는 바가반의 말에 일말의 희망을 가졌다.

1949년 5월 8일, 유명한 아유르베다 의사인 락슈미빠티 박사는 특정한 나뭇잎으로 상처 부위를 묶는 것이 좋을 것이라고 주장했다. 다른 방갈로르 의사 라마찬드라 라오 박사도 비슷한 제안을 했다. 이 말을 듣고 한 헌신자는 문제를 그렇게 쉽게 해결할 수 있다는 것에 확신을 하지 못했다. 그러자 바가반은 "그는 의사입니다. 그가 잘 아니까 그렇게 말하지 않겠습니까?" 하고 말하였다. 어떤 사람이 바가반에게 그의 상깔빠로 스스로 치료할 수 있지 않느냐고 묻자, 바가반은 "내가 그 병을 초대했다면, 사라지라고 명령할 수도 있겠지요."라고 대답하였다.

락슈미빠티 박사가 제안했기 때문이었는지, 약용 나뭇잎에 대해 잘 아는 민간요법 의사 발루바이 따따가 1949년 7월 5일에 초청되었다. 이 사람은 바가반이 아루나찰라 산에 머무는 동안 쇄골을 다쳤을 때 치료해 준 바로 그 사람이었다. 그는 그와 같은 종기는 수술을 하지 않았어야 했다고 하면서 어떤 특별한 붕대를 감았다. 이 붕대는 출혈을 줄여 주었다. 그러나 이 의사는 종양의 독을 제거하겠다는 이유로 상처 부위에 매운 고춧가루를 발랐다. 수술 부위가 아닌 경우에도 매운 고춧가루를 바르면 누구든지 고통을 참을 수 없는데, 수술 부위에 고춧가루를 바른 바가반의 고통은 참을 수 없는 것이었다. 그의 체온이 급격히 올라갔다. 그 때문에 이 민간요법 의사의 시도는 중지되었다.

1949년 7월 25일, 또 한 명의 유명한 의사 구루스와미 무달리아르 박사가 바가반을 찾아와서 수술에 대한 우려를 표시했다. 그는 주사약 복용을 제안하고 다시 방문하겠다는 약속을 남기고 떠났다.

한편 여러 명의 베다 학자들이 바가반의 회복을 위해 특별히 뿌자와 수리야 나마스까라를 시작했다. 슈리 나감마와 같은 일부 헌신자들도 그들과 합류했다. 바가반은 그들을 막지 않고 "그들이 원하는 대로 하게 내버려두십시오. 나쁠 게 없습니다." 하고 말하였다. 다른 때에는 "그게 다 무슨 소용이겠습니까? 수리야의 아뜨마는 여기에도 있습니다."라고 말하기도 했다.

8월에는 페니실린 주사를 놓기 시작했다. 바가반에게 휴식이 필요해짐에 따라 바가반의 달샨 시간도 제한되었다. 11월에는 구루스와미 무달리아르가 다시 방문하여 의사들과 상의한 후 또 한 차례의 수술이 필요하다는 결정을 내렸다. 바가반은 다음 날 아쉬람 의료 시설로 옮겨졌다. 혈액을 수혈하고 마취를 한 후 출혈을 최소화하기 위해 전기 칼로 종기를 잘라 냈다.

걱정하는 군중들이 아쉬람 의료 시설 주위로 몰려들었다. 질서 유지를 위해 자원 봉사자들과 경찰이 배치되었다. 스와미 니란자나난다의 요청으로 군중들은 물러나기 시작했다. 저녁 6시 이후 바가반은 병원의 베란다에 앉아서 헌신자들에게 달샨을 주었다.

다음 날 바가반은 홀까지 혼자 걸어가서 달샨을 주었다. 의사들은 다시 희망을 가졌다. 라듐 치료가 재개되고 상처는 낫는 것처럼 보였다. 그러나 12월이 되자, 이전에 종기가 생겼던 부위의 조금 위쪽에 또 다른 종기가 생겨서 상황이 더 악화되었다. 의사들은 12월 19일에 이 종기도 수술했으나 소용이 없었다.

그 뒤 의사들은 포기했다. 헌신자들의 불안은 고조되었다. 그들은 바가반이 며칠이나 더 살 수 있을지 서로 묻기 시작했다.

43.

태양이 지다
The Sun Sets

"여러분은 (여러 명의 죽은 사람을 되살린) 슈리 크리슈나가

스스로를 보호할 수 없을 것이라고 생각합니까?"

– 바가바따(11번째 스깐다)

사람들은 대중요법 의료의 효능에 대한 모든 희망을 잃었다. 그래서 대안으로 동종요법 의사인 T.S. 아이어를 초대했는데, 그의 치료는 처음에는 어느 정도 병세의 호전을 가져왔다. 바가반은 병원에서 달샨 홀의 맞은편에 있는 작은 방으로 옮겨졌다. 그곳에서 그는 베란다에 앉아 다시 달샨을 주기 시작했다. 베다 빠라야나도 시작되었다.

자얀띠가 1950년 1월 5일에 시행되었으나 이와 관련된 기쁨은 없었다.

2월 중순에 또 하나의 종기가 이전 종기 바로 아래에 나타났다. 라가바차리 박사와 다른 사람들은 이것 역시 동종요법 의사가 어찌할 수 없는 악성이라고 말했다. 그래서 동종요법을 중단하고 께랄라 주

의 아유르베다 의사인 무스 박사를 불렀다. 그도 손을 써 봤지만 허사였다. 종기는 자라면서 바가반은 더 쇠약해졌고 빈혈 증세는 더 악화되었다.

그러나 바가반의 얼굴은 그 광채를 잃지 않았다. 이를 보고 어떤 사람들은 냐니는 몸에 대한 집착이 전혀 없으므로 바가반이 몸의 고통을 의식하지 못한다고 생각했다. 《바시슈탐》은 "백단향 반죽을 몸에 바르든 사지를 절단하든 냐니에게는 아무런 차이가 없다."라고 말한다. 여전히 몇몇 사람들은 바가반이 고통을 호소하지 않는 것을 보면 어떤 고통도 느끼지 않았을 것이라고 말했다. 바가반이 따빠스의 힘으로 전혀 고통을 느끼지 않았다고 하는 해석도 있었다. 이 모든 해석들의 일부는 철학에 근거했고 일부는 환영에 근거했다.

수면 부족과 같은 고통의 증상들을 여러 사람들이 알아차렸다. 바가반이 고통으로 신음하는 소리를 들은 사람들이 있었다. 냐니의 몸이 고통을 전혀 느끼지 못한다는 말은 그의 몸을 칼로 베어도 피를 흘리지 않는다고 말하는 것만큼이나 터무니없다. 어떠한 개체성도 남지 않았으므로 몸이 고통을 받을지라도 그것을 경험할 개인이 없을 것이다. 몸은 5원소로 구성되어 있고 그 고통을 느낀다. 냐니의 몸과 냐니를 동일시하는 사람들은 당연히 그도 고통을 느낀다고 말한다.

우리가 주목해야 할 점은 몸의 고통이 어떻게 생기는가 하는 것이다. 분명 라마나의 몸은 라마나의 지바와 다르다고 말할 수 있지만, 라마나로 알려진 사람이 브람만과 합일했다고 생각할 수는 없다. 따라서 이를 근거로 판단할 때, 라마나가 보여 준 특별한 인내는 그 누구도 흉내 낼 수 없는 특별한 것이었다. 또는 바가반은 만일 그가 고통을 보이면 헌신자들이 견디지 못할 것이라고 생각했을지도 모른다. 그는 자신이 느끼는 고통을 가능한 한 보이지 않으려 했으며, 그의 몸은 최대한 평소처럼 그 역할을 계속했다. 그래서 늘 그랬듯이 해 뜨기 전에 목욕을 했고, 오전과 오후 일정한 시간에 아쉬람의 편지들을 읽었다.

그는 헌신자들에게 달샨을 주고 책 출판을 감독했다. 그러나 1월 이후 몸은 이러한 일조차도 할 수 없게 되었다. 그는 작은 방의 바깥에 앉아서 달샨을 줄 수 있는 힘마저 잃게 되었고, 그래서 헌신자들은 그가 누워 있는 방으로 들어가서 달샨을 가졌다.

3월말이 되어도 병세는 전혀 호전되지 않았다. 그래서 바가반의 승인을 받아 캘커타에서 아유르베다 의사인 까비라즈를 초청하기로 했다. 까비라즈는 며칠에 걸쳐 바가반의 치료를 마친 뒤 현지의 아유르베다 의사에게 치료와 관련된 몇 가지를 일러준 뒤 캘커타로 돌아갔다. 그러나 이 의사는 이 약들이 너무 강해서 바가반의 몸이 견디기 어렵다고 보았다. 그래서 캘커타 출신의 다른 의사에게 도움 받기를 원했다. 바가반은 이런 치료를 더 이상 견딜 수 없어서 4월 12일 이후에는 어떤 약의 복용도 거절했다. 그동안에 천식까지 발병했는데, 그의 친척 중 한 사람이 약을 주려 하자 그를 제지하면서 "왜 성가시게 합니까? 이틀 후면 모든 것이 끝납니다." 하고 말하였다. 모든 사람은 바가반이 스스로를 치료하기로 마음먹었다고 생각하면서 희망을 가졌다. 그러나 사람들은 끝나는 것은 병만이 아니라는 것을 짐작하지 못했다.

4월 13일에는 태양이 백양궁으로 이동했다. 14일에 의사들은 당장의 위험이 있으리라고는 생각하지 못했다. 벨로르에서 온 정부의 의사도 오후 6시쯤에 바가반을 보고서 당장의 위험은 없을 것이라고 말했다. 사람들은 모두 저녁 식사를 하러 갔다. 정부 의사는 바가반에게 오렌지 주스를 마실 것을 권했다. 바가반은 처음에는 거부했지만 의사의 얼굴에 나타난 슬픔을 보고는 몇 모금 마시는 것에 동의했다. 그리고 겨우 두 숟갈만 마셨다.

오후 8시에 바가반이 앉은 자세로 있기를 원해서 등에 베개를 받쳤다. 조금 뒤 그의 호흡이 가빠졌다. 크리슈나스와미 박사는 산소 공급을 하고 싶었지만 바가반은 거부했다. 이 상태는 반시간 동안 계속되었는데, 그동안 바가반은 입으로 간신히 호흡을 했다. 밖에서 헌신자들은 "아루나찰라 쉬바, 아루나찰라 쉬바"라는 후렴구를 가진 '악샤라마나말라이'를 노래했다. 이 노래를 듣는 바가반의 눈에서 몇 방울의 눈물이 흘러내렸다.

곧 이어 죽음의 순간이 다가왔다. 바가반은 숨을 쉬기 위해 입을 벌렸다. 입은 계속 그렇게 벌린 채 있었고, 호흡이 멈추었으며, 바가반은 세상의 번뇌에서 벗어났다. 시간은 금요일 밤 오후 8시 47분이었다. 바깥에 있던 헌신자들은 계속해서 "아루나찰라 쉬바, 아루나찰라 쉬바"를 노래했다. 아루나찰라 산에 신성한 이름이 울려 퍼졌다. 바로 그 순간 밝게 빛나는 유성 하나가 아루나찰라를 향해 하늘을 가로질러 갔다. 먼 곳의 사람들은 그 광경을 보았다. 라마나 죠띠는 잠시 머물던 지구를 떠나 본래의 자리로 돌아갔다.

밝은 빛을 본 마을 사람들은 최악의 경우를 염려하며 아쉬람으로 달려왔다. 그들의 아버지이자 안내자이며 구루, 그들의 모든 것이 더

307

이상 거기에 없었다. 그는 몸을 떠났다.

아쉬람은 모인 사람들의 통곡소리로 가득했다. 바가반의 제자들은 그를 연꽃 자세로 앉히고, 대중들이 볼 수 있도록 그의 몸을 달샨 홀로 모시고 왔다. 처음의 격한 감정이 잦아들자 헌신자들은 바가반의 주검 옆에 앉아 찬가와 노래를 부르기 시작했다. 그리고 바가반의 몸에 백단향 반죽과 비부띠를 바르고 꽃들로 장식했다.

다음 날 베다 만뜨라들이 울려 퍼지는 가운데 신성한 몸을 성수와 우유와 벌꿀로 씻었다. 수많은 군중들이 이 광경을 지켜보았다. 조금 뒤 바가반의 몸은 장식되어 마뜨루부떼스와라 성소와 옛 달샨 홀 사이의 무덤에 묻혔다. 이 무덤은 소금과 장뇌와 그 밖의 향기로운 물질들로 채워졌다.

그날 저녁 모인 수백 명의 사람들은 모두가 허전함을 느끼며 마음의 갈피를 잡지 못했다. 한 시인은 "당신이 없어 이제 이 세상은 허물어진 빈 집과 같습니다."라고 말했다. 그랬다, 정말 그랬다!

바가반이 이 땅에 왔을 때 한 눈먼 여성만이 한 줄기 빛을 보았다. 그는 밝은 빛의 궤적 속에서 떠나갔는데, 이 빛의 궤적은 수백 명의 사람들이 보았다. 그날 밤 창공의 별들은 새로운 빛으로 빛났다. 하늘은 청명했고 지극히 고요했다. 어둠은 무서웠고, 가슴은 희망을 잃었다.

슈리 라마나 릴라

44.

어디로 가십니까?

Quo Vadis?

그 빛은 어디로 갔는가? 그 빛에 무슨 일이 일어났는가? 몇몇 헌신자들에게 라마나는 적어도 속성이 없는 브람만에 다름 아니었다.

한번은 암리따난다라는 헌신자가 종이에 말라얄람어로 시를 써서, 바가반에게 그가 하리(비슈누)인지, 삿구루(수브라만야)인지, 야띠스와라(쉬바)인지, 아니면 바라루치인지 말해 달라고 청했다. 바가반은 같은 말라얄람 운율로 대답을 썼다.

비슈누와 함께 시작되는 모든 존재의 연꽃 형상의 가슴 깊은 곳에는 빠람아뜨만이 순수한 지성으로 빛나고 있으니, 그분은 아루나찰라 라마나와 같다네. 마음이 그분에 대한 사랑으로 녹아, 그분이 연인으로 거주하는 곳인 가슴의 가장 깊은 곳에 이를 때, 순수 지성의 미묘한 눈이 열리고 그분은 스스로를 순수 의식으로 드러낸다네.

– 《저작 모음집》 중에서

이것은 암리따난다의 질문에 대한 답이라고 볼 수 없다. 그것은 단지 철학적 우빠데사였을 뿐이다. 그 목적은 구루의 본성을 알고자 하는 제자에게 구루 자체가 은총의 근원이며 빠람아뜨만인 신임을 가르치기 위한 것이었다. 암리따난다가 알고자 했던 것은 라마나는 몸을 가진 신성한 존재들 중에 누구인가 하는 것이었다.

그러나 바가반의 대답은 결국 "그 의문은 그냥 내버려두세요. 오직 나의 본성, 라마나의 본성을 알려고 하십시오. 그것으로 충분합니다."였다.

마찬가지로 몇몇 헌신자들에게 라마나는 냐니였다. 냐니는 다름 아닌 브람만이다. 지바는 냐니의 몸에서 밖으로 나가는 것이 아니라 그 근원 속으로 합일된다. 이들 역시 "내가 어디로 갈 수 있겠습니까? 나는 여기에 있습니다."라는 라마나의 말을 되풀이한다. 그러나 이 말을 육체적인 죽음 후의 상태를 의미하는 것으로 해석할 여지는 없다. 게다가 브람만에 이른 사람에게는 여기나 저기 같은 것이 없다. 따라서 라마나가 아쉬람에 계속 머문다고 해석하는 것은 터무니없다.

냐니의 마지막 순간을 본 사람들은 냐니의 몸이 마치 감각 기관은 계속되고 눈은 감고 입을 다문 채 깊은 잠 속에 빠져 있는 것 같다고 말한다. 그러나 바가반의 경우 입은 닫혀 있지 않았다. 쁘라나가 입을 통해서 밖으로 나갈 수 없었던 것인가?

마지막으로, 바가반의 마지막 순간에 한 줄기 밝은 빛이 북동쪽 방향으로 하늘을 가로질러 갔는데, 이 광경은 수천 명이 보았다. 이것이 라마나 죠띠가 아니면 무엇이겠는가?

바가반은 신 크리슈나의 마지막을 다음과 묘사하고 있다. "이 신이 한 줄기 번개처럼 하늘을 가로질러 간 길은 브람마와 다른 천상의 존재들조차 이해할 수 없었다. 얼마 뒤 신 크리슈나는 본래의 자리로 사라졌다." 크리슈나의 마지막 순간에 대한 이 기술 때문에 크리슈나는 이슈와라가 아니라거나 본래의 자리를 갖고 있지 않았다고 말할 수는 없다. 바가반의 경우도 한줄기 밝은 빛이 그 궤적을 그렸다.

어떤 사람들은 바가반이 세상에 태어나게 하는 내재된 경향성들이 없기 때문에 더 이상 세상에 다시 나올 수 없다고 말한다. 그런데 바가반은 헌신자들과 자신의 관계는 끊어질 수 없으며 항상 그들을 도울 것이라는 말을 여러 번 하였다. 바가반이 몸을 가진 천상의 존재가 아니라면 어떻게 이것이 가능하겠는가?

가나빠띠 무니가 말했듯이 바가반은 스깐다의 한 모습이었으므로 그는 아마 자신의 본래 자리로 돌아갔을 것이다. 스깐다 역시 빛의 형상으로 떠났다. 그렇게 말한다 해서 바가반의 아뜨마 경험의 심오함을 가볍게 보는 것은 결코 아니다. 바가반은 쉬바와 다른 존재들이 냐니이지만 형상을 취하여 활동을 하지 않으면 안 된다고 직접 말하였다.

바가반이 스깐다의 한 모습이었다는 주장을 뒷받침하는 몇 가지 사례가 있다. 1945년 11월 21일, 아루나찰레스와라의 웃사바 비그라하가 아루나찰라 산을 돌다가 라마나스라맘의 문에 이르렀을 때, 바가반은 서고에서 가까운 수돗가 부근의 연단에 앉아 있었다. 신의 쁘라사담 즉 비부띠가 담긴 접시를 바가반에게 가져가자, 바가반은 비부삐를 바르고 크게 경외하는 마음으로 "아들이 아버지에게 복종합니다."라고 말했다.

이 일이 있기 훨씬 전에도 가나빠띠 무니는 《라마나 기따》에서 바가반이 이전에 꾸마릴라 바따와 냐나 삼반다르로 나타났었다고 말했다. 가나빠띠는 또한 라마나는 천상의 존재인 스깐다의 현신이며, 다르마가 쇠퇴기에 있을 때마다 사람들에게 지혜를 나누어 주기 위해 지상에 나타난 나라다와 사나뜨꾸마라와 같이 아차리야 계보의 일부라고 말했다.

이와 관련하여 1934년에 한 헌신자가 바가반과 나눈 대화가 있다. 대화 중에 바가반은 그 헌신자가 자신을 몸과 동일시하고 있다고 지적하면서 말하기를, 자신은 스무 개의 몸 안에 스무 개의 로까 안에 동시에 산다고 하면서 말했다. "몸들은 계속해서 오고 갑니다. 어떤 몸이 오는지, 어떤 몸이 가는지 누가 계속 알아차릴 수 있겠습니까? 중요한 것은 참나 안에 거주하는 것이지 몸들의 변화를 관찰하는 것이 아닙니다."

일부 사람들은 라마나가 브람마 니르바나 혹은 마하니르바나('니르바나'란 말은 불교의 영향 때문인 것 같다)를 얻었다고 표현하므로 이와 같은 토론이 필요했다. 또 다른 일부 헌신자들은 라마나가 계속 스깐다이며 우리의 기도를 듣는다고 말한다. 그럴 수도 있다.

데바따들은 각각의 로까 안에 있어도 모든 힘을 가지고 있으며, 박따가 얼마나 진심으로 기도하느냐에 따라 언제든지 나타날 수 있다. 해방의 공간들인 쉬바샥띠 끄쉐뜨라들에서는 그들을 불러내어 그들의 현존을 느끼기가 쉽다. 이것도 쉬바의 자손인 라마나가 띠루출리,

마두라이, 아루나찰라와 같은 쉬바끄쉐뜨라들을 자신의 운동장으로 택한 이유를 설명한다. 스깐다의 한 모습으로서 그는 빛의 형상으로 물러났으며 아루나찰라를 자신의 거주지로 삼았다. 따라서 아루나찰라에서 그를 불러내기란 쉽다. 다른 곳에서는 그렇게 할 수 없다는 뜻이 아니다. 그것은 거의 전적으로 헌신자의 기도의 힘에 달려 있다. 이와는 달리 아루나찰라에서는 끄쉐뜨라의 이점 때문에 더 쉽다.

라마나가 20년 넘게 시간을 보낸 라마나스라맘의 경우에는 특히 그렇다. 바가반 라마나의 신성은 5원소로 이루어진 육체에 의해 감싸여 있었으며, 그 몸은 현재 라마나스라맘에 안치되어 있다. 지금도 바가반이 생존 당시에 경험되었던 진동들을 거기서 느낄 수 있으며, 라마나 사마디나 명상 홀에서 잠깐 동안의 디야나로 바가반의 힘을 경험할 수 있다. 그 평화의 물결은 여전히 거기서 흐른다. 그곳은 또한 바가반 발의 먼지를 느낄 수 있는 공간이기도 하다. 그 먼지가 우리를 에워싸고 있는 것으로 충분하지 않은가? 또한 그곳은 신성한 라마나 박따들의 발의 먼지를 느낄 수 있는 곳이기도 하다. 라마나 띠르탐은 그 근원이 라마나 자신이다. 이 공기는 바가반이 호흡한 공기다. 이 하늘은 그 가슴속에 비친 하늘이다. 마투라의 크리슈나처럼 바가반 라마나는 여기에서 매우 가까이 있다.

45.

그 뒤의 일
What next?

그 뒤에는 어떻게 되었는가? 언젠가 바가반은 말하였다. "스와미가 있는 한, 아무 일도 일어나지 않을 것입니다. 나중에는 목소리들이 높아질 것입니다."

박따들에게는 바가반의 죽음이 견디기 어려운 일이었고, 그들 중 대부분은 며칠 안에 라마나스라맘을 떠났다. 라마나스라맘은 라마가 떠난 뒤의 아요디야와 같았고, 성스러운 불들이 꺼져 버린 베다 만따빠와 같았다.

시간이 지나면서 슬픔은 잦아들었다. 크리슈나 빅슈는 첫 번째 아라다나에 참석했다. 그러나 몇 시간 이상 머물 수가 없었다. 그 짧은 시간에도 하염없이 눈물이 쏟아졌다. 마치 과거의 기억들이 스스로를 눈물로 표현하는 것 같았다. 그는 다시는 아쉬람을 방문할 수 없겠다고 결론지었고 실제로 그 뒤 3년 동안 그렇게 했다. 하지만 영원히 그렇게 할 수는 없었다. 바가반은 누군가가 영원히 떠나 있는 것을 허락하지 않을 것이다. 아루나찰라의 제물이 된 사람은 결코 철회할 수 없었다. 아루나찰라는 그를 삼켜 버릴 것이었다.

바가반이 니르바나에 든 후에도 아쉬람의 운영에 관련된 문제들이 다양하게 증가하였다. 바가반이 생전에 판사인 순다람 체띠아르의 감독 하에 유언장을 준비한 것도 이 문제가 복잡해지지 않도록 방지하기 위한 것이었다. 그 유언장에 의하면 뿌자(예배)는 마뜨루부뻬스와라 성소 안의 동상 앞에서 행해져야 했다. 아쉬람은 맨 먼저 니란자나난다 스와미, 그 후에는 벤까따라만과 가족 구성원들의 감독 아래 영적 센터로 성장해야만 했다. 몇몇 사람들은 이 마지막 조건을 받아들이지 못했고 심지어 니란자나난다 스와미가 관리하던 시기에도 문제를 일으키기 시작했다. 그러나 바가반의 은총으로 모든 문제가 해결되었다.

혼자만의 힘으로는 아쉬람을 관리할 수 없었기에 니란자나난다 스와미는 자신을 종신 대표로 하는 관리 위원회를 만들었고, 위원회의 조언에 따라 관리를 수행했다.

외양간, 게스트 하우스, 베다 빠타살라, 마뜨루부뻬스와라의 뿌자들, 요감바와 슈리 차끄라의 운영과 같은 아쉬람의 활동은 베다 빠타살라와 뿌자를 책임지고 있던 채드윅과 함께 평소처럼 수행되었다. 서적 출판을 담당하는 소위원회가 결성되어 《슈리 라마나 마하리쉬와의 대담》(M. 벤까라마아이아), 데바라자 무달리아르의 일기인 《바가반과 함께 한 나날》, 그리고 S.S. 코헨의 일기 등 주로 바가반의 작품들을 출판하였다. 아쉬람의 목표는 바가반의 모든 작품을 출판하는 것이었다.

매일의 일상도 예전처럼 유지되었는데, 여기에는 정해진 때에 행해지는 다양한 뿌자와 베다 빠라야나가 포함되었다.

바가반의 생존 시에 니란자나난다 스와미는 문제가 생길 때마다 그의 조언을 구했으므로 아쉬람 운영을 부담으로 느끼지는 않았다. 그러나 이제 상황이 바뀌었다. 더욱이 바가반이 있을 때에는 바가반을 친견하기 위해 찾아온 방문자들이 자유롭게 기부하였다. 그러나 그 후로는 찾아오는 방문자들도 줄고 기부금액도 점점 줄어들었다. 그뿐만 아니라 어떤 사람들은 돕기 위해 친구로 왔다가 시간이 흐르면서 적대적이 되고 적으로 변했다. 다른 사람들은 아쉬람 관리인의 세습 체제를 바꾸려고 했다. 그러나 친나스와미(니란자나난다 스와미)는 바가반에게 복종함으로써 관리를 수행하기 위해 열심히 노력했다. 그러다가 그의 건강이 악화되어 아쉬람 병원에 여러 달 동안 누워 있었다. 그는 방 안 여기저기에 걸린 바가반의 사진들을 바라보면서 마음의 평정을 유지했다. 그를 항상 돌봐 준 것은 마하뜨마의 힘이었다.

그와 동시에 또 다른 시련이 친나스와미를 덮쳤다. 어머니를 잃은 친나스와미의 아들 벤까따라만을 대신 키워 주고 결혼식까지 치러 준 그의 여동생 알라멜루가 중병에 걸렸다. 그 훨씬 전인 1938년에 친나스와미는 자신의 아쉬람 일을 돕도록 아들인 벤까따라만을 부른 적이 있었다. 알라멜루와 남편 뻬추 아이어는 자신들의 아들로 키웠던 소년을 떠날 수가 없어 띠루반나말라이로 이사를 와서 아쉬람 일을 도왔다. 여자는 밤에 아쉬람에 머물 수 없다는 규정이 있었으므로 그들은 아쉬람 바깥에 거주하기 위해 별도의 집을 임차해야 했다. 몇 년 뒤 뻬추 아이어는 라마나 나가르 구역에 집을 지을 수 있었다. 그가 집을 지을 때 바가반의 헌신자들이 그를 도와 주었다.

모든 아쉬람 거주자들은 벤까따라만의 고모인 알라멜루를 '고모'라고 불렀다. 그녀는 조용하고 간섭하지 않으며 온화한 성품이었다. 그녀는 바가반에 대한 깊은 헌신의 마음을 품고 있었고, 바가반이 아플 때는 눈물을 글썽거리며 그가 스스로 치유하기를 애원했다. 그럴 때마다 바가반은 그녀에게 말했다. "사랑하는 이여! 슬퍼하지 말라. 일어날 일은 일어나게 마련이다. 걱정은 나에게 맡기고 평화롭게 지내라." 바가반이 니르바나에 든 뒤 그녀의 건강은 더 나빠졌으며, 6개월 동안 침대에 누워 지내야만 했다. 1953년 1월 3일, 그녀는 바가반의 이름을 부르며 마지막 숨을 거두었다. 그 순간 그녀의 얼굴이 환하게 밝아졌다.

여동생의 죽음은 친나스와미에게 큰 충격이었다. 가슴이 너무 아팠던 그는 더 이상 살고 싶지 않은 나머지 자신도 데려가 달라고 라마나에게 애원했다. 1953년 1월 29일, 죽음이 다가왔을 때 그는 아들 벤까따라만과 다른 가족 구성원들 및 친한 지인들을 불러 놓고 벤까따라만에게 마지막 유언을 남겼다

나의 양심은 깨끗하고 나의 손은 청결하다. 나는 결코 나 자신을 위하여 아쉬람의 돈을 쓰지 않았으며, 아쉬람에 있는 모든 것은 바가반에 속해 있다. 그 모든 것을 조심스럽게 보존하고 현명하게 이용해라. 바가반에 대한 봉사에 온 마음을 다하여 헌신해라. 그리하면 너는 그분의 은총을 넉넉히 받을 것이다. 슈랏다, 곧 믿음과 진실이 네 자신의 분명한 일

부가 되도록 해라. 아쉬람 일들을 행하는 우리의 전통을 유지해라. 나는 그것을 유지하기 위해 노력해 왔다.

친나스와미는 1930년에 아쉬람의 사르바디까리(관리자)가 되었다. 대부분의 외부인들은 친나스와미가 사르바디까리가 되기 전에는 그가 누구인지도 알지 못했다. 그는 잘 나서지 않았기 때문이다. 그는 22년 동안 아쉬람의 일을 수행했다.

그가 사망하자 베다 만뜨라가 울려 퍼졌고 아쉬람이 온통 그 소리로 가득 찼다. 마뜨루부떼스와라 성소의 맞은편에 있는 코코넛 숲에 그를 위한 사마디가 세워졌다. 그가 이 장소를 선택한 것은 아니지만, 이 선택은 그를 아주 기쁘게 했을 것이다.

그는 매우 상냥한 사람이었으나 아주 작은 자극에도 화를 내는 경향이 있었다. 그는 잘못을 저지른 사람들을 올바르게 인도하기 위해서는 회초리를 들어야 한다고 믿었다. 그는 많이 배우지는 못했을지 모르지만 바가반과 그의 박따들에 대한 부단하고 아낌없는 세바(봉사)를 통해 해방을 추구했을 것이다. 그가 알았던 유일한 요가는 세바의 요가였으며, 그는 세바를 통해 바가반의 자비를 얻을 수 있다고 분명히 믿었을 것이다. 아쉬람 관리에 관한 그의 비타협적인 태도 때문에 그를 높이 평가하지 않은 사람들도 있을 것이다. 그는 아쉬람의 목적을 위해서라면 헌신자들의 명상까지 방해하기도 했다. 그리고 몹시 꼼꼼하게 회계를 관리했다.

헌신자들이 어떠한 어려움도 없이 바가반에게 참배할 수 있었던 것은 많은 건물과 시설을 아쉬람에 제공한 그의 헌신 때문이었다.

띠루출리에 있는 순다라 만디람과 마두라이에 있는 라마나 만디람의 구입과 설립은 그의 활동들을 보여 주는 살아 있는 기념비와 같다. 친나스와미가 죽은 뒤에는 그의 아들 벤까따라만이 아쉬람 관리위원회의 대표를 맡게 되었다.

46.

몇 가지 일화
Some Anecdotes

1. 바가반의 어릴 적 사진은 남아 있는 것이 없다. 벤까따라만이 어렸을 때 숙부와 함께 사진을 찍은 적이 있었다. 그때 사진사는 벤까따라만에게 열심히 공부하는 것처럼 보이도록 큰 책 위에 손을 올려놓고 있으라고 말했다. 그때 파리 한 마리가 날아와 그의 얼굴 위에 앉았고, 그는 파리를 쫓기 위해 손을 휘저었다. 그 순간 사진사가 사진을 찍는 바람에 사진이 좋지 않게 나왔다. 그런데 그 사진조차도 어디에 있는지 찾을 수가 없었다. 현재 남아 있는 바가반의 첫 번째 사진은 1900년경에 꿈바꼬남 출신의 헌신자인 날라 뻴라이가 비루팍샤 동굴에서 찍은 사진이다.

2. 바가반이 들려준 또 하나의 일화가 있다. 다리를 절뚝거리는 한 노인이 아루나찰라에 살고 있었는데, 그는 가족이 싫어 떠나기를 원

하였다. 그래서 그는 지팡이를 짚으며 걷기 시작했다. 그는 마을을 떠나 기리 쁘라닥쉬나를 하는 도로를 걷기 시작했다. 그는 이전에 여러 차례 쁘라닥쉬나를 했지만, 마을을 떠나려니 몹시 슬퍼졌다. 그때 갑자기 어디선가 젊은 브람민이 나타나 노인에게서 지팡이를 빼앗으며 "이 지팡이가 아직 필요한가요?"라고 말하고는 사라졌다. 그 순간부터 노인은 다리를 절지 않게 되었다. 이 이야기를 할 때 바가반은 아루나찰라 산에 거주하고 있었지만, 노인의 다리를 고쳐 준 사람이 자신이라고는 말하지 않았다. 비슷한 이야기가 《아루나찰라 뿌라나》에서도 발견된다.

3. 한 유럽인 헌신자는 안내자도 없이 혼자서 아루나찰라 산을 탐험하러 나갔다. 해가 지고 어둑어둑해져도 그가 돌아오지 않아서 아쉬람에 있던 사람들은 몹시 걱정했다. 바가반은 라마나 띠르탐 가까이에 앉아 쌍안경으로 아루나찰라를 살펴보았다. 땅거미가 진 뒤 조금 지나서 그 헌신자는 기진맥진하여 돌아왔다. 그는 산 위에서 길을 잃고 헤맬 때 바가반이 아쉬람으로 돌아올 수 있도록 그를 인도했다고 말했다. 모두가 이 이야기를 듣고서 어떻게 온종일 아쉬람에 있던 바가반이 그를 인도해 올 수 있었는지 어리둥절해 하였다.

4. 카쁘만두에 있는 대학의 학장인 루드라즈 빤데이는 신의 달샨을 갖고자 아루나찰레스와라 사원을 방문했다. 그가 사원의 안내인과 함께 지성소에 가까이 다가갔을 때 안내인이 큰 소리로 "아루나찰라" 하며 찬송하기 시작했다. 빤데이는 링가를 달샨하고 싶었지만, 사방

에서 온통 바가반의 미소 짓는 모습만 보였다. 빤데이는 감동하여 기쁨의 눈물을 흘렸다.

5. 한 헌신자가 더 이상 가정생활의 문제들을 감당할 수 없어 바가반에게 출가를 허락해 달라고 요청했다. 바가반은 만류했지만, 그는 여전히 고집을 피우며 "당신은 출가하셨으면서도 저희에게는 출가하지 말라고 하십니다."라고 말했다. 이에 바가반은 "그때 나는 누구의 허락도 구하지 않고 그냥 왔습니다."라고 말했다. 그러자 모여 있던 사람들이 웃음을 터뜨렸다.

6. 바가반은 유머 감각이 뛰어났으며 그의 익살은 세련되어 누구의 마음도 다치게 하지 않았다. 그가 관절염으로 고통 받을 때 모시는 사람들뿐만 아니라 다른 헌신자들도 그의 다리를 주물러 주었다. 일흔 살이 된 은퇴한 판사도 참여하기를 원했다. 바가반이 그 이유를 묻자 그는 "공덕을 쌓기 위해서입니다."라고 대답했다. 그러자 바가반은 "모두들 잠시 가만히 계십시오. 나도 이 다리를 주물러 공덕을 쌓아야겠습니다."라고 말했고 실제로 그렇게 하기 시작했다.

7. 한 천식 환자가 바가반에게 질병을 낫게 해 달라고 요청했다. 그러자 바가반은 이렇게 말했다. "나도 같은 병을 가지고 있습니다. 적어도 당신에게는 호소할 스와미라도 있지요, 나에게는 누가 있습니까? 나에게는 호소할 스와미가 없습니다. 자신에게 주어지는 것은 무엇이든지 받아들여야 합니다."

8. 한 젊은이가 바가반에게 '목샤에 이르는 방법'을 가르쳐 달라고 요청했다. 이에 바가반은 "당신이 온 길로 돌아가십시오."라고 말했다. 젊은이는 그 의미를 이해하지 못한 채 실망하여 앉아 있었다. 그 자리에 있던 다른 사람들이 그 젊은이에게 이렇게 설명해 주었다. "바가반의 말씀은 옳습니다. 맨 처음에 '나-생각'이 일어나고 그 뒤에 다른 생각들이 일어납니다. 그것이 마음입니다. '당신이 온 길로 돌아가라'는 말은 모든 생각이 일어나는 근원을 탐구하라는 뜻입니다."

9. 달샨 홀 뒤에는 망고 나무가 한 그루 있었다. 어떤 사람들이 망고 열매를 따기 위해 긴 장대로 나무를 때리자 많은 잎이 떨어지고 잔가지가 부러졌다. 그때 그곳을 지나던 바가반이 그들을 타이르며 말했다. "이제 그만 하세요. 나무는 열매를 맺어 주는 데 우리는 그 보답으로 나무를 부러뜨리고 있습니다. 참 좋은 일이군요. 그만 가세요."

마찬가지로, 예전에 에참말이 십만 개의 나뭇잎을 이용해 브라따를 하려고 했다. 그러나 그녀는 그만큼의 나뭇잎을 모을 수 없어서 바가반에게 조언을 구했다. 바가반은 모자라는 나뭇잎 수만큼 그녀의 몸을 대신 꼬집으라고 말했다. 에참말은 그 뜻을 이해하지 못하고 "왜 그렇게 해야 하나요?"라고 물었다.

그러자 바가반은 "만일 당신이 자기의 몸을 꼬집으면 통증을 느낄 것입니다. 그런데 당신은 나무의 잎들을 잡아 뜯어도 나무가 고통을 느끼지 않는다고 생각합니다."

10. 옷을 잘 차려 입은 사람이 신발도 벗지 않은 채 홀로 들어와서

바가반에게 물었다. "신을 본 적이 있습니까?" 바가반은 아무것도 모르는 듯한 얼굴로 되물었다. "신이라고요? 신이 누구입니까?" 그 젊은이는 말문이 막혔고, 그를 제외한 모든 사람이 웃음을 터뜨렸다. 잠시 후 그는 바가반의 사진을 찍고 싶다고 말했다. 바가반은 "그럴 수 있다면 그렇게 하세요."라고 대답했다. (그 젊은이는 그 말의 깊은 뜻을 이해하지 못했다.) 바가반의 말이 뜻한 바는 자신은 아뜨마이므로 사진을 찍을 수 없다는 것이었다. 그러나 그 젊은이는 사진을 찍고는 길을 떠났다.

11. 바가반은 언젠가 어떤 사람에게서, 어느 요기가 마하뜨마들의 오라가 얼마나 멀리 펼쳐지는지를 미묘한 몸 안에서 보았다는 이야기를 들었다. 그 요기의 주장에 따르면, 그는 붓다의 오라가 1마일 넘게 뻗어 가는 것을 보았으며, 슈리 오로빈도는 8/7마일을 뻗어 갔는데 비해, 바가반은 3마일 넘게 계속 뻗어 가 그는 바가반의 오라가 어디까지 뻗어 가는지 알 수가 없었다고 한다. 이 이야기를 듣고 바가반은 "만일 그가 자신의 미묘한 몸이 무엇인지를 탐구했다면, 이 모든 문제들이 해결되었을 것입니다."라고 말하였다.

12. 바가반이 비루팍샤 동굴에 머무르고 있을 때 변비를 예방하기 위해 매일 마이로발란을 섭취하곤 했다. 한때 아쉬람에 있던 마이로발란이 모두 동나서 빨라니스와미는 마이로발란을 얻기 위해 마을로 내려가려고 했다. 바로 그때 어느 마을 주민이 그 과실들을 자루에 가득 담아 와서 바가반에게 드렸다. 원래 그 주민은 수레를 끌고 바가반

을 친견하기 위해 출발했는데, 앞서 가던 다른 수레에 있던 자루에서 몇 개의 마이로발란이 흘러나와 길바닥에 떨어지기 시작했다. 그는 마이로발란을 주워 담으면서 그 과실이 바가반에게 필요할 것 같다는 생각을 했다. 그리고는 빨라니스와미가 마을로 출발하려고 하던 때에 아쉬람에 도착했던 것이다.

이와 비슷한 사례가 더 있었다. 빨라니스와미가 바가반에게 드릴 포도를 얻기 위해 출발하려고 할 때, 바가반이 "왜 그리 서두릅니까?" 하고 물었다. 바로 그때 세샤야의 형제가 포도 한 다발을 들고 와서 바가반에게 드렸다. 그는 그때 아쉬람에 포도가 남아 있지 않다는 것을 알고서 그렇게 한 것이 아니라 그냥 호의로 가져왔을 따름이었다. 바가반의 수행원인 아이야스와미는 무엇이든지 바가반에게 필요한 것이 있을 때마다 어떤 노력 없이도 제때에 저절로 주어지곤 했다고 말하곤 했다.

13. 띠루반나말라이에 살고 있던 순다레사 아이어는 비교적 어린 나이에 바가반에게 왔다. 세월이 꽤 흐른 뒤 그는 다른 지역에서 직장을 구했지만 바가반 곁을 떠나고 싶지 않아 했다. 그는 바가반에게 가서 눈물을 흘리며 울었다. 그러자 바가반이 그에게 물었다. "그대는 얼마나 오랫동안 나와 함께 있었습니까?" 순다레사 아이어는 "40년입니다."라고 대답했다.

바가반이 홀에 있는 모든 사람을 가리키며 말했다. "보세요, 그는 40년 동안 나의 말을 들으며 내 곁에 있었습니다. 그런데도 내가 있지 않은 곳으로 갈 수 없다고 말합니다." 아마도 바가반은 자신이 없는 곳은 어디에도 없다는 뜻으로 그렇게 말했을 것이다.

14. 바가반은 자신 안에서 피난처를 구하는 사람들과 헌신자들의 어려운 문제들을 해결해 주었다. 순다레사 아이어는 출간을 앞두고 있던 바가반의 따밀어 작품 모음집을 위해 서문을 써야 했다. 그는 "나는 이 작품들을 읽는 사람들이 축복을 받을 것이라고 믿는다."라는 말로 서문을 끝맺었다. 바가반은 "믿는다"라는 표현을 빼고 이 문장을 다음과 같이 고쳤다. "이 작품들을 읽는 사람들은 축복을 받을 것이다."

15. 쉬바쁘라까삼 삘라이에게 바가반이 말했다. "구루의 은총을 받은 사람은 반드시 해방에 이를 것입니다. 구루는 그를 결코 포기하지 않을 것입니다. 구루에게 나아오는 제자는 호랑이의 입 속으로 들어가는 먹이와 같습니다."

그리고 네덜란드인 헌신자인 하르테즈에게는 이렇게 말했다. "비록 그대가 바가반을 떠날지라도 그는 당신을 떠나지 않을 것입니다." 그 말을 듣고 어떤 사람이 바가반에게 물었다. "이 말씀은 특별히 그에게만 하시는 말씀입니까, 아니면 모든 사람에게 다 적용되는 말씀입니까?"

"모든 사람에게 적용됩니다."라는 것이 그 대답이었다.

바가반은 오즈본의 딸인 키티에게 말했다. "만일 키티가 바가반을 생각한다면, 바가반도 키티를 생각한다."

16. 한 제자가 한때 한탄하며 말했다. "만일 바가반께서 저를 불쌍히 여기지 않으신다면 제가 무엇을 할 수 있겠습니까? 저 같은 죄인은 아무도 없습니다."

바가반 그대와 나 사이에 어떤 연결이 있습니까?

제자 바가반은 저의 구루데바이십니다.

바가반 그대는 내가 당신의 구루데바라 말합니다. 그런데 그대는 내게 구루-닥쉬나를 준 적이 있습니까?

제자 저는 언제나 봉헌물을 바칠 준비가 되어 있지만, 바가반께서는 그것을 받으려 하지 않으셨습니다. 제가 무엇을 드려야 하는지 말씀해 주십시오.

바가반 취소하지 않을 자신이 있습니까?

제자 어떻게 그렇게 말씀하실 수 있나요? 제가 언제 약속을 깨뜨린 적이 있습니까?

바가반 그렇다면 그대의 모든 공덕(뿌니야)의 열매를 내게 주십시오.

제자 왜 안 되겠습니까? 하지만 제게는 드릴 만한 좋은 공덕이 없습니다.

바가반 어떤 공덕이라도 좋으니 내게 주십시오.

제자 제 모든 공덕의 열매를 라마나님께 드립니다.

바가반 그대는 조금밖에 줄 수 없다고 말합니다. 그런데 왜 그대가 아주 많이 가지고 있는 것을 주지 않습니까?

제자 다 드리겠습니다. 그런데 먼저 제가 드릴 수 있는 것이 무엇인지 알려 주십시오.

바가반 알겠습니다. 그런데 취소하지 않아야 합니다.

제자 절대로 취소하지 않겠습니다.

바가반 만일 그렇다면, 나에게 그대의 모든 죄를 주십시오.

제자 오, 바가반! 저는 셀 수 없이 많은 죄를 지었습니다.

바가반 상관없습니다. 주겠습니까, 주지 않겠습니까?

제자는 몹시 괴로워하면서 말했다. "라마나님께서 명령하신 대로, 저는 저의 모든 죄와 그 열매를 라마나님께 드립니다. 저는 이제 그것들과 어떤 관계도 없습니다."

바가반 이제 보세요, 그대에게는 더 이상 공이나 과가 없습니다. 그대는 아뜨만입니다. 그러니 더 이상 슬퍼할 필요가 없습니다. 그저 존재하기만 할 뿐, 아무것도 하지 마십시오.

17. 다른 헌신자에게 바가반은 말했다. "비록 그대가 지옥에 간다 해도 나는 그대와 함께 지옥으로 갈 것입니다. 그런데 내 질문은 이것입니다. 왜 그대는 지옥으로 인도할 수 있는 행동들을 합니까?"

18. 또 다른 헌신자가 바가반에게 말했다. "바가반의 현존 안에 있을 때는 우리 모두 좋은 사람들이지만, 각자 사는 곳으로 돌아가면 우리는 다시 일상적인 삶을 살게 됩니다. 저는 오랫동안 여기에 왔지만, 조금도 나아진 것 같지 않습니다."

그러자 바가반이 대답했다. "기차의 일등칸에서 여행하는 사람들은 차장에게 내릴 목적지를 알려주고 그곳에 도착하면 깨워 달라고 요청합니다. 그리고는 창문을 닫고 잠을 잡니다. 그들이 도중에 잠에서 깨어 목적지를 지나쳤는지 여부를 확인합니까? 여러분 모두는 기차의 일등칸 승객과 같습니다. 여러분은 차장에게 목적지를 알려주었습니다. 차장이 자기 할 일을 모르고 있습니까? 여러분의 목적지에 도착하면 차장이 직접 와서 여러분을 깨울 것입니다."

이보다 더 큰 보증이 있을 수 있을까?

47.

가벼운 순간들
Some Light Moments

行복이란 극복될 수 없는 것임을 설명하기 위해, 바가반은 자신의 경험을 다음과 같이 얘기한 적이 있다.

여러 헌신자와 제자들은 바가반에게 음식과 먹을 것을 드리면서 직접 드시기를 강권하곤 했다. 바가반은 먹고 싶지 않아도 먹어야 했다. 바가반은 종종 "스와미라서 겪어야 하는 문제들은 나만이 알고 있습니다. 여러분은 배고프지 않으면 먹지 않아도 되지만, 내가 음식을 먹지 않으면 아무도 먹지 않을 것입니다. 그래서 나는 배가 고프든 고프지 않든 음식을 먹어야 합니다."

어느 날 바가반은 그날 점심만큼은 단식할 수 있도록 혼자 아쉬람을 떠나 있고 싶은 마음이 들었다. 그래서 조용히 아루나찰라 산의 기슭에 있는 숲을 향해 걸어갔다. 도중에 그는 숲에서 땔감을 모으기 위해 가고 있던 일곱 명의 여인과 마주쳤다. 그들 중 한 명은 전에 바가반을 뵌 적이 있었기 때문에 쉽게 그를 알아보았다. 그녀는 즉시 바가반에게 음식을 드리고는 드시라고 권유했다. 다른 여인들도 함께 권유했다. 바가반은 음식을 먹을 수밖에 없었고, 그래서 배가 불렀다. 그러나 여인들은 바가반 곁을 떠나지 않았으며, 자신들과 함께 점심 식사를 해야 한다고 우겼다. 이를 피하기 위해 바가반은 숲 속으로 깊숙이 걸어 들어갔지만, 점심 식사 시간이 되었을 때 여인들은 다시 그곳에 나타났다. 그때는 여름이어서 모두들 목이 마른 상태였다. 그들은 바가반에게 근처에 샘이 있는지를 물었다. 바가반은 그들을 소나띠르타 저수지로 안내해야만 했다. 여인들은 다시 한 번 바가반에게 여러 가지 음식을 대접했다. 그리하여 그날 점심을 굶으려는 바가반의 계획은 좌절되었다. 점심을 먹은 후 바가반은 기리 쁘라닥쉬나를 하는 도로를 따라서 아쉬람으로 돌아오기 시작했다. 묘하게도 라마스와미 아이어가 길 옆에 있는 만따빠에서 바가반을 기다리고 있다가 바가반에게 망고 주스를 드렸다. 바가반은 그 주스도 마셔야 했다.

이와 비슷한 다른 일들도 있었다.

띠루반나말라이에 도착한 초기에 바가반은 잠시 고뿌라 수브라만야 성소에 머물렀다. 키가 크고 체격이 좋은 어느 헌신자가 매일 바가반을 찾아와서 그의 현존 안에 고요히 앉아 있었다. 바가반은 늘 그렇듯이 언제나 고요히 있었다. 그 헌신자인 아이어는 바가반을 매우 흠모하였다. 어느 날 아이어는 자신의 집에 점심 식사를 준비하였는데, 그는 바가반도 손님 가운데 한 명으로 참석하기를 원하였다. 그래서 점심 식사 시간이 되자 그는 바가반에게 자신의 집으로 함께 가자고 요청하였으나 바가반은 거절하였다. 아이어와 역시 체격이 좋은 다른 사람이 바가반에게 다가와서는 바가반의 몸을 들어 올려 데려가려 하였다. 그러자 바가반은 스스로 일어나서 그들과 함께 갔다.

다른 때에 바가반과 빨라니스와미는 기리 쁘라닥쉬나를 행한 후 저녁 8시쯤에 사원으로 돌아왔다. 빨라니는 음식을 가져오려고 자리를 비웠다. 그때 에산야 마트의 수장이 제자들과 함께 그곳에 도착하여 바가반을 에워싸고는 저녁 식사를 하러 에산야 마트에 가자고 청하였다. 바가반이 거절하자, 마트의 우두머리는 제자들에게 바가반을 들어 올리라고 말했다. 그것을 원하지 않았던 바가반은 그들과 함께 사원 밖으로 걸어 나갔다. 수레가 그들을 기다리고 있었다. 그들은 다시 바가반을 억지로 수레에 태워 마트로 데려가 저녁 식사를 대접했다.

비루팍샤에 머무르던 때였다. 어느 날 바가반은 빨라니와 다른 사람을 데리고 서쪽 숲을 향해 산책을 나갔다. 도중에, 어느 불가촉천민 여인이 나뭇잎과 잔가지를 모으다가 바가반을 보고는 나무랐다. "왜 당신은 조용히 앉아서 명상하지 않습니까? 왜 당신은 땔감을 모으러 돌아다녀야 하는 우리처럼 여기저기 배회합니까?" 이렇게 말한 뒤 여인은 그곳을 떠났다. 바가반은 말했다. "그녀는 우리에게 좋은 철학 강의를 했습니다."

어느 날 아침에 몇몇 전통적인 브람민이 바가반의 달샨을 갖기 위해 찾아왔다. 달샨을 가진 뒤, 그들은 따르빠남 의식을 행하기 위해 떠나려고 했다. 그러자 바가반은 아침 식사를 하고 가도록 청했다. 아침 식사로는 우뿌마를 먹을 예정이었다. 바가반의 초대를 거절할 수가 없어서 브람민들은 떠나지 않고 함께 아침 식사를 했다. 아침 식사를 마친 뒤, 바가반은 양파가 사람에게 좋은 이유들을 나열한 목록을 소리 내어 읽었다. 그러고는 그들에게 물었다. "여러분은 방금 먹은 우뿌마에 들어 있던 양파를 알아보았습니까?" 전통적인 브람민들은 대답하지 못했다. 그러자 바가반이 말했다. "만일 양파를 잘게 썰어 아주까리기름에 튀기면 그 매운맛이 사라질 것입니다." 관습을 고수하는 것 자체는 중요하지 않으며 관습은 사다나의 보조 수단에 불과하다는 것이 바가반의 가르침이었다.

한번은 한 헌신자가 불만 섞인 모습으로 귀퉁이에 앉았다. 그는 바가반이 어떤 식으로도 자신을 도와 주지 않는다며 마음속으로 비난하고 있었다. 바로 그 순간 바가반이 다른 헌신자에게 말했다. "만일 당신이 원한다면, 너그러운 사람에게만 비난하십시오. 거친 사람을 비난한다면, 그는 당신을 때릴지도 모릅니다." 이 말을 들은 그 헌신자는 마음이 불안해져서 바가반에게 다가가 물었다. "바가반께서도 비난이나 칭찬에 반응하십니까?" 바가반은 그 헌신자를 위로했다. "그렇지 않습니다. 하지만 만일 당신이 누군가를 비난해야 한다면, 오직 스와미만을 비난하십시오. 당신이 좋은 사람을 비난한다면, 그는 마음이 아플 것이고 당신은 그로 인해 고통을 겪을 것입니다. 비난받는 것에 개의치 않는 스와미는 그렇지 않습니다." 헌신자는 이 말을 듣고 자신의 행동을 후회했다.

기리 쁘라닥쉬나를 하는 동안에 흥미로운 일이 있었다. 한번은 한 헌신자가 수브라만야 신을 칭송하는 찬미가가 포함된 '띠루뿌가리'를 영창하기 시작했다. 그 가운데 발리 까발레네라는 표현이 있었는데, 이 말은 보호자 발리라는 뜻이었다. 그 헌신자는 헌신의 감정에

북받쳐서 '까발레네'라는 단어를 반복하기 시작했다. 그런 감정 상태에서 그는 그 단어의 따밀어 의미(보호자)를 잊어버리고는 어떻게 해서인지 그 단어를 "나는 원한다."라는 뗄루구어 의미로 바꾸었다. 그뿐 아니라 "라두 까발레네", "바다 까발레네"(그 뜻은 각각 "나는 라두를 원한다."와 "나는 바다를 원한다."이다)라고 계속 말하였으며, 그 와중에 다양한 음식의 이름을 반복했다. 그와 함께 걷던 사람들이 폭소를 터뜨리자 그는 정신을 차렸다. 그들이 다음 만따빠에 도착했을 때, 우연의 일치로 그 헌신자가 언급한 음식들을 여러 헌신자들이 가져와서 그들에게 대접했다. 이 우연의 일치에 모두들 놀라워했다. 모든 보배의 근원이자 주인이 가까이 있을 때 그 헌신자가 요청했던 모든 것은 어떤 음식들이었고, 그는 자신이 요청한 것을 얻었다. 어떻게 자신의 쁘라랍다를 피할 수 있겠는가?

바가반은 뛰어난 유머 감각의 소유자였다. 비루팍샤 동굴에 머물던 시절, 북인도에 사는 사람이 바가반의 달샨을 갖기 위해 찾아왔다. 그때 그곳에는 흙으로 만들어진 담을 수선하고 있던 바가반밖에 없었다. 방문객은 바가반을 일꾼으로 여기고는 "스와미가 누구입니까?"라고 물었다. 바가반은 "그는 외출 중입니다."라고 대답했다. 한동안 기다린 뒤에 방문객은 그곳을 떠났다. 다음 날에도 같은 일이 일어났다. 방문객이 비루팍샤 동굴을 떠나 돌아가고 있을 때 에참말이 그를 보고는 무슨 일이 일어났는지 알아차렸다. 그녀는 방문객을 데리고 동굴로 돌아갔다. 방문객이 바가반과 한동안 시간을 보내고 돌아간 뒤, 에참말은 왜 방문객에게 그런 장난을 쳤느냐고 바가반에게 물었다. 바가반은 "당신은 내가 '내가 그 스와미입니다.'라고 쓴 종이를 들고 다니거나 이마에 그렇게 쓰고 다니기를 원합니까?"라고 말했다. 옳은 말씀이다. 뜬 눈으로도 볼 수 없는 사람에게는 모든 사람이 평범한 사람으로 보인다.

바가반의 인내심에는 한계가 없었다. 비루팍샤에 머물던 시절인 1906년, 바가반은 산 아래로 내려와서 한동안 돌아다니다가 새로운 길로 돌아가기 시작했다. 그 길의 덤불 속에는 말벌의 벌집이 있었는데, 바가반은 그걸 알아차리지 못하였다. 바가반의 왼쪽 허벅다리가 벌집을 건드리자, 곧바로 말벌 떼가 쏟아져 나와 그의 왼쪽 허벅다리를 공격했다. 바가반은 왼쪽 허벅다리가 잘못을 저질렀으니 그 결과를 감당해야 한다고 느꼈다. 그래서 말벌을 쫓으려는 시도를 전혀 하지 않고 가만히 있었다. 그는 고통을 견뎠고, 말벌들의 공격이 그친 뒤에야 돌아오기 시작했다. 허벅다리의 통증은 몹시 심했다.

어느 날 바가반은 아루나찰라 산의 북쪽 편에 있는 시내 옆에 난 길을 따라 걷고 있었는데, 갑자기 커다란 반얀 나무 잎을 보았다. 그 크기가 얼마나 큰지 바나나 잎만 하여 음식 접시로 쓸 수 있을 정도였다. 호기심이 생긴 바가반은 그 잎이 어디에서 오는지 알아보기 위해 위로 거슬러 올라갔다. 갖은 고생 끝에 그는 커다란 둥근 바위를 보았는데, 그 바위 위에 반얀 나무가 서 있었다. 어떻게 그런 나무가 그런 곳에서 자랄 수 있는지 기이한 일이었다. 그 일이 있고 난 뒤로 바가반은 더 이상 산을 여기저기 돌아다니지 않았으며, 그와 비슷한 탐험을 해 보려는 사람이 있으면 만류하곤 했다.

싯다 뿌루샤 전설에 따르면, 아루나기리 싯다는 아루나찰라의 북쪽 편에 있는 반얀 나무 아래에 앉아 있다. 아마 바가반이 본 그 나무가 바로 그것이었을 것이다. 그리고 아마 깔리 유가에는 바가반 같은 뛰어난 현자조차도 싯다 뿌루샤를 볼 수 없을 것이다.

바가반의 지시에도 불구하고 토마스라는 헌신자가 그곳을 탐험하기 위해 떠났다. 어느 지점에 도착한 그는 더 이상 앞으로 나아갈 수도 없었고 뒤로 돌아올 수도 없었다. 그는 자신의 어리석은 행동을 후회하면서 바가반에게 기도했다. 바가반은 그가 안전하게 돌아오도록 보살폈다.

어머니에 대한 바가반의 가르침은 우리가 아무리 노력해도 운명은 극복될 수 없다는 것이었다. 그가 어머니에게 이런 가르침을 준 것은 단지 자신이 그때 처한 상황을 타개하기 위한 것이 아니었다. 그것은 그가 믿고 있던 것이었다. 때가 오면, 우리는 정해진 운명이 무엇이든지 그것을 통과해야만 한다.

어느 날, 바가반은 바수데바 샤스뜨리와 다른 사람들과 함께 목욕을 하러 빠차이암만 꼬빌로 갔다. 그들은 목욕을 마치고 지름길로 돌아오고 있었다. 그때는 오전 10시경이었고 태양은 강렬한 볕을 내리쬐고 있었다. 바가반은 피로했다. 그들이 거북바위라고 불리는 커다란 바위가 있는 곳에 도착했을 때 바가반은 어떤 경험을 했다. 바가반이 직접 말한다.

갑자기 내 앞에 펼쳐져 있던 자연 풍경이 사라졌고, 밝은 흰색 커튼이 내 눈앞에 드리워지면서 풍경을 가렸습니다. 나는 그 점진적인 과정을 분명히 볼 수 있었습니다. 어느 단계에서 나는 자연 풍경의 일부를 분명히 볼 수 있었지만, 나머지는 내려오는 커튼에 의해 가려져 있었습니다.

슈리 라마나 릴라

그것은 마치 쌍안경을 쓰고 풍경을 보고 있는데 바깥 렌즈를 서서히 가리는 것과 같았습니다. 이 일을 경험하면서 나는 쓰러지지 않기 위해 걸음을 멈추었고, 커튼이 사라지자 다시 걸었습니다. 두 번째로 어둠과 현기증이 나를 덮쳤을 때 나는 그것이 사라질 때까지 바위에 몸을 기댔습니다. 그리고 다시 그 일이 세 번째로 일어났을 때, 나는 앉는 것이 가장 안전하겠다고 느껴서 바위 옆에 앉았습니다. 그때 밝은 흰색 커튼이 내 시야를 완전히 가렸고, 내 머리는 어질어질했으며 혈액 순환과 호흡이 멈추었습니다. 피부는 검푸르게 변했는데, 그것은 흔히 죽을 때 띠는 색조였으며 빛깔이 점점 더 어두워졌습니다. 바수데바 샤스뜨리는 내가 죽었다고 여기고는 내 몸을 껴안고 소리 내어 울면서 내 죽음을 애통해하기 시작했습니다. 그의 몸이 떨리고 있었고, 나는 그때 그가 나를 껴안고 있는 것과 그의 몸이 떨리는 것을 분명히 느낄 수 있었고, 그의 애통해하는 소리를 듣고 그 의미를 이해할 수 있었습니다. 또한 내 피부가 변색된 것을 보았고, 심장 박동과 호흡이 정지되고 팔다리가 더욱 차가워지는 것을 느꼈습니다. 하지만 나의 평소 '생각'(디야나 혹은 사하자 사마디)의 흐름은 그 상태에서도 평소처럼 계속되고 있었습니다. 나는 내 몸의 상태에 대해 어떤 슬픔도 느끼지 않았고 조금도 두려워하지 않았습니다. 나는 평소 자세로 바위 근처에 앉자마자 눈을 감았지만 바위에 기대지는 않았습니다. 혈액 순환과 호흡이 정지된 몸은 여전히 그 자세로 유지되었습니다. 이 상태는 10분이나 15분쯤 계속되었습니다. 그 뒤에 갑자기 어떤 충격이 몸 전체를 통과하여 지나갔고, 대단한 힘으로 혈액이 다시 순환하고 호흡이 재개되었습니다. 몸의 모든 땀구멍에서는 땀이 배출되었습니다. 피부에는 생명의 색깔이 다시 돌아왔습니다. 그 뒤에 나는 눈을 뜨고 일어나서 "갑시다."라고 말했습니다. 우리는 순조롭게 비루팍샤 동굴로 돌아왔습니다. 내 혈액 순환과 호흡이 모두 멈춘 것은 그때가 유일했습니다.

— 《참나 깨달음》 중에서

바가반은 자신이 죽으면 어떻게 될지를 보기 위해 그 상태를 자원하여 일으킨 것이 아니라고 분명히 밝혔다. 간혹 그는 그런 경험을 했지만, 이번 경우에는 그것이 매우 뚜렷했다.

한번은 어느 부유한 헌신자가 바가반을 열흘 넘게 방문했지만 영적인 향상을 보지 못했다고 하소연했다. 그러자 바가반이 말했다. "바라나시까지 가는 일등칸 승객은 열차가 바라나시에 도착하면 깨워 달라고 차장에게 말하고는 겉창을 닫고 잠을 잡니다. 만일 그가 한밤중에 깨어나서는 이미 바라나시를 지나쳤을지 모른다며 계속 비통해한다면, 당신은 그를 지성적이라고 여기겠습니까? 그의 일은 차장에게 목적지를 알리는 것이었습니다. 그러면 차장이 그의 임무를 수행하지 않겠습니까?"

그 헌신자는 일등칸을 타고 여행하는 승객이었고, 바가반은 차장이었다. 헌신자는 목샤뿌리(해방의 도시, 바라나시)에 도착하기를 원했다. 그러면 차장이 알아서 해 주지 않겠는가? 왜 헌신자가 의심해야 하는가?

질문들에 대한 바가반의 답변들은 흔히 감미로웠고, 때로는 익살스럽게 꼬집었다. 어느 날 한 헌신자는 바가반이 즉시 그에게 목샤를 주어야 한다고 우겼다.

"목샤가 무엇입니까?" 바가반이 물었다.

"저는 세상이나 고통에 대한 생각 없이 완전히 행복해야 합니다."

"그렇다면 침대에 가서 잠을 자십시오. 세상에 대한 생각이 없을 것입니다." 하고 바가반이 대답했다.

띠루반나말라이에 거주하는 한 방문자가 와서, 홀에 있던 모든 헌신자에게 저녁 식사를 대접하겠다며 모두를 자신의 집으로 초대했다. 그러자 바가반이 그에게 물었다. "왜 나는 초대하지 않습니까?" 모든 사람이 웃음을 터뜨렸는데, 그 방문자는 대답할 말을 찾지 못하였다. 바가반은 곤혹스러워하는 그를 보며 말했다. "가십시오, 내가 없는 곳이 어디에 있겠습니까?" 그리고 슬로까 "아함 바이스바나로 부뜨바……"를 읊었다. 바가반의 보증은 방문자에게 커다란 은총이었다. 바가반은 이렇게 말한 적이 있다. "여기에 온 사람은 아무도 빈손으로 돌아가지 않습니다. 믿지 않던 사람은 믿는 사람이 되고, 믿는 사람은 헌신자가 되며, 헌신자는 많이 아는 사람이 되고, 많이 아는 사람은 냐니가 됩니다."

그 이상의 보증이 있을 수 있겠는가?

48.

기적들
Miracles

바가반이 계신 자리에서 《비베까난다의 삶과 가르침》을 따밀어로 번역하고 있던 B.V. 나라심하스와미는 슈리 라마크리슈나가 그랬던 것처럼 바가반도 접촉만으로 실재의 경험을 전해 줄 능력이 있는지 궁금했다. 미처 그가 질문하기 전에 에참말이 들어오더니, 모든 사람이 신비한 능력을 얻을 수 있느냐고 바가반에 게 물었다.

두 사람의 질문에 대한 대답으로서 바가반은 《울라두 나르빠두(실재 40송)》의 35절을 인용했다.

언제나 현존하는 실재를 알아보고 그 안에 거주하는 것이 진실한 성 취입니다. 다른 모든 성취는 꿈속에서 즐기는 능력과 같습니다. 잠자던 사람이 깨어나면, 그것들이 실재합니까? 진리의 상태에 머무는 사람들은 실재하지 않는 것을 버립니다. 그들이 미혹되겠습니까?

- K. 스와미나탄 번역

바가반의 주요 가르침은 실재를 깨닫고 그 안에 거주하는 것이 모든 능력의 종합이며, 도중에 얻어진 그런 일시적인 능력들에 의해 마음이 흐트러지면 안 된다는 것이었다.

바가반은 또한 그러기로 운명 지어진 사람은 신비한 능력들을 얻게 될 것이라고 말했다. 그리고 〈실재 40송 부록〉의 15절을 인용하곤 했다.

그들이 스스로 움직이는 것이 아니라 에너지에 의해 움직인다는 것을 깨닫지 못하고서, 어떤 바보들은 기적적인 능력들을 찾아다니느라 바쁩니다. 그들의 우스꽝스러운 짓들은 마치 앉은뱅이가 친구에게 "만일 네가 나를 일으켜 세운다면, 이 적들은 내 앞에서 아무것도 아니다."라고 말하며 허풍을 떠는 것과 같습니다.

- K. 스와미나탄 번역

바가반의 제자들도 일반적으로 이 견해를 갖고 있다. 그러나 몇몇 제자들은 말하기를, "바가반은 스깐다의 화신이며 냐니이므로 모든 신비한 능력을 가지고 있다."라고 한다. 일반인들은 싯디를 매우 중요하게 여겼다. 이 장은 바가반의 제자들과 다른 사람들의 관점이 어떻게 다른지를 보여 준다.

이런 기적들에 대한 또 하나의 관점은, 바가반을 방문한 모든 사람이 그런 기적들을 경험한 것이 아니며, 따라서 그것들이 진실일 수 없다고 결론짓는 것은 잘못이라는 것이다. 결국 그런 경험들은 헌신자들의 쁘라랍다에 달려 있었다.

산 위에 머무르던 시기에 바가반은 동물들과 그들의 언어로 대화하고 그들의 마음을 이해할 수 있다고 여겨졌다. 이와는 별개로, 바가반은 새로운 방문자들에게 그들의 언어로 얘기하기도 했고, 종종 그들이 자신의 의문을 말하기도 전에 직접적으로든 간접적으로든 의문을 해소시켜 주곤 하였다.

나따나난다의 동생이 한때 바가반에 대해, "사람들은 바가반이 이슈와라의 불꽃을 가지고 있다고 말한다. 그렇다면 왜 그는 나의 생각을 읽고서 아뜨마의 본성에 관한 나의 의문을 해소시켜 주지 못하시는가?"라고 생각하였다. 평소에는 질문받기 전에는 말하는 법이 없던 바가반은 자진하여 아뜨마의 본성에 대해 그에게 설명해 주었다.

세샤드리 스와미와 바가반은 둘 다 꿀루마니 나라야나 샤스뜨리에 대한 애정이 깊었다. 그는 발미끼의 《라마야나》를 산스끄리뜨로 번역한 자신의 글을 바가반에게 보여드리고 싶어서 길을 나섰다. 빈손으로 가기를 원치 않았던 그는 바나나 한 송이를 샀는데, 바가반을 만나기 위해 가다가 어느 사원을 지나치며 그는 가나빠띠에게 마음속으로 바나나 하나를 바쳤다. 그리고는 바가반에게 가서 바나나 한 송이를 모두 드렸다. 아쉬람에 있던 어떤 사람이 바나나 송이를 안에 보관하려 할 때 바가반이 그에게 말했다. "잠깐 기다리세요. 그가 가나빠띠에게 바친 바나나는 빼도록 하세요."

샤스뜨리가 자신의 《라마야나》에 대해 말을 꺼내기도 전에 바가반은 "왜 당신의 라마야나를 꺼내어 읽지 않습니까?"라고 말했다.

경찰관인 고빨라 삘라이는 자얀띠 축제를 위한 기증품을 모으는 일을 여러 해 동안 도왔다. 그가 다른 곳으로 전근을 가자, 헌신자들은 낙심하여 바가반을 찾아가서 불평했다. "작년에 저희는 열 자루의 쌀로 밥을 지을 수 있었습니다. 그런데 이제는 쌀이 한 자루도 되지 않을 것 같습니다." 바가반은 그 말을 듣고 침묵하였다. 그날 한밤중에 어떤 사람이 아쉬람의 대문을 두드렸다. 헌신자들이 나가서 대문을 열어 보니, 두 수레 분량의 식재료가 아쉬람을 위해 도착해 있었다. 물품을 기증한 사람은 자신의 이름을 밝히지 않았고, 단지 자신이 그 물품을 헌납하기로 서약했다는 말만 남기고 떠났다.

이런 일은 아주 많이 일어났다. 창고가 빌 때마다 헌신자들이 바가반에게 그 사실을 알리면, 부족분이 기적적으로 채워지곤 했다.

많은 사람들은 자신의 미래를 알고 싶어 바가바에게 묻곤 했지만, 바가반은 대답을 주지 않았다. 하지만 어떤 일들이 일어날지 바가반이 알고 있었다는 것은 의심할 여지가 없었다.

피지로 이주한 인도인들 가운데 힌디어를 쓰는 사람들이 바가반을 찾아와서는 "바가반! 당신의 전기는 여러 언어로 번역되어 있지만 왜 힌디어로 된 전기는 없습니까?" 하고 불평했다. 그러자 바가반은 "전기의 힌디어 번역자가 지금 번역물을 들고 오고 있습니다."라고 말했다. 그때는 힌디어 번역자인 벤까떼스와라 사르마가 그곳으로 오리라는 징후가 전혀 없었지만, 바가반이 말을 마친 뒤 몇 분도 지나지 않아서 그가 번역물을 들고 도착했다.

마하뜨마 간디가 예라바다 교도소에서 단식을 시작하자, 많은 사람들이 그의 건강을 염려했고 그가 살아남을 수 있을지 걱정했다. 그들 가운데 한 명이 이 소식을 신문에서 읽고는 마음이 동요되었다. 그는 "간디가 더 살지 못할지도 모릅니다. 누가 우리를 인도할 수 있을까요?"라며 한탄했다. 바가반은 미소를 지으며 말했다. "그렇습니까?" 그 헌신자에게 이 말은 만능약으로 여겨졌다. 그 뒤에 일어난 일은 역사에 있는 그대로다.

바가반은 그 자비로운 바라봄으로 헌신자들의 질병을 없애 주었다. 앞에서 본 라마스와미 아이어와 에참말의 경우는 이를 보여 주는 사례들이다. 또 하나의 사례가 있다.

그리달루르 사띠야나라야나 라오는 소화관 내벽에 암이 자라서 물을 삼킬 수도 없게 되었다. 어떤 약도 듣지 않았다. 그의 친척들이 바가반에게 이 사실을 전하자, 바가반은 그를 찾아갔다. 누워 있던 라오는 몸을 일으켜 앉아서 바가반에게 말했다. "바가반께서는 저를 죄인으로 보셔도 괜찮습니다만, 제 어머니와 형제는 바가반의 진실한 헌신자들입니다. 그러니 그들을 위해서라도 저를 구원해 주시면 안 되겠습니까?" 그는 바가반의 손을 잡고 그 손을 자기 가슴에 갖다 대었다. 바가반은 그를 눕히고서 4분가량 그의 가슴을 바라본 뒤에 떠났다. 그날 밤 그 환자는 마치 누군가가 내부에서 수술을 한 것처럼 살덩이들과 피를 토했다. 다음 날 그는 약도 먹고 음식도 먹을 수 있었다.

바가반의 말씀에는 큰 힘이 있었다. 한번은 술에 취한 청년이 홀에 들어와서 "아함 브람마스미." 하고 큰 소리로 외쳤다. 바가반은 그 광경을 지켜보며 잠시 가만히 있었지만, 그가 외치는 소리는 명상하는 사람들을 방해했다. 바가반은 그에게 조용히 말했다. "조용히 하시오." 그러자 청년은 말할 기력을 모두 잃어버렸다. 아쉬람에서 가져간 비부띠를 발라서 질병이 치료된 사람들도 많았다.

어느 날 저녁, 20명을 위한 음식이 준비되었을 때, 갑자기 또 다른 20명이 저녁 식사를 하기 위해 도착하였다. 부엌에서 일하던 산땀마는 바가반에게 가서 불평하였다. 그런데 이상하게도 음식이 충분하여 아무도 배를 곯지 않았다.

1905년에 바가반은 빠차이암만 꼬빌에 머무르고 있었다. 그곳에 거처를 마련한 사람은 헌신자인 랑가스와미 아이엥거였다. 그는 용변을 보기 위해 바깥으로 나갔는데, 바로 그때 표범이 그곳에 나타났다. 그는 표범에게 겁을 주려 하였으나 표범은 으르렁거리고 있었다. 그는 무서워서 라마나의 이름을 부르며 도망치기 시작했다. 보통은 표범이 그런 사람을 내버려두지 않지만, 그 표범은 가만히 있었다. 바가반은 그 근처에 도착하여 랑가스와미에게 표범을 보여 달라고 말했다. 하지만 표범은 보이지 않았다. 라마나의 이름을 부르면 그런 힘이 발휘될 수 있다.

빠차이암만 꼬빌에서 다른 일도 일어났다. 마드라스에서 도착한 어느 헌신자가 근처에 있던 저수지로 목욕하러 갔다. 꼬빌에서 몇몇 방문자들과 얘기하고 있던 바가반이 갑자기 일어나서 밖으로 나갔다. 그때 호랑이 한 마리가 저수지 근처 있는 그 헌신자를 바라보고 있었다, 아마 먹을거리로 생각했을 것이다! 바가반의 명령으로 호랑이는 숲으로 물러갔다. 그렇게 해서 그 헌신자는 구원을 받았다.

바가반은 몇몇 사람들에게 빛기둥으로 나타났다. 우리가 앞에서 보았듯이, 쉬바쁘라까삼 삘라이와 가나빠띠 무니는 둘 다 특별한 비전을 보았다. 그런 사례가 또 하나 있다.

라가바차리는 1910년부터 띠루반나말라이에서 감독관이었다. 그는 때때로 바가반을 뵈러 갔지만, 그가 갈 때마다 바가반은 혼자 있지 않고 사람들 무리 속에 있어서 라가바차리는 말하기를 꺼려했다. 한 번은 이런 일이 있었다. 라가바차리가 말한다.

어느 날, 나는 바가반에게 세 가지 질문 또는 요청을 드리려는 의도를 가지고 찾아갔다. 그 질문들은 다음과 같았다. 1. 다른 사람들이 없는 자리에서 제가 개인적인 얘기를 드릴 수 있도록 저에게 잠시 시간을 내 주실 수 있습니까? 2. 저는 신지학회 회원입니다. 신지학회에 대한 바가반의 의견은 어떠한지 듣고 싶습니다. 3. 만일 제가 그 모습을 볼 수 있다면, 제가 바가반의 진정한 모습을 볼 수 있도록 해 주시겠습니까?

나는 바가반을 찾아가서 그 앞에 엎드려 절하고 앉았다. 그곳에는 서른 명쯤 있었는데, 그들은 즉시 모두 흩어졌다. 그래서 나는 바가반과 함께 홀로 있을 수 있게 되었고, 말하지 않았는데도 첫 번째 질문이 응답을 받았다. 놀라운 일이었다.

그러고 나서 바가반은 내가 들고 있는 책이 《바가바드 기따》인지, 내가 신지학회 회원인지 물었다. 그러고는 내가 그 질문에 답하기도 전에 바가반은 "신지학회는 좋은 일을 하고 있지요."라고 말했다. 나는 바가반의 질문에 그렇다고 대답했다.

이렇게 해서 나의 두 번째 질문도 응답을 받았다. 나는 세 번째 질문에 대한 대답을 갈망하며 기다렸다. 30분쯤 지난 뒤 나는 "아르주나가 슈리 크리슈나의 진정한 모습을 보고 싶어 하며 달산을 요청했던 것처림, 만일 제가 그 모습을 볼 수 있다면 저도 바가반의 진정한 모습을 보고 달샨을 갖기를 소망합니다." 그때 바가반은 긴 의자에 앉아 있었는데, 그 옆의 벽에는 닥쉬나무르띠의 그림이 그려져 있었다. 바가반은 평소처럼 조용히 응시했고, 나도 바가반의 눈을 응시했다. 그러자 그의 몸과 닥쉬나무르띠의 그림이 내 시야에서 사라졌다. 내 눈앞에는 오직 텅 빈 공간만이 있었으며 벽도 없었다. 그 다음에 내 눈앞에서 흰구름이 바가반과 닥쉬나무르띠의 윤곽을 이루었다. 두 사람의 윤곽이 점점 나타났다(윤곽선은 은색이었다). 그리고 눈, 코 등과 다른 부위들도 윤곽을 갖추기 시작했는데, 그 윤곽선은 번개 같은 빛이었다. 이들은 점점 넓어졌고, 마침내 바가반과 닥쉬나무르띠의 모습 전체가 매우 강렬하며 눈부신 빛으로 빛나게 되었다. 그래서 나는 눈을 감지 않을 수 없었다. 몇 분가량 그렇게 있다가 눈을 뜨자, 바가반과 닥쉬나무르띠가 평소의 모습으로 있었다. 나는 엎드려 절하고 아쉬람을 떠났다. 그 뒤 한 달 동안 나는 감히 바가반의 근처에 가지 못했다. 그 경험이 너무나 감명 깊었기 때문이다. 한 달 뒤에 나는 바가반을 만나러 갔고, 스깐다 아쉬람 앞에서 그를 보았다. 나는 그에게 "저는 한 달 전에 바가반께 이런 질문을 드렸고, 이런 경험을 했습니다."라고 말하고 위의 경험을 얘기했다. 그리고 그 경험에 대해 설명해 달라고 요청했다. 잠시 뒤 바가반은 "당신은 나의 형상을 보고 싶어 했습니다. 당신은 나의 사라짐을 보았습니다. 나는 형상이 없습니다. 그러므로 그 경험은 진정한 진실일 수 있습니다. 그 뒤에 본 비전들은 《바가바드 기따》를 보고 당신이 갖게 된 개념에 따른 것일 수 있습니다. 그런데 가나빠띠 샤스뜨리도 비슷한 경험을 했으니, 그에게 얘기해 보십시오."라고 대답했다. 나는 샤스뜨리에게 이야기하지 않았다.

– 나라심하 스와미의 《참나 깨달음》 중에서

아마 독자들은 바가반이 싯다 뿌루샤들처럼 신비한 능력들을 가지고 있었다고 짐작했을 것이다. 바가반은 한때 자신이 동시에 여러 로까들로 들어갔으며 여러 로까들에서 각기 다른 모습으로 생활했다고 말한 적이 있다.

그리고 바가반은 아루나찰라의 내부가 대단히 넓어서 군대도 머물수 있을 정도이며, 여러 명의 요기들이 그곳에서 따빠스를 행하고 있다고 말하기도 했다. 이런 말은 평범한 사람이 할 수 있는 말이 아니었다.

띠루봇띠유르에 있던 가나빠띠 무니에게 나타났던 바가반의 은총의 행위에 대해서는 이미 언급했다. 같은 유형의 사례가 또 하나 있다.

《라마나 기따》에 나오는 질문자들 가운데 한 명이었던 암리따나타는 한때 하리드와르에 머문 적이 있었다. 암리따나타와 그의 친구인 샹까라난다는 뚜리야 아쉬람에서 따빠스를 행하고 있었다. 대화를 하던 중에 샹까라난다는 비디야란야 이후에는 인도에 더 이상 싯다도 없고 냐니도 없다고 말했다. 암리따나타는 이 말에 동의하지 않았고, 바가반을 완전한 싯다와 냐니의 사례로 인용하였다. 하지만 샹까라난다는 그 말을 받아들이지 않았다. 그러자 암리따나타는 말했다. "당신은 까르띠께야의 헌신자입니다. 그리고 우리는 바가반을 까르띠께야의 화신으로 생각합니다. 이것은 바가반의 사진입니다. 그 앞에 앉아서 한동안 까르띠께야 자빠를 해 보십시오. 만일 그 뒤에도 당신이 바가반의 은총을 경험하지 못한다면, 나는 당신의 말에 동의하겠습니다."

샹까라난다는 그 제안을 받아들여 매일 30분가량 까르띠께야 자빠를 행하였다. 나흘이 지났다. 닷새째 날 땅거미가 질 무렵, 샹까라난다가 자빠를 행하고 있을 때, 바가반의 사진 속으로 커다란 빛이 들어와서 그에게 말했다. "당신은 그 자빠를 올바른 방법으로 행하고 있지 않습니다." 샹까라난다는 "무엇이 올바른 방식입니까?"라고 물었다.

"실론의 까디르까맘에 있는 이미지에 대해 뿌자를 드리고 디야나를 행해야 합니다."라고 사진 속의 라마나가 말했다. 샹까라난다는 말했다. "저는 까디르까맘에 가 본 적이 없습니다. 그 이미지는 어떤 모습입니까?"

사진 속의 라마나는 "여기 있습니다."라고 말한 뒤, 그의 앞에 그 이미지를 내놓았다. 그는 한쪽 눈으로는 그 이미지를 바라보고 다른 눈으로는 라마나의 사진을 바라보기 시작했다. 갑자기 도마뱀 한 마리가 그의 무릎 위에 떨어져서 그는 시선을 돌렸다. 그가 다시 이미지와 라마나를 바라보았을 때는 둘 다 그 자리에 없었다. 그는 밖으로 달려 나가 오두막 밖에서 일하고 있던 몇몇 일꾼들에게 물었는데, 그들은 그동안 오두막으로 들어가거나 나온 사람이 아무도 없었다고 대답했다. 그 즈음 암리따나타가 도착했다. 샹까라난다는 그에게 "당신의 스와미가 사진과 다른 점이 있습니까?" 하고 물었다. 대답은, "이마에는 흰머리가 있고, 나머지는 검은 머리카락입니다."

샹까라난다는 즉시 아루나찰라를 향해 길을 떠났고, 몇 달 동안 많은 사건을 겪으며 여행한 뒤에 아루나찰라에 도착하여, 스깐다 아쉬람에 있던 바가반을 만났다. 그를 보자마자 바가반은 그에게 말라얄람어로 물었다. "당신은 하리드와르에서 오는 길입니까?" 샹까라난다는 깜짝 놀랐다. 그가 하리드와르에서 본 사람은 라마나였다. 하지만 모두들 "라마나는 이곳을 떠난 적이 없습니다."라고 말했다.

샹까라난다는 《라마나슈따깜》을 지었으며, 두 달 동안 앵무새 동굴에 머물면서 바가반을 섬겼다. 그는 또한 《슈리 라마나아슈또타라사따 나마발리》와 라마나 자빠를 행하는 방법을 썼으며, 그것들을 다섯 개의 슬로까와 함께 바가반에게 드렸다. 아루나찰라의 기후가 그에게 맞지 않았으므로 그는 우따라 까시로 돌아갔다.

바가반의 현존에서 일어났던 기적들은 아주 많다. 여기에 몇 가지 사례가 있다.

어느 자얀띠 축제일에 황금색 몽구스가 헌신자들 속에 섞여서 산으로 올라갔는데, 모든 사람이 그 몽구스의 행동을 놀라워하며 지켜보고 있었다. 몽구스는 처음에 비루팍샤 동굴로 가서 빨라니스와미를 보고는 마치 오랜 친구처럼 굴더니 동굴 안을 탐색하다가 바가반을 발견하지 못하자, 스깐다 아쉬람으로 올라갔다. 몽구스는 사람들 곁을 지나서 바가반에게 가까이 다가갔다. 바가반이 어루만져 주자 몽구스는 바가반의 무릎에 한동안 앉아 있더니, 아쉬람 안으로 들어갔다가 밖으로 나왔다. 그리고 식사 시간에는 마치 식사가 잘 이루어지고 있는지 감독하듯이 근엄한 표정으로 왔다 갔다 할 뿐 음식은 먹지 않았다. 그러다가 잠시 뒤 밖으로 나가더니 산 아래로 내려가지 않고 산의 남쪽으로 떠났다.

한번은 바가반이 기리 쁘라닥쉬나를 하기 위해 산 아래로 내려가고 있을 때, 갑자기 하늘이 그의 허리 높이에 있고 별들이 그의 주위를 돌고 있는 경험을 했다. 다른 때에는 기리 쁘라닥쉬나를 하다가 가우따마 아쉬람에서 바가반은 여섯 개의 별이 하나씩 뒤이어 산 주위를 도는 것을 경험했다. 역시 기리 쁘라닥쉬나를 하던 중에 바가반과 15명쯤 되는 동행인을 밝은 빛이 감싸고 몇 분가량 머물다가 사라졌다. 모든 사람이 이 광경을 보았다.

또 한번은 바가반과 동행인들이 아디 안나말라이 사원에서 휴식을 취하고 있을 때, 누군가가 사마 베다를 암송하는 소리가 들렸다. 하지만 아무도, 심지어 바가반조차도 노래하는 사람을 보지 못했다.

바가반의 몇몇 헌신자들이 그에게 말했다. "바가반께서는 심장이 가슴의 오른쪽에 있다고 종종 말씀하십니다. 하지만 저희는 그것을 경험하지 못합니다." 그러자 바가반은 그들에게 가슴 오른쪽에 있는 그의 심장을 만져 보라고 하였다. 모두들 세 번의 고동과 그 뒤의 간격을 느꼈다. 또한 새로운 에너지가 그들에게 밀려들어 오는 것을 느꼈다.

아쉬람 거주자들은 이보다 사소해 보일지는 모르지만 바가반의 기적들을 수없이 많이 체험했다. 하지만 바가반은 그 모든 것에 대해 어떤 관심도 보이지 않았다.

49.

아바따르의 본성
The Nature of the Avatar

현대인들은 천국이나 지옥 같은 존재에 대해서 믿지 않는다. 그들은 모든 것의 증거를 원한다. 마두라이에서 온 변호사가 데바따들과 부따들이 정말로 있느냐고 바가반에게 물었다.

바가반 예. 하지만 그들의 로까는 우리의 로까와 마찬가지로 상대적 인 진실일 뿐입니다.

변호사 그렇다면 쉬바와 다른 신들도 상상에 불과한 것이 아니라 실 제로 존재합니까?

바가반 그렇습니다.

변호사 만일 그들의 로까도 우리의 로까와 비슷하다면, 그들도 대홍 수(쁘랄라야)의 결과를 겪는다는 뜻이군요.

바가반 그렇지 않습니다. 당신도 해방된 사람인 냐니와 브람만이 될

수 있으므로, 훨씬 더 지성적인 그들도 분명 불멸의 브람만이
될 수 있습니다.

우리는 가나빠띠 무니가 《라마나 기따》에서 바가반이 스깐다의 화
신이라고 강조하여 말했다는 것을 이미 보았다. 스깐다는 누구인가?
아바따르란 무슨 뜻인가?

이슈와라는 모든 생명을 사랑하며 그들의 삶을 이롭게 하기 위하
여 마야를 통해 형태를 취한다. 그는 또한 사람들의 유익을 위하여 또
는 특정한 목적을 위하여 신성한 형태를 취한다.

스깐다는 그런 형태들 가운데 하나이다. 그는 모든 무기 및 그 무기
들과 연관된 만뜨라들의 숨겨진 능력들을 관장하는 신이다. 《찬도기
야 우빠니샤드》에서는 그를 사나뜨꾸마라라고 언급한다. 그는 꾸마
라, 수브라만야, 또는 세나니(명령자)로서 숭배된다. 그는 모든 집착을
산산이 부술 수 있는 지혜의 바다이다. 그는 구루이다. 그런 우주의
구루가 인류에게 가르침을 통하여 냐나를 전하기 위하여 라마나로 나
타났다고 하는 이론이 있다.

'아바따르'라고 하는 표현은 어떤 특정한 목적을 위하여 인간의 형
상을 입고 내려온 이슈와라의 한 측면을 뜻한다. 여러 가지 유형의 아
바따르가 있다.

우리도 신성한 불꽃을 가지고 있지만, 그것을 구체적으로 알아차리
지 못한다면 우리는 자신이 아바따르라고 주장할 수 없다. 끊임없는
따빠스를 통하여 사람은 점차 신성의 어떤 측면을 표현하게 된다. 그
런 사람들은 따빠스빈으로만 남아 있을 뿐 아바따르는 되지 못한다.

만일 이슈와라의 능력이 모든 다섯 겹 덮개 안에서 갑자기 폭발적으로 드러나면, 그때에야 아바따르가 스스로를 드러냈다고 말해진다.

쉬바와 같이 이와 다른 신들은 특정한 목적을 이행하기 위하여 인간의 형상을 취하며, 라마와 다른 존재들은 아수라의 세력들을 없애고 냐나를 전하기 위해 나타났다. 쉬바는 소멸(라야 까라까)의 원인이라고 말해지며, 물리적으로 대홍수를 일으키지만, 본래 그는 마나스(마놀라야 까라까)를 파괴하고 다시 개별성을 파괴하는 존재이다. 그의 아들인 꾸마라는 무기의 모든 만뜨라를 주재하는 신이며, 냐나의 인격화이며, 구루이다. 구루로서의 쉬바의 형상은 닥쉬나무르띠라고 알려져 있는데, 닥쉬나무르띠는 스깐다무르띠라고도 불릴 수 있다. 라마나는 그런 유형의 구루이며 냐나를 전하기 위해 온 것이다.

평범한 요기들은 체현된 브람만의 비전을 보면 살아남을 수 없다. 크리슈나의 화신인 차이따니야와 슈리 라마크리슈나는 둘 다 그 빛이 출현하자 몸의 통제력을 잃었다. 만일 그 이상의 상태가 몸 속으로 들어오면, 몸은 살아남을 수 없다. 야그나발끼야가 배우자인 가르기로 하여금 구해서는 안 되는 것을 구하지 말도록 설득한 것은 이 때문이라고 말하는 사람들이 있다. 바가반은 그의 몸이나 마음에 대한 통제력을 잃지 않았다. 그가 아바따르가 아니었다면 그런 일은 불가능했을 것이다.

슈리 라마크리슈나 빠라마함사는 브람만과 합일되는 느낌은 니르비깔빠 사마디 상태가 아니면 경험될 수 없으며, 니르비깔빠 사마디 상태에서는 몸이 21일 이상 견딜 수 없음을 분명히 밝혔다. 요기들의 삶에 대한 연구도 몸이 니르비깔빠 사마디 상태에서 오래 견디지 못

함을 보여 준다. 그런 점을 고려할 때, 라마나는 아바따르로 여겨져야
한다.

마하리쉬가 스깐다의 화신이라고 말한다고 해서 우리가 잃을 것은
아무것도 없다. 그것은 어떤 식으로도 그의 위대함을 손상시키지 않
는다. 하지만 우리는 구루의 본성을 최대한 자세히 설명해야 한다.

1) 어린 시절부터 라마나는 심지어 이슈와라가 누구인지 몰랐을 때
에도 아루나찰라를 인지하고 있었다.

2) 그가 냐나를 얻은 것은 따빠스를 통해서도 아니었고 태어나면서
부터 가지고 있던 것도 아니었다. 신성한 존재들과 마찬가지로 그는
단지 스마라나를 통해서 그것을 얻었다. 다른 요기들은 그런 식으로
냐나를 얻지 못했다.

3) 평범한 요기가 깨어 있음, 꿈, 깊은 잠 등 세 가지 상태를 초월하
여 뚜리야 상태로 들어가기는 어렵다. 사마디의 상태에서 체현된 브
람만의 삭샤뜨까라를 얻는 것은 가능하지만, 니르비깔빠 사마디에서
는 보는 자와 보이는 것 사이에 차이가 없는 상태에 이르기가 어렵다.
그것이 사하자 상태이며, 그 안에 머무는 것은 불가능하다. 이 점에서
힌두인이라면 어느 누구도 크리슈나 신에 대해 의심을 갖지 않는다.
믿음이 있는 힌두인이라면 크리슈나가 육체를 벗을 때까지 계속 소함
상태에서 살았다는 믿음에 이의를 제기하지 않는다. 크리슈나는 아
바따르 뿌루샤였으며, 그런 능력은 다른 사람이 아닌 오로지 아바따
르에게만 얻어질 수 있다. 바가반 라마나도 똑같은 소함 상태에 언제
나 머물면서 일상생활을 영위했다. 만일 그가 아바따르가 아니었다
면 어떻게 그럴 수 있었겠는가?

4) 샹까라조차도 만뜨로빠데사의 도움 없이는 냐나를 얻을 수 없었다. 오로지 라마나만이 그런 것 없이도 냐나를 얻었다. 샤스뜨라들에 따르면, 이는 아바따르 외에는 금지된다.

다음은 라마나가 스깐다의 아바따르임을 보여 주는 증거들이다.

1. 1908년 3월, 바가반은 가나빠띠 무니와 함께 빠차이얌만 꼬빌에 있었다. 어느 이른 아침에 가나빠띠 무니는 밝은 빛이 나타나서 바가반의 이마에 닿는 것을 보았다. 그는 또한 바가반을 감싸고 있는 눈부신 빛 안에서 각기 색깔이 다른 여섯 개의 별이 합쳐지는 것을 보았다. 꾸마라는 어머니가 여섯인데, 모두 합하여 끄리띠까라고 알려져 있다.

2. 다음은 라가바차리의 경험이다. 바가반은 라가바차리에게 닥쉬나무르띠의 형상으로 나타났다. 닥쉬나무르띠와 꾸마라스와미의 본성은 동일하다.

3. 바가반은 쉬바쁘라까삼 삘라이에게 수정의 형상으로 나타났다. 수정은 쉬바의 본성과 관련된다.

4. 깐두꾸르에 살고 있던 에참말의 꿈에 한 형상이 나타났는데, 그것은 스깐다의 형상이었다. 나중에 그녀가 실제로 바가반을 보았을 때, 그녀는 자신의 꿈에 나타났던 그 형상이 바가반 자신이라는 것을 알아차렸다.

5. 어린 시절부터 바가반은 아루나찰라가 그의 아버지라고 느꼈다. 그는 실제로 띠루반나말라이에 오기 전에는 그것이 산인지 동굴인지 알지 못했다.

6. 샹까라난다 바라띠는 스깐다의 헌신자였다. 바가반은 그에게 큰

은총을 부어 주었다. 바가반을 생각하면서 스깐다 만뜨라의 자빠를 수행하는 사람들은 매우 유익한 결과를 얻는다. 이와 마찬가지로, 라마나 아슈또따라에서 바가반은 스깐다로 여겨지며 경배된다. 유익한 결과들이 뒤따른다.

7. 가나빠띠 무니는 대단한 신비 능력들을 가지고 있었다. 《바시슈타 바이바밤》에는 그 모든 것이 분명히 언급되어 있다. 가나빠띠 무니는 그가 자신의 신비 능력으로 바가반을 스깐다로서 보았다고 강조했다. 그의 주장은 무시될 수 없다.

8. 바가반은 1912년에 그가 두 번째로 온 자식이라고 말한 적이 있는데, 비록 직접적으로 꾸마라를 가리키지는 않았지만 이를 말한 것일 수도 있다. (가네샤 다음에 누가 왔는가?)

9. 빨라니에 있는 단다유다빠니의 얼굴은 관상적으로 바가반의 형상과 비슷하다. 그리고 형상 조각가들은 아가마 샤스뜨라들에 숙달된 사람들이 아니던가?

10. 1941년 12월 26일, 알라멜람말은 마드라스에서 출발해 아쉬람에 도착하였다. 그녀는 친구인 첸갈바라야 삘라이로부터 편지를 받았는데, 편지에서 그는 띠룻따니에 있는 신에게 우유 아비쉐깜을 행하기 위해 그곳으로 가기로 맹세했다고 말했다. 알라멜람말이 바가반에게 그 편지를 보여드리자, 바가반은 "그가 아비쉐깜을 행하기 위해 여기로 오지 않고 그곳으로 간다고 합니까?"라고 물었다. 그녀는 질문을 이해할 수 없어서 아무 말도 하지 않았다. 바가반은 그 말을 반복하며 "그래도 괜찮습니다."라고 덧붙였고, 편지를 그녀에게 돌려주었다. 그녀가 돌아가려고 할 때 바가반이 말했다. "그 스와미는 여

기로 왔습니다."

쉬바파 전통에 따르면, 냐나 삼반다르는 꾸마라의 화신이었으며, 이는 그의 노래들에도 표현되어 있다. 압빠르와 다른 쉬바파 성자들도 그렇다고 인정했다. 그렇다면 바가반은 삼반다르의 화신이었으며, 또한 꾸마라의 화신일 수도 있는 것이다.

1913년에 가나빠띠 무니는 다음의 근거들을 이유로 바가반이 냐나 삼반다르의 화신이라는 이론을 제기했다.

1. 삼반다르는 열여섯 살에 죠띠의 달샨을 가졌으며 그 나이에 속세의 번뇌를 벗었다. 라마나도 그 나이(열여섯)쯤에 눈을 떴고 그의 소명을 시작했다. 다른 말로 하면, 라마나는 삼반다르가 벗은 곳에서 집어 들었다.

2. 삼반다르는 헌신으로 가득 차 있었다. 라마나의 경험은 그 지점(즉, 헌신)에서 시작하였으며 냐나에서 절정을 이루었다. 결국, 냐나는 박띠의 최종적인 형태이다.

3. 삼반다르와 그의 측근들은 빛과 하나 되었고, 라마나도 빛으로 감싸였다.

4. 라마나가 있는 자리에서 삼반다르의 노래들이 불리고 있을 때 라마나의 모습은 특별하며, 이는 둘이 밀접한 관계에 있음을 보여 주는 충분한 증거를 제공한다.

5. 라마나는 고등학교까지만 정식 교육을 받았는데, 그 정도 교육으로는 시를 쓸 수가 없다. 하지만 삼반다르는 위대한 시인이었다. 라마나는 이 전승에 속한다.

6. 라마나가 아라야니날루르 사원에서 빛을 본 지점은 삼반다르가

(빛으로서의) 아루나찰레스와라의 달샨을 가진 바로 그 지점이었다. 이 일은 라마나가 까빨리와 가나빠띠 무니에게 직접 말한 것이다. 그래서 가나빠띠 무니는 라마나에게 "그러면 이 경험은 냐나 삼반다르로서 한 것입니다."라고 말했던 것이다. 라마나는 단지 "예, 예."라고만 말하고는 다른 주제로 넘어갔다.

7. 깐치 까마꼬띠 마트의 마하스와미는 어느 헌신자에게 말하기를, 냐나 요가를 앙양하기 위해 온 라마나는 예전에 꾸마르릴라 바따였던 사람과 같은 존재라고 한 적이 있다.

위 주장들에 대해 논란의 여지가 있을 수 있지만, 전체적으로 보면 바가반이 스깐다의 아바따르였으며 냐나 삼반다르와 꾸마르릴라 바따의 형상이었다는 인상을 준다.

악한 행위자들을 없애기 위해 왔던 대부분의 아바따르들과 달리, 이 아바따르는 지식을 전하기 위해 왔다. 이 아바따르의 목적은 무엇인가? 붓다는 "모든 것이 브람만이다."라는 우빠니샤드의 명령이 폐기된 시기에 나타났다. 그의 제자들은 모든 것이 순야라는 사상을 전파했다. 브람만이 으뜸임을 재정립하기 위해 샹까라가 왔다. 하지만 눈에 보일 수 있는 것은 마야라는 샹까라의 관점은 경험될 수 없었고 이론에 불과한 것이 되었다. 라마나의 아바따르는 샹까라의 시도를 완성하려는 것이었다. 그는 자기 탐구의 길을 택하였고, 그 길을 통해 브람만의 실재성을 정립했다. 그는 아뜨마, 세계 그리고 브람만이 사실상 동일함을 보여 주었다. 뚜리야띠따 상태에 거주함으로써 그는 실제로 그렇게 할 수 있음을 직접 보여 주었다. 라마나의 출현은 다양한 영적 성취를 한 사람들을 고양시키기 위한 것이었다.

꾸마르릴라로서 그는 까르마 마르가의 훌륭함을 확립하였으며, 시인인 냐나 삼반다르로서 그는 박띠 마르가를 사람들에게 가까이 가져왔고, 라마나로서 그는 냐나 마르가에 의해 삶의 목적이 참나 안에 거주하고 사하자 상태에 머무는 것임을 보여 주었다. 진실로 경이롭다!

봉헌

1. 오, 라마나여, 당신은 까운딘야 강가에 있는 까운딘야 끄쉐뜨라에서 일어났습니다. 까운딘야 고뜨라 가운데 하나에 의해 쓰인 이것을 비록 부족하지만 받아 주십시오.

2. 냐나 삼반다르는 시라는 수단을 택했습니다. 그러나 그것으로 충분할 수 있겠습니까? 저는 시인이 아니지만 그 사실에 대해 슬퍼하지 않습니다. 자비의 체현이신 당신께서 저의 아버지, 저의 주 라마나로 거주하시기 때문입니다.

3. 모르는 것이 훨씬 많은 근거들에 바탕을 두고 자신이 아는 것을 쓴다고 하여 그 사람을 무시한다면, 그것을 온당하다고 할 수 있겠습니까?

4. 오, 선의를 가진 독자들이여, 여러분은 잡물이 섞이지 않은 순수한 소량의 우유가 잡물이 섞인 다량의 우유보다 낫다는 것을 잘 알고 있습니다.

슈리 라마나르빠남

부록

띠루출리 순다라 만디람

　바가반이 태어난 띠루출리의 집은 빚을 청산하기 위하여 1895년에 팔리게 되었다. 그 집은 여러 명의 주인을 거친 뒤 1934년에 띠루출리 나다르 상가의 소유가 되었다. 상가는 학교를 운영하고 있었는데, 그 집은 교사들의 거처로 사용되었다.

　몇몇 헌신자들은 바가반이 탄생한 집이 성스러운 장소이므로 슈리 라마나스라맘이 구입하는 것이 좋겠다고 느꼈다. 그 건물은 신탁 재산이었으므로 구입에는 여러 가지 장애들이 있었다. 결국 1944년에 아쉬람 관리인인 니란자나난다 스와미가 마두라이에 두 달가량 체류하면서 노력한 끝에 구입에 성공하였다. 원래 계획은 그 건물의 이름을 '라마나 만디람'으로 하는 것이었지만, 바가반이 "띠루출리 사람들이 라마나가 누구인지 알겠습니까? 그들은 아버지와 어머니를 알았고 존경했습니다. 그러니 '순다라 만디람'이라고 이름 지읍시다." 라고 말했다.

　정말 그러했다. 순다람 아이어는 너그러운 주인으로 잘 알려져 있었고 널리 존경을 받았다. 심지어 강도들조차 그를 대단히 존경했다. 한번은 어떤 강도들이 치안 판사의 마차를 포위했다. 그런데 그때

'바낄 선생' 즉 순다람이 우연히 그 자리에 오게 되었다. 그러자 강도들은 조용히 떠났고 치안 판사는 해를 입지 않고 벗어날 수 있었다.

약속된 시간인 1944년 9월에 인도 전역에서 헌신자들이 띠루출리에 도착하였다. 읍내의 연장자들은 라마나스라맘 관리인인 니란자나난다 스와미와 다른 헌신자들을 예의를 갖추어 영접했으며, 경배 의식을 행하도록 그들을 부미나테스와라 사원으로 안내했다.

저녁에는 바가반과 부모의 사진들을 모시고 읍내를 행진했으며, 사원의 우뜨사바 무르띠들의 경우와 마찬가지로 사진들에게 적절한 뿌자를 거행했다. 나중에 사진들은 순다라 만디람 안에 비치되었다. 그 뒤로 그곳에서는 정기적으로 뿌자를 거행하며, 방문자들이 묵을 수 있도록 숙박 시설도 제공되었다. 바가반의 헌신자들에게 순다라 만디람은 거룩한 성소가 되었다.

이 책은 아래 분들의
도움으로 출판되었습니다.

❀

강경옥, 강영철, 강용철
곽미자, 김영우, 김은미, 김정숙
심상욱, 이선화, 이정은, 이혜안, 윤미영
최려원, 최성례, 하도겸, 하은정
(가나다 순)